錢穆先生全集

錢穆先生全集

［新校本］

# 文化與教育

九州出版社

圖書在版編目（CIP）數據

文化與教育 / 錢穆著 . -- 北京：九州出版社，2011.7（2024.4 重印）
（錢穆先生全集）
ISBN 978-7-5108-1009-1

Ⅰ . ①文… Ⅱ . ①錢… Ⅲ . ①文化 – 中國 – 文集 ②教育 – 中國 – 文集 Ⅳ . ① G122-53 ② G52-53

中國版本圖書館 CIP 數據核字（2011）第 100608 號

文化與教育

作　　者　錢　穆　著
責任編輯　周弘博
出版發行　九州出版社
裝幀設計　陸智昌　張萬興
地　　址　北京市西城區阜外大街甲 35 號
郵　　編　100037
發行電話　（010）68992190/3/5/6
網　　址　www.jiuzhoupress.com
印　　刷　三河市東方印刷有限公司
開　　本　635 毫米 × 970 毫米　16 開
插頁印張　0.5
印　　張　23.75
字　　數　273 千字
版　　次　2011 年 7 月第 1 版
印　　次　2024 年 4 月第 3 次印刷
書　　號　ISBN 978-7-5108-1009-1
定　　價　95.00

錢穆先生

錢穆先生印·錢穆

# 新校本說明

錢穆先生全集，在臺灣經由錢賓四先生全集編輯委員會整理編輯而成，臺灣聯經出版事業公司一九九八年以「錢賓四先生全集」為題出版。作為海峽兩岸出版交流中心籌劃引進的重要項目，這次出版，對原版本進行了重排新校，訂正文中體例、格式、標號、文字等方面存在的疏誤。至於錢穆先生全集的內容以及錢賓四先生全集編輯委員會的注解說明等，新校本保留原貌。

九州出版社

# 出版說明

對日抗戰時期，錢賓四先生隨北大遷往後方，曾在昆明、成都絡續寫有多篇討論時事之文，刊載兩地報章雜誌。民國三十一年，重慶國民出版社彙集先生此等文字為一書出版。書分上下兩卷，有關文化問題者為上卷，討論教育問題者為下卷，牽涉政風治術者附焉。共二十篇，取名「文化與教育」。當時物力維艱，誠所謂「國難版」，紙張、印刷皆劣，字跡模糊，難於閱讀，亦難保存。先生來臺定居後，有友人以此國難本相贈，並促先生再以付印。一九七五*年歲末，先生遂將此書通體重讀，稍作文字修正，交臺北三民書局於翌年二月出版。時距此書初版已隔三十四年。

今整編全集，即以三民版為底本。原書中政治家與政治風度一文，民國三十四年時另收入政學私言一書；又變更省區制度私議一文，亦與政治相關，亦應改入該書。今將此兩文一併自本書抽出不錄。餘稿十八篇外，復增內容相近者二十四篇，成此新編，共四十二篇，仍依作者原意，有關文化問

*新校本編者注：原文為「民國」紀年。下同。

題者二十篇作為上卷，討論教育問題者二十二篇作為下卷。新添二十四文，上卷六篇皆先生在民國三十六年前所作；下卷十八篇，最早有民國九年所寫，最遲為一九八七年所作，前後相隔六十七年，讀者藉此可窺先生在不同時期中對教育問題之看法。其中理想的大學教育一文，原載世界局勢與中國文化；一所理想的中文大學一文，原載歷史與文化論叢；今並自原書抽出，移入本書。所添各文，目次中例加「＊」號。此次整理，加入私名號及書名號，重點加引號；原書誤植文字，亦隨文校改；版式及段落皆重加整理。整理排校工作雖力求慎重，然疏漏錯誤之處，在所難免，敬祈讀者不吝指正。

本書由胡美琦女士負責整理。

錢賓四先生全集編輯委員會　謹識

# 目次

## 下卷

# 序

昔李塨嘗言：「萊陽沈迅上封事，曰：『中國嚼筆吮豪之一日，即外夷秣馬厲兵之一日。卒之盜賊蠭起，大命遂傾。天乃以二帝三王相傳之天下，授之塞外。』吾每讀其語，未嘗不為之慚且痛。」郭嵩燾亦云：「自宋以來，盡人能文章，善議論。無論為君子小人，與其有知無知，皆能用其一隅之見，校論短長，攻剖是非。末流之世，恨無知道之君子，正其議而息其辨。覆轍相尋，終以不悟。」穆髫齡受書，於晚明知愛亭林；於晚清知愛湘鄉。修學致用，竊仰慕焉。而深味夫李、郭二氏之言，未嘗敢輕援筆論當世事。國難以來，逃死後方，遂稍稍破此戒。譬如候蟲之鳴，感於氣變，不能自已。而人亦多嬲以言者。積三四年，薄有篇帙，茲彙其有關文化問題者為上卷，其討論學術趨向者附之。關於教育問題者為下卷，其牽及政風治術者附之。都凡二十篇，聊存一時之意見。而李、郭之言，固常自往來於余之胸中也。

中華民國三十一年六月十八日錢穆識於思親彊學之室。

# 上卷

## 一　中國文化與中國青年

### 一

國人對於中西文化之討論，已歷有年矣。或主文化無分中外，惟別古今。秦以來之中國，實相當於西洋之中古時期，是不啻謂中國進化落後，再走一步始成現代化之西洋。其文化之先後，即文化之高下。此蓋本諸西洋進化派人類學家之主張。或謂中國當急速全盤西方化，此則視文化如商貨，謂可攜挾稗販，自彼而至此。其意近於西國文化播散論者之見解。是果有當於中西文化之眞象乎？抑切合於中國之實情乎？凡此姑皆不論。要之「進化論」與「播散論」之兩派，已為西方談文化者已往之陳言，迭經駁正，不足復據。蓋此兩説，有一共同謬誤，即蔑視文化之「個性」。

若就世界現存文化類別分型，則斷當以中國、印度、歐西為三大宗，時賢主其説者以梁漱溟氏之東西文化及其哲學一書為最著。梁書頗滋非難，然謂中、印、歐三方文化各有個性，則其論殆無以易也。

夫文化不過人生式樣之別名，舉凡風俗、習慣、信仰、制度，人生所有事皆屬之。則世界各民族文化繁頤，居可想像。而必舉中、印、歐為世界文化之三型者，蓋論文化首當重二義：

一、文化當為大羣眾所有。

二、文化必具綿歷性。

當吾世而求其擴廣羣，歷永世，可資衡論者，則無踰中、印、歐三方，此三方又各自有其獨特之個性，亦有其共通之精神。其所獨不外其通，亦必明其通而所謂獨者隨以顯。文化之通則，必在其大羣有以泯其內部小我個己之自封限、自營謀、一切自私自利心；而能相互掬其眞情以為羣，而後其羣乃可大、乃可以綿歷而臻於久。否然者，分崩離析，如冰之泮，如花炮之爆放，剎那暫現，且不瞬息而解消以至於滅盡。其所以泯小我封限營謀一已私利之心者，則仍必探本人之內心本性之所固有，就其當境呈露而為教。否則如沐猴而冠，其勢亦不常。

此人類內心本性所固有，而以泯其小我封限營謀一已私利之心者，在孔門儒家則謂之「仁」。非仁無以羣；非羣無以久；非久無以化；非化無以成文。是為人類文化之大源，亦即人類文化之通性。而人心之仁之當境發露，則又時時隨其年壽對境而有異。大較言之，青年少年則常見於「孝」，壯年中年則常見於「愛」，老年晚年則常見於「慈」。曰孝、曰愛、曰慈，皆仁也。青年無不知孝父母，壯年無不知愛配偶，老年無不知慈倫類。就其當境發露於不自覺之際，而親切指點以為教，使其恍然於所以破封限，豁營謀，解脫其自私利之心，以直達夫明通公溥者，循是而推之，而「仁」不可勝用矣。中、印、歐三方文化大流，莫不汲源於此，而各有其所偏。

大抵中國主孝，歐西主愛，印度主慈。故中國之教在青年，歐西在壯年，印度在老年。我姑錫以嘉名，則中國乃「青年性」的文化，歐西為「壯年性」的文化，而印度則「老年性」的文化。又贈之美諡，則中國為「孝的文化」，歐西為「愛的文化」，而印度為「慈的文化」。中國之孝弟，西洋之戀愛，印度之慈悲，各得仁之一面。見其獨，可以會於通，固未有捨人心之仁而可以摶大羣而演永化者。

## 二

哥德，北歐文學之聖也，著少年維特之書，維特以愛綠蒂而自殺。夫以一男愛一女，不能自解脫，而至於殺身以殉，其事在中國、印度，若皆不可以為訓，而歐洲人讀者，莫不奉其書為文學之聖。豈不以男女相愛，正為歐西一大教，抑且為歐西文化一柱石？方維特之愛綠蒂，維特僅知有綠蒂，不知有維特。方維特之自殺，維特僅知有對綠蒂之愛，亦惟此可以掬出其中心之愛，使之發達而成全。在彼知有愛，不知有自殺。維特之煩惱，非人人之所有，而維特之愛，則凡壯年男女皆有之。人必具此而後有以破「小我」之封限，豁其營謀，解脫其一己私利之纏縛，而直入於無「人」「我」之仁。亦必人人具此，而後可以相與結成大羣以演進燦爛之文化。哥德特借此以為教，彼其深入人心者，卽文化之所資以發皇而茂遂，則彼烏得而不為文學之聖者，其書又烏得而不為文學之上乘？

有中國青年攘臂扼腕於吾側，曰：「有是哉！子之言也。我常讀少年維特之書，而吾心戚戚焉，奈何吾中國獨長期束縛於儒家之禮教，抹殺人性，使之懨懨無生氣。」嗟彼青年，乃羔羊之迷途者也。今之青年，好言戀愛，好言浪漫，我請舉中國之浪漫戀愛史以告。孟子曰：「舜往於田，號泣於旻天。為不順於父母，如窮人無所歸。天下之士悅之。妻帝之二女，富有天下，貴為天子，無足以解憂，惟順於父母可以解憂。」又曰：「人少則慕父母。知好色則慕少艾。有妻子則慕妻子。仕則慕君。大孝終身慕父母。五十而慕者，予於大舜見之。」讀者試冥心思焉，若移瞽瞍為綠蒂，則大舜卽維特。大舜之號泣，何異於維特之煩惱。惟一則為父子之孝，一則為匹配之愛而已。然則中國相傳「二十四孝」以及「百孝」之故事，卽抵一部西洋浪漫戀愛小說之彙編，此亦中國文化之柱石。若謂禮教可以吃人，維特之自殺，非卽戀愛之吃人乎？印度佛門弟子之捨身殉法者多矣，非卽慈悲之吃人乎？古兵法有之：「置之死地而後生。」孔子曰：「志士仁人，有殺身以成仁，無求生以害仁。」彼見有仁而已，何辨於死生？夫必如是，而後其羣乃得以永生而成化。今之青年，聞孝弟則顰蹙而咒詛，聞戀愛則傾倒而謳歌，安在其不為羔羊之迷途？

或曰：「子言辨矣，我誠無以折。然孟子何不為近人情，效哥德之教人為維特之愛，而顧獨教人為大舜之孝？」曰：善哉問！此固中、印、歐三方文化淵源之所異，請詳言以畢吾說。中國民族起於黃河兩岸之大平原，此大陸農業鄉村文化之徵。歐西文化源自希臘、羅馬，是為海洋商業城市文化。二者絕不同。

農村之特徵，生於斯、長於斯、老於斯、聚子孫於斯、築墳墓於斯，安土而重遷，效死而弗去。故農業民族之生命，常帶青年性。何以謂之青年性？以其為子弟之時間也特久。古曰「五口之家」，則一夫一婦或一老而二幼，或一幼而二老。又曰「八口之家」，則一夫一婦上事老，俯畜幼，而又有兄弟之比肩而同室。此無論幼者之為子弟，卽彼一夫一婦為一家之主者，亦既上事老人，則仍為子弟，仍是青年。大舜五十慕父母，是大舜五十而不失其為子弟之心境，則五十而青年也。故曰：「大人者，不失其赤子之心」。卽大人而青年也。

濱海商業民族之情則異是。商人輕離別，唐之詩人已詠之，而濱海商人為尤甚。風帆遠往，瞬息千里，長途涉險，存亡不卜。吾嘗遊於閩海之涯，問其漁村之習俗，夫出三月而不返，妻卽別嫁。此非農村人情之所堪。晉重耳誡其妻曰：「待我二十五年不來而後嫁。」其妻曰：「我二十五年矣，又二十五年而後嫁，則就木矣。請待子。」狐死正首丘，農民之必返其故鄉，乃使其妻守死以終待。航海駕濤者不必返，乃使其妻別嫁不終待。夫婦之倫既別，父子之情亦異。濱海之民，無老無少，莫不有孑身長往之想。流離變遷是其常，家人團圓，非所思存。故其青年之與老人，皆有自由獨立之概，皆壯年也，其一生之為壯年期者獨久，故曰商業民族常帶壯年性。中國與西歐之異在是。

而印度復不然。地居熱帶，民性早熟，十五、六卽抱子女為父老，三十、四十稱壽考焉。當淨飯王子以二十九歲一青年幽居宮庭，而其意想已臻老境。故曰：「我見一切世間諸行，盡是無常。」其人生觀如是，故捨一切世俗眾事，遠離親族，以求解脫，捨家而去。此全是老人態也。又其土肥沃，其產豐饒，不煩力穡，不煩遠賈，而生事自足。兼以氣候鬱蒸，故其民常如老人之倦怠。然則印人之一生，獨以老年為特久，故曰其帶老年性。

## 三

三方環境不同，斯其巨人碩德之所以施教者亦別，而文化演進遂有分道揚鑣異途並轡之勢。

孔子，中國之大聖，「其為人也，發憤忘食，樂以忘憂，不知老之將至」，是孔子終身常帶一種青年氣度。論語，中國之大典，二十篇首學而，子曰：「學而時習之，不亦悅乎？有朋自遠方來，不亦樂乎？」有子曰：「孝弟為仁之本。」曾子曰：「吾日三省吾身，為人謀，而不忠乎？與朋友交，而不信乎？傳，不習乎？」是孔門師弟子教訓皆主為青年發。論語卽一部青年寶訓。蘇格拉底之教，主懷疑，尙對辯，此壯年人平等相與之態度。亞里斯多德之名言曰：「我愛吾師，我尤愛眞理。」此壯年人自信自立之氣概。

孔子問皋魚之泣，其門弟子之辭歸而養親者十有三人。耶穌門徒願歸葬其親，耶穌曰：「汝自隨我，且俾死者自葬其死。」或問耶穌：「人可以休妻耶？」耶穌曰：「初造人類者，旣造男，又造女。人當離其父母，而夫婦結為一體。」又曰：「丈夫當愛其妻如己體，故當離其父母而嚮其妻，二人連結如一體。」耶穌傳教於沙漠海濱之商民與漁人，非獎其離父母，不足以作其壯往之氣；非獎其戀配偶，不足以凝其生生之運。故耶穌以離棄父母戀愛配偶為教，終為歐西一大教主。釋迦以離棄父母並離棄其配偶為教，而亦成為印度一大教主。然此皆不足以推行於大陸農村之民族。

有居大陸農國而推行是者，其人曰秦相商鞅。雖邀一時之利，而終不勝其弊。漢儒賈誼極言之，曰：

商君遺禮義，棄仁恩，幷心於進取，行之二歲，秦俗日敗。故秦人家富子壯則出分，家貧子壯則出贅。借父耰鉏，慮有德色。母取箕箒，立而誶語。抱哺其子，與公併倨。婦姑不相說，則反唇而相譏。其慈子耆利，不同禽獸者亡幾。

何以耶穌、釋迦唱之為教主，而商君行之資詬病？豈不以農村社會其勢常聚而不散，父子雖分居，而田畝相毗接，屋廬相鱗比。父缺耰鋤則借之子，母乏箕箒則丐諸婦。離棄其仁恩，而不能隔絕其聲息之相通，不能斷割其貨財之相利，則是教之為不仁。烏有人之不仁而可以羣而久者？君子見牛不見羊，則以羊易牛。父母寧不如一牛！然則中國人不言孝，何來有中國五千年綿歷不斷之文化？

## 四

由是言之，中、印、歐三方文化之各異其趣，乃天地自然之機局，而非一二人之私智所得而操縱。然使割截人生青年、壯年、老年為三期而許我擇其一，則我必願為青年。使横裂中國、印度、歐洲之三界而許我選其一，則我必樂居中國焉。何者？青年可以望壯，壯者可以望老；而慈者不再壯，壯者不再青。孝其父母，豈有不愛其配偶、慈其倫類？今曰離棄父母而嚮汝妻，又曰出家絕俗而歸汝眞，捨此以趨彼，故歐土不重孝，佛徒不言愛。是中國得其全，而印、歐得其偏。中國如新春，前望皆生成也；歐土如盛夏，前望則肅殺矣！印度如深秋，前望則凝寂矣！故中國居其久，而印、歐居其暫。

或疑青年柔弱，不敵壯者之剛強，是亦不然。壯者強於氣而薄於情。孔子曰：「血氣方剛，戒之在鬥。」其病在於急佔有而易分裂。青年柔於情而厚於愛。孔子曰：「血氣未定，戒之在色。」然而有強者起於旁，則子弟之護其父兄，常不啻手足之捍頭目。其長在於團結而不散。最近三十年來歐洲兩大戰爭接踵而起，而中國四年之抗戰，乃以至弱拒至強，此皆其明徵大驗。

中國亦有唱壯年之教者曰墨翟；中國亦有唱老年之教者曰老聃，然而為中國民族文化之教宗者惟孔子。凡沐浴薰陶於孔子「孝弟」之教者，終其身一青年也。可愛哉！中國之文化。可羨哉！中國之青年！

然而我竊觀於今日中國之青年則異是。攘臂疾呼以自號曰：「吾青年，吾青年矣！」抑其所拜蹈歌頌者，則曰平等、曰自由、曰獨立、曰奮鬥、曰戀愛、曰權利，此皆壯年人意氣也。然則如何而始為青年？孔子曰：「弟子入則孝，出則弟，謹而信。汎愛眾，而親仁。」子夏曰：「賢賢易色，事父母能竭其力，事君能致其身。與朋友交，言而有信。」孔子，青年之模楷；論語，青年之寶典。此吾先民精血之所貫注，吾國家民族文化之所託命。迷途之羔羊，吾謹潔香花美草薦以盼其返矣。

（民國三十年十月十五日華西大學文化講座講演辭，刊登三十年十一月大公報星期論文。三十一年三月華文月刊一卷一期創刊號，題名世界文化之三型。）

# 二 中國文化與中國軍人

## 一

中國文化，無疑為世界現文化中最優秀者。取證不在遠，請即以中國文化之「擴大」與「綿延」二者論之。中國文化擁有四萬萬五千萬大羣，廣土眾民，世莫與京，此即其文化偉大之一徵。

學者常以中國漢代與西方羅馬相擬，然二者立國形勢實不同。中國漢代乃一組織的國家，羅馬則為一征服的國家。漢王室雖起於豐沛，漢國都雖建於長安，然非江蘇人或陝西人攫天下而宰制之，實係中國全國民眾之共同結合，組織一中央政府，設首都於長安，而擁戴劉氏為天子。當時所謂「關東出相，關西出將」，明由全國各地人才，操使全國之政柄。不僅服官從政之機會公開於全國，他如教育、兵役、賦稅各項權利義務，莫不舉國平等，彼此一致。故知中國漢代之大一統，乃由一大平面向心凝結，此乃一種行使人才政治之「文化國家」。

羅馬建國則絕不同。彼乃以羅馬一城當中心，向外放射，征服各地。故羅馬疆域，雖包有西班牙、希臘、北非、西亞。然決不能謂羅馬帝國乃由西班牙人、希臘人乃至北非洲人、西部亞細亞人與羅馬人共同組織之。實乃由羅馬人征服各地而統治以軍隊，又朘吸此各地之財富，以為此龐大軍隊之供養。故知羅馬版圖乃由一中心向四圍放射其強力而造成。此乃一種行使武力統制之「侵略國家」。

羅馬與中國漢代，實世界人類建立大羣國家之兩型，亦即現世界中西兩大文化性質互異一特徵。中國為一行使人才政治之文化國家，此自兩漢以來，隋、唐、宋、明迄於今茲莫不然。西洋為一行使武力統制之侵略國家，亦不僅於羅馬，近代如拿破崙、希脫勒，所力征經營者皆是。即彼所謂新興民族國家，以自別於中世紀之帝國者，幾莫不佔有國外殖民地，而以武力統制，又朘吸其財富以供養其武力。又何莫非羅馬之遺型？又何莫非以武力統制之侵略國家乎？

故中國民族之創建其國家，有一特性，即「對內曰團結，對外曰和平」。然中國民族之對外和平，亦非不能有擴展。中國民族最先立國，乃在黃河中流之兩岸；寖假而展擴及於長江，又寖假而展擴及於遼河與珠江；又寖假而展擴及於黑龍江與瀾滄江。中國民族之和平伸展，駸駸乎有自文化國家漸趨而達於「文化世界」之境之勢，治國平天下，此固中國民族自古已有之理想抱負。

# 二

今試通觀人類世界史，中國民族所創建之國家，乃常為全世界歷史過程中每一橫剖面下最大之國家。故中國國家之偉大，不僅在其一時之平面，而尤在其表現於悠久歷史上之立體之偉大。若就中國漢代與羅馬比，以中國近代與蘇維埃、美利堅比，此僅見中國國家偉大性之一面。必就人類以往全史進程，而縱觀通覽之，則當有羅馬時無美蘇，有美蘇時無羅馬，而中國獨巍然屹立於人類全史過程中，而迄今無恙，此乃見其偉大性之全體。

故中國文化，不僅有其展擴，而尤有其綿延。必就時空立方大全體觀之，乃見中國文化優秀之價值。西洋文化雖亦同為現世界人類文化綿延悠久之一系，然譬如長距離賽跑，西洋文化乃一種接力跑、傳遞跑，而中國文化則為個人繼續不歇之全程跑。希臘覆亡，繼之以羅馬；羅馬毀滅，繼之以近代之海國。西、葡崛起，繼之以荷、法與英倫。頃者海國之勢又漸絀，西、葡、荷、法相繼顛踣而繼之以德、蘇陸國之崛興。其間輪番交替，新興者驟若不勝其健快，不逾時則又不勝其疲憊。在中國則兩漢、隋唐、宋明，有持續，無替代；有頓挫，無交換。較之一時之驟起，健快若不逮，而篤行穩步，始終不懈，則曠觀全世界人類文化長距離賽跑場中，實為惟一的好漢子。

抑中國民族參加如此長程賽跑，隨時所遇短跑健將乃多不勝數。匈奴、鮮卑、突厥、回紇、吐蕃、遼、金、蒙、滿，強寇頑敵，環踞四起。野心狡慮，不忘侵略。而我中國民族終有以保持此和平文化於不敗。此無他，由我傳統文化內部包蘊一種極堅硬強韌之抵抗力故。則請繼此一言吾中國傳統文化下之軍人精神。

三

蓋中國文化雖尚和平，而同時又富彈性，不易制壓。以漢唐中國北部邊境言，西起河湟，東迄遼海，橫亘數千里，較之意大利北部阿爾卑斯山，如巨靈與侏儒之不可並論。然匈奴、突厥之兇鋒，不能逞於吾，乃西向歐陸而肆其蹂踐。中國對北方蠻族防禦完成，而羅馬則否。此中國民族和平文化中，自有一番奮鬥精神之壯旺不衰之顯徵。此種壯旺不衰之奮鬥精神，乃洋溢於中國史之各頁。

尤可驚異者，蒙古崛起，挾其震古鑠今之武力，鐵騎所至，靡不摧枯拉朽，如秋風捲殘葉，無足當其鋒。而其時中國已為宋、金、西夏三分之局，而蒙古獨自成吉思汗至忽必烈，積五世七十八年之戰鬥，乃始得志。而南宋襄陽、合川之守，乃為蒙古騎兵踏遍亞歐兩陸所未前遇之堅壘。至於今日之抗戰，尤為中國民族和平文化中一段奮鬥精神壯旺不衰之當前顯徵。

試問中國文化既尚和平，乃何得而有此？曰此其背後，蓋有中國軍人一種特有的戰鬥心理焉。此種戰鬥心理，乃為支撑中國和平文化重要一柱石，請再進而申論之。

近百年來，中國正當滿洲部族政權積禍積殃之餘，而又值歐洲工商科學新文明驟起突盛之際，鴉片戰役以還，積一百年之挫辱撓敗，國人痛心疾首，不察其癥結所在，而相率以中國傳統文化為詬病。慮無不羨涎於歐洲之健鬥，鄙中國為怯懦。乃最近世界大戰續起，有兵不血刃而下一國，有大軍百萬俯首解甲而作俘虜。尤甚者，如捷克、波蘭、法國，論其戰鬥精神乃下吾遠甚。此何故？曰惟戰鬥心理相異故。

見可而進，知難而退，此兵爭之常律，歐人莫能外。而中國軍人乃不然。見可有不進，知難有不退。於是中西雙方之戰鬥心理乃大見其相異。

惟其見可卽進，故其使用武力無節限；無節限則耗減衰竭隨之，而終不免於大挫敗。惟其見難卽退，故一挫敗則鬥志沮喪而易屈服。見可不進，斯其氣力常蓄藏而有餘；見難不退，斯其氣力之蓄藏於平日者，乃奮發於一時，而見為不可勝。故在彼以至強而可以驟變為至弱，在我以至弱而終堅持為至強。何以見可卽進，見難卽退？曰其所重乃在「利」。何以見可有不進，見難有不退？曰其所重惟在「義」。

中國民族之和平文化，乃一種尚正義的文化。中國軍人之戰鬥心理，乃一種仗正義之心理。古兵法有之，曰：「先為不可勝，以待敵之可勝。」又曰：「後之發，先之至。」此中國軍事哲學之最高理論，亦即中國和平文化之最堅壁壘。中國民族以正義和平為幟志，故常不喜先動武力。一旦強敵入侵，兩軍相對，中國軍人乃發揮其捍衛正義見難不退之精神而屹然為不可動。敵人惟利是視，其先由見可而進，其後乃不得不由見難而退。故中國武力之發動雖在後，而最後勝利點之爭取轉在前。

凡中國文化之所以綿延展擴以迄今茲，蓋胥賴中國軍人此種戰鬥精神之配合。當國力充之盈，常以文化護養武力而不使之浪費；當國步之艱難，乃以武力捍衛文化而不使之摧折。侵略國家則不然。國力充盈，則文化浪用武力而使其耗竭；國運艱難，則武力脫離文化而促使之消亡。侵略國家之驟盛而驟衰者在此；文化國家之常弱而常強者亦在此。

## 四

雙方之戰鬥心理既異，斯其所崇拜者亦殊。

侵略國所重在勝利，故失敗亦在所恕。蓋勝敗兵家常事，責其勝，不能不愿其敗。文化國所重在和平，故每不欲多上人，然亦不輕為屈服。否則既不獎勝，又不恥敗，則將常為人腳下泥，供人踐踏，何以自立。

故侵略國之所懽忻歌舞讚拜誦揚者，皆一時獲得勝利之英雄。拿破崙兵敗於滑鐵盧，親投英艦彼勒羅芬，然無害其為一世所崇拜。彼固已曾得勝利矣。中國則曰「明恥教戰」。故項王欲渡烏江，而曰「無面目見江東父老」，終於自刎以盡。彼邦遇智窮力竭，則曰求榮譽之和平。而嚴顏之告張飛，則曰：「西蜀有斷頭將軍，無降將軍。」故漢將如衛、霍，唐將如英、衛，功業煊赫，而若不為後世所重。在中國之所崇祀敬禮百世不衰者，乃為關、岳、文、史。近人不深曉，或斥之為崇拜失敗之英雄，不知「剛亦不吐，柔亦不茹」。中國軍人，初無成敗利鈍之見存其胸中，謂其崇拜失敗，毋寧謂之崇拜正義。正義雖常得最後之勝利，而當危難顛覆之際，正義之尊嚴益顯。

中國人既重正義，故以大伐小，雖見為可勝，而鄙之曰「不武」。唐太宗征高麗，國人皆不欲。太宗違眾意，頓兵安市城下，終於撤師而歸，悔其輕舉。夫以大唐之強盛，加於高麗之弱小，譬如以老牛債孤豚之上，靡不得志。然而眾意不樂者，非逆億其不可勝，此乃中國民族薰陶於和平文化之下之神智之清明，故雖見可而不欲進。以唐太宗之英武，亦終屈於眾意，不肆情一逞於武力，此中國文化尚和平正義護養武力不浪費之一證。及於一旦外侮起，和平失，中國武力亦常能奮發以保衛其文化。感天地，泣鬼神，震河岳，變風雲，不足以為喻。戴記所謂：

> 天地有嚴凝之氣，此天地之義氣也。又天地有溫厚之氣，此天地之仁氣也。

一以見天地之尊嚴，一以見天地之盛德。中國文化曰仁孝、曰忠義。「仁孝」，天地之盛德；「忠義」，天地之尊嚴。此二者，交染互織以成中國之文化，亦交輝互映以成中國之天地。

今日者，強寇憑陵，國步方艱，忠義嚴凝之氣乃蘊積感發於吾前線數百萬浴血苦戰之將士。可愛哉！中國之文化；可敬哉！中國之軍人。

## 五

抑猶有進者。孔子曰：「足食足兵。」又曰：「以不教民戰，是謂棄之。」漢武雄才大略，既決意討匈奴，先於西北設諸苑，養馬三十萬匹，而公孫賀乃以太僕為丞相。漢軍終得開塞出擊，渡漠窮追，樹後世百年一勞永逸之基。欲有事西南夷，先於長安鑿昆明池，習水戰。唐代武功赫弈，亦先於河、隴設羣牧監。自貞觀至麟德四十年，得駿馬七十萬六千匹，為唐師遠跡所賴。西起甘、涼，東至察、熱，鎧馬所生，此乃中國之武庫。而五代幅裂，盡成邊外。宋室終以不競。

今者科學盛昌，海、陸、空殺人利器，日出月異而歲不同。非政治清明，何冀於科學之昌盛；非科學昌盛，又何冀於兵甲之堅利；非兵甲堅利，則吾所謂忠義嚴凝之氣，又何所憑藉以發揚光輝而克全其尊嚴？

目擊大難，緬懷前烈，竊願吾國人皆知所以蹶然興起，以無負吾民族傳統可愛之文化，以無負吾國家當前可敬之軍人，以共赴此忠義嚴凝奮鬥救國之大業。庶乎仁孝與忠義相配合，溫厚與嚴凝相調劑，將見吾國家民族傳統和平文化永永輝耀於天壤之間，與人類以並存，與日月以齊光。

（民國三十年十一月十二日總理誕辰成都空軍軍士學校講演辭，刊登大公報三十年十二月星期論文。）

# 三　建國三路線

## 一

要討論目前的建國問題，應該先明白一點中國已往立國規模之大概。

就世界各民族已往歷史而論，中國民族的建國規模，可算是最偉大而又最強韌的。人們好以羅馬與古中國相擬，其實羅馬立國，根本與中國已往情形不同。

羅馬立國形勢如下圖：

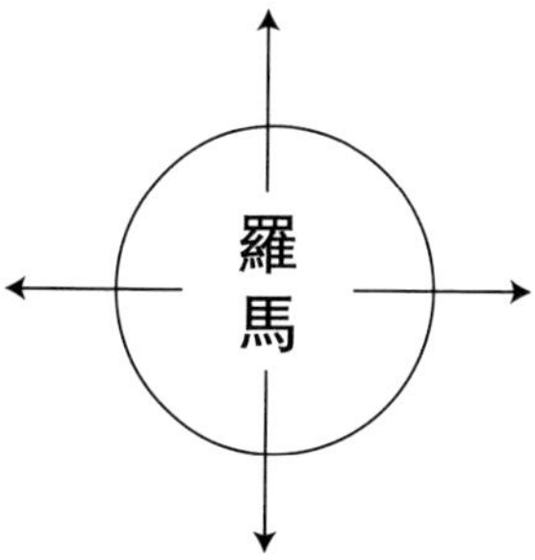


這是說羅馬立國，是由一個中心展擴出來，由這一個中心征服四圍而加以統治。羅馬帝國所轄的疆土雖大，論到羅馬帝國內部的重心，則是很狹小的。正為如此，北方蠻族一腳踏進羅馬城，羅馬帝國便可瓦解。

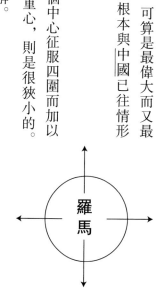

中國立國形勢如下圖：

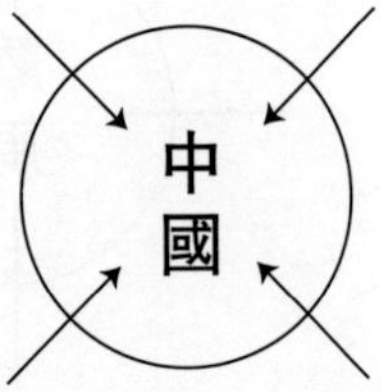


這是説中國立國，是由整個國家全體各部凝合而成。他雖有一個中心，而立國重心並不就限制在這個中心裏。他是由四圍來共同締造一中心，並不是由一中心來征服四圍而加之以統制。從歷史上説，中國立國規模，自秦漢以來，即自有大一統的中央政府以來，一向如此，是由一個整體來凝造出中央而共相擁護之，並不是由一個中央來壓倒四圍而硬組成一個暫時的整體。

這已説到中國民族文化之淵深處。我們若粗略地從東北角的哈爾濱穿過中部黃河、長江兩流域的北平與南京而到西南角的昆明，我們可以看出，中國各地實在是站在一個平面上，由他們來互相締構而建成一國家，即是説他們各是國家之一部分。並不是由國家內的某一地區來統轄住他們，即是説他們不是被某一勢力所征服的殖民地。

民族文化影響立國規模，立國規模亦影響民族文化，而形成上述的情形。

因此中國之立國形勢，既偉大，又強韌。遂使中國民族在世界史上成為一個建國悠久而又最不易被人征服與統制的民族。這是歷史上的話，此處暫不擬多説。

## 二

但中國自「辛亥革命」以來，快近三十年，而我們的新的建國運動，卻依然未能讓我們滿意。其最大原因，似在建國理論上之未臻於一致。

此三十年來建國理論上最普遍的便是「民眾建國論」。國家基礎在於民眾，為民眾而有國家，國家的一切應該代表著民眾，這是天經地義無須討論的。然而實際從事於建國的政府，不一定能直接由民眾來造成與操縱。即就西洋近代國家之先進者而言，英國的憲政與國會的創立，其最先發動與主持的，實際上只是有財富有智識的中層階級，並不是全民眾。法國大革命時代的國民公會，最後操縱者亦為中層階段，而非勞工與無產民眾。這是說英法近代國家的演進，比較還是中層階級的努力為多。若說直接要從全民建國，此乃一種理論，非事實。而且英法立國規模仍是羅馬式，而非中國式。他們先由一個小的中心，團成力量，再伸展壓服了四圍；中國則幾千年來早擺著一個大的整體，無法在這個整體裏勉強挖出一個小部分來做統制其他部分的特殊勢力而存在，譬如以某省建國而來領導別省等。若是要在這樣一個大的整體下空言全民建國，到底不過是一句漂亮好聽的話。無論如何，中國的建國工作，一時還無法逕行推到全體民眾的肩上去，這是顯然的事實。

譬如創造新軍，我們只能先訓練出一個能指揮兵眾、領導兵眾而與兵眾一體共同奮鬥的將校團與參謀部。我們卻不能希望此種將校團與參謀部能在兵眾中間自然地產生。同樣情形，我們只能希望先有一個能代表民眾、領導民眾的新政權與新政府出來，好唱導民眾一體建國，我們卻不能希望這個政府和政權，直接由民眾中間自然地完成。軍隊隨時隨地準備跟隨著將校團與參謀部之指導而作戰，全國民眾亦同樣的準備跟隨著一個能領導他們的新政府來共同建國。但軍隊和民眾一時還無力自身創產出一個將校團和政府的。

民眾建國的理論所以一時盛行，亦有其原因。

一則：國人驟然震驚於西洋近代的新理論，而沒有細究其實際，此如一輩學者。

二則：從這個理論下，卻不知不覺底便於自己良心的卸責任。他們漸漸以為一切建國責任，眞在民眾的身上。此如一輩政客。

三則：這個理論易於發洩情感衝動而立刻見之於行為。所以一遇國難，一輩熱血青年最易想到到民間去宣傳，期能喚起民眾，來共同再建國。此如一輩大中學學生。

但是問題的癥結，不在民眾之不易喚起，而在沒有一個眞能領導民眾的理想的政府。

民國初年，建國理論的爭點，幾乎全集中於國會選舉及其法理的職任上。中國歷來相傳的考試制度與銓選制度可以放棄，民選議會之立法權則不肯不爭。就事實論，民選制度一時殊難推行，而考試與銓選制度廢棄後，政府用人漫無標準，無論政府的機構與組織如何改造，只要用人沒有公開的標準，必然仍趨於腐化。我們要爭求政府改進一個比較客觀而可以公開的考試與銓選的用人標準，其事易，而且本來有。我們要爭求民眾實際起來參政，直接控制政府，其事難。但我們定要捨易而務難。這是在我們當前的建國理論上所先應辨認的一種現象。

這一種思想反映在教育方面，便是只知道國家應該有低級的國民教育，即普及的民眾教育，而不知國家更應該有高級的人才教育，即領導民眾的人才之教育。所以中國三十年來小學國民教育還比較有成績，至於中學大學教育，只成為升學與留學之預備教育。只是準備的階段，而其自身無意義。甚或認為大學教育只在傳習科學知識，而為國家造成社會政治各方面領袖人才的文法科，幾於有一時全國要求其根本取消或裁抑。

此種民眾建國的思想，自民初國會制度失敗以後，激而變為鼓吹社會革命，組織民眾爭奪政權。從中國已往歷史看，即從中國已往立國規模看，這實是一條死路，萬萬走不通。至多只能利用民眾來爭奪政權，並不能把政權眞切送交與民眾。而且民眾難動亦復難靜，難發亦復難收。而以中國民眾為尤甚。此乃中國的自然環境與經濟環境使然，亦是中國國民性之深厚篤實處。中國歷史上由社會下層發出騷動，往往極深極廣，不易收拾，而結果只與國家以一種難療的創傷。從中國歷史以往的教訓，中國國家民族種種進步，多在和平進展下獲得。凡屬社會民眾的動亂，往往多是反面消極的撲一個空。近人多治西方史，醉心於西方的所謂革命，不知西方是一種羅馬式的建國，事實上有些處為我們所不能效法。和平的民選制一時不易成功，與激烈的全民革命之不易有效，乃為同一事實環境之所限。

總之，我們此刻的建國理論，應該先要一個克盡厥職的政府，來代表民眾，領導民眾，而不能希望由民眾來直接創造政府。更不該專希望利用民眾來爭奪政權。

## 三

民眾建國理論以外，第二個有力量的，要算「領袖建國論」。建國大業不能沒有領袖，理屬共明，無煩詳說。但我們所要提醒的，目下的領袖建國論和民眾建國論同樣不適合於中國的國情，同樣違背中國已往的歷史教訓。

秦始皇雖說併吞六國，秦始皇卻不用他一姓一宗的勢力來統治天下，他只能把政權交付與李斯、蒙恬一輩非宗非私的人的手裏。秦始皇沒有他們，亦不能併六國。漢代人大體上明白得這點，遂創建了「賢良」、「孝廉」的察舉制度。政府方面不斷收攬社會各方面人才，激起新陳代謝，來繁榮它的生機。唐太宗雖說削平羣雄，唐太宗亦不能用一姓一宗的私親來把持政權。他也只有依舊沿襲隋代科舉制度，更公開的解放政權，讓民間自由競選。同樣在不斷的收攬社會各方人才到政府裏去，激起新陳代謝，來健旺政府的生機。這是中國史上的明白教訓，這是中國歷來建國的一項基本精神。狹義的領袖勢力，不夠支配偌大一個的中國。

清末一輩學者，為要刺激國人革命的情緒，每好借題發揮，痛斥中國政治歷來專制。因此近三十年來在政治上活動的人，不免誤會此意。他們以為中國已往政治，眞是一向專制壟斷。因此他們在下意識裏依然想捧出一個領袖來專制一切，壟斷一切。自袁世凱以至吳佩孚，他們都不瞭解這一點，所以他們還在做秦始皇唐太宗所不能做亦不敢做的夢。他們想運使一個狹窄的部分的勢力來統治中國，結果祇有失敗。他們只做了民眾建國論的反動派。

退一步論，狹窄的領袖勢力，不僅不能把整個中國政治把握住，即在一省一區域裏要想造成一個變相的割據局面，其事亦不可能。近三十年來的中國建國運動是莫可違逆的一個大潮流。中國若要建國，必然要全體凝合，誰也無法把他分割。而且你所要分割的一省一區域，比照外國，已是夠大的一個國家，狹窄的私人勢力，萬萬不夠把持。對內對外，完全支撐不了。於是勢必有內部的倒戈、分裂、叛離、以達於滅亡與消失。此等例人所共知，不煩再舉。

這不是說中國政治要不得一個領袖。在建國過程中，需要領袖，恰如需要民眾，一樣的無疑。只是眞的領袖之產生，應該奠定於全國力量之協調與融和之上，不是用一個力量來打倒或壓制別幾個力量而造成孤危的領袖勢力所能勝其任。領袖只能代表「整體」，不能代表部分。只有博得整個中國擁護的領袖，才是理想上擔負起建國任務的領袖。一黨一派擁出的領袖，意在保持一黨一派的私勢力，終不免於狹窄孤危，到底負不起建國的重任。

# 四

讓我們來看第三種建國論。這在上文已提出，是一種「協調融和的建國論」，是一個在民眾與領袖中間的全國中層階級的勢力之協調與融和的建國論。

中國民眾一時還無法起來操縱政權，而中國政權，同樣為客觀條件所限，亦決非一個狹窄的部分的勢力所能控制。因此利用民眾與擁戴領袖以謀攫奪政權的兩個方式，近三十年來，已有好多教訓，告訴我們此路不通。但是利用民眾的是一個中層階級，擁戴領袖的，依然還是個中層階級。建國過程中，不能沒有中層階級勢力之參加，其無疑與不能沒有民眾以及不能沒有領袖，一樣眞確。建國的力量，逃不出民眾、領袖、中層階級此三者之外，而且必待此三項勢力之協調與融和。而此三項勢力之協調與融和，其機括實操於中層階級之手。所謂民眾建國與領袖建國的兩種理論，亦為此輩中層階級所倡導。必待中層階級先走上協調融和的路，而後他們才能擁護出全國一致的眞領袖，而後他們才能領導全國民眾以從事建國的眞路向。

在此連帶有一個更基本的問題。即是當前中國的中層階級，是否已具備有擔負建國的力量？若使中層階級沒有擔負得起建國的力量，則縱有英雄不世出的領袖，以及廣大的民眾，而中間接不上氣，正如一個軍隊，只有最高統帥與下級士兵，沒有中層的將校團與參謀部。此種形勢，除非兩三千人的一個小部隊則可，若是幾百萬的大軍，則勢必崩潰不可收拾。而不幸中國的立國規模，命定他只能編練幾百萬大軍，而不許他只成一個數千人的小部隊。因此中層階級不爭氣，則如一人犯了腦病，頭腦雖清明，四肢雖強健，到底還是一死症。

要看中國當前的中層階級，是否已具備有擔負建國的力量，只看中層階級能否覺悟，在他們高呼民眾建國與領袖建國之際，他們能否回頭來看一看自己。若使他們能回頭看到自己，他們自可覺悟走上協調融和的路。他們儻能真切地在擁護領袖與領導民眾的雙層下面來做建國工作，他們一定要感到自己的力量問題，而自然會協調融和起來，這便是中國得救之朕兆。亦便是目前建國的一條大路。惟一的一條大路。

這一個建國論，一面切合於當前國勢所需要，同時亦不違背中國已往歷史的教訓。較之狹窄的領袖建國論與空洞的民眾建國論可說是一個「中道」的建國論。只要全國的中層階級切實覺悟，建國的理論與步伐漸趨一致，則建國的力量與功業，亦不難完成。

（民國二十八年一月二十二日昆明益世報星期評論）

# 四 東西政治精神之基本歧異

## 一

余昔嘗著論東西建國及其政治精神之基本歧異①，然大體僅就羅馬與漢代比較言之，又偏重於國家之向外展擴，此篇則特就中古以及近世之歐洲國家，專論其内部之組織，取與舊説相發互足，俾讀者得兼考焉。

昔孟子論政，首辨「王道」「霸道」，有宋儒者如王介甫、程明道重申斯義。朱子繼之，乃謂「三代以道治天下，漢、唐以智力把持天下」，雖陳龍川為漢、唐叫屈，然學者多偏嚮朱子。明、清易代，如黄梨洲、吕晚村皆發揮朱子之緒論，深切著明，可謂中國儒家論政之正統意見。迄於近代，孫

① 編者案：此言所指或即本書「中國文化與中國軍人」一文。

中山又重申此說。吾儕若以此議比觀中西，則歐洲政治實即吾儕之所謂「霸道」。而吾國自漢、唐以來，若引而與歐洲相比，誠當如陳龍川所辨，尚不失為「王道」之傳統。而孟子、朱子、梨洲、晚村之論，則懸準益高，施繩益直，縱三代政治實況未必然，要之中國傳統政治思想政治精神當如是，中國實際政治乃趨嚮此標的而赴者，則史迹昭然，可舉而證。

西儒論彼土現代國家之起源，謂始於軍事征服，王室與民眾則為征服者與被征服者之對立。此說按之歐洲史乘自見確當，而中國歷史則未必盡符。孟子曰：「湯以七十里，文王以百里。」若以軍事征服論，古代商、周建國庶乎近之。若吾儕必以中西史事相比附，則西周建國或可謂與羅馬相近。西周豐、鎬，力征經營，諸姬屏藩，遍於東土，西周之封建，其實即西周之武裝拓殖。故曰西周建國約略與羅馬相似，而自有其不同者。

羅馬以武力伸張，而其本土農業即日就頹廢，其外省統治則頗務於財富之朘削，外省與羅馬始終未能凝成一體。西周以武力拓殖而為封建，其封建諸侯乃各以農業立國，一如西周然。故西周政治雖若列國並存，不如羅馬之一統，而其實則中央之與四方諸侯，乃如蜾蠃之化螟蛉，漸收融凝渾一之效。故西周雖覆亡，東周雖羸弱，猶得有霸者，收合諸夏，尊王攘夷以保文化之傳統。春秋二百四十年文獻萃於左傳，學者猶可誦覽，當時諸侯之對周室，可謂已絕無征服與被征服者對立之感想。

秦人之吞六國，洵可謂之武力征服，然此已大背乎西周春秋以來數百年政治傳統之心習與意境，故秦之政權終不久，東方豪傑羣起角逐，遂開漢代以平民為天子之創局。漢之為漢，僅得謂是當時中國國內政權之轉動，而不得謂是一種外來軍事之征服。楚、漢相爭，亦歷年數，然此乃隨政權轉動而起之內部騷擾，不得以軍事征服論。史、漢文獻俱存，較之春秋益為明備，寧見有以漢王室為征服者，中國民眾為被征服者之感乎？中國之在漢代，其立國精神固已遠超乎軍事征服之意識之上。故若謂國家起源始於軍事征服，則其事之在中國，必尚論之西周之初年而始信耳。

## 二

昔荀卿子有言曰：「兼并易能也，惟堅凝之難焉。」今若以西周與羅馬同為以兼并立國，則周人已得堅凝之道，而羅馬則否，故周室雖覆，而中國仍為一全國；羅馬之亡，則西方終於解體。自此以往，中西歷史塗轍，遂益分歧，則請拈「封建」一事而論之。

西方歷史自羅馬覆亡，中古時期有所謂「Feudal System 或 Feudalism」者，中土學者則以「封建制度」譯之。其實彼土所謂封建乃與中國史上之封建大異。彼中學者謂封建政體乃酋長社會（即宗法社會）與純粹政治社會之過渡，征服者勢不能一時盡攫原有民族酋長之土地與權力為己有，乃不得不僅許以其臣屬與效忠之名義而姑以徵其貢賦為已足；迨此諸酋漸次摧除，於是為國王者乃始遂自指派其忠誠之戰士管領其邑，而王權愈以穩固，故彼中世紀所謂封邑，其疆境大體，皆略相當於早年某宗族團體之所居。由此言之，則若歐洲中世紀所謂封建，其大體似亦與西周初年情況相似。

然而有大不同者。

西方封建不專於農村與田地，卽城市與教會，亦莫不統屬於封建之系統。故歐洲中世紀之所謂「封建」，嚴格言之，乃一種「社會形態」而非政治制度，此乃羅馬政治解體以後西方社會動亂中一形態。而西周封建則為周人建國過程中一制度，其事絕然異趣。故西方封建，其事乃由下而上；東方封建，則由上而下，二者適相反。換辭言之，西方封建乃彼中之政治崩潰；而中國封建則為中國政治之凝成。故西方封建繼羅馬帝國之覆亡而起；而中國封建則為奠定西周王室之一柱石。

當羅馬政權已墜落，日耳曼諸蠻族王國之政治未臻開明，社會動盪不安，蠻族侵略接踵而起，民間無可依賴，乃自由歸附某一較大勢力之腋下而為之臣屬以求保全。此一勢力者又自依附簇擁於別一更大勢力之下而為之臣屬以求保全。如此遞屬遞保，如疊羅漢，如造寶塔，其最高之結頂雖為一種武力之征服與統制，而征服不徹底，統制不完全，其上下維繫則為一種自由性之契約。若就中國語妥當說之，與其謂之「封建」，無寧謂之「投靠」。此種風習，淵源於古羅馬之小農，每以其耕地獻於權貴而轉自為其承租人，於是乃可脫於稅吏之婪索與夫暴徒之刼奪。此在中國則略相當於魏晉以下之所謂「部曲」與「蔭戶」，在此有投靠，則在彼有包蔭，此等皆社會之私關係而非國家之法制，此乃由法制懈弛與政治不清明之狀態所產生，在中國人觀念，固不認此卽為一種法律與制度。

再換一方面論之，則西方中古時期之所謂封建，可謂「經濟性」的，而中國史上之封建則屬於

「政治性」的，此又其不同之一點。

何以謂之經濟性？由其封建關係皆由一經濟單位而形成。如一堡壘與一村落，一城市與一基爾特，一教堂與一寺區轄產皆是。何以謂之政治性？以中國史上之封建，如魯、衛、齊、晉，皆成體制，為一像樣之國家，並不以經濟團體為封建之單位。故天子、諸侯、大夫、士、庶人，秩然井然，莫非為政治上之尊卑隸屬，而經濟意義在其次。經濟僅屬私人性；而政治則為公法性。故歐洲當中古時代封建勢力盛行之時，其人民殆無鮮明之國家觀念可言。彼時所有者則為個人與團體。如一農民屬於某堡壘某村落，一工徒或商人屬於某城市某基爾特，一教士一僧人屬於某寺院某教區皆是。此等皆為個人與團體之關係。至若一騎士之屬於某侯爵某伯爵，就其性質，亦同樣為個人與團體或個人與個人間之關係。更進則為某一村落、一城市、一教區與一封建諸侯之關係，此則僅亦為團體與個人或團體與團體間之關係。要之，此等皆非公法而乃私約。若中國春秋時代所謂「四海之內莫非王土，食土之毛莫非王臣」，此等大一統的「君臣統屬」觀念，實非歐洲中世紀封建時代之所有，此又雙方封建時代性質迴異之一例。

## 三

今有一精微之辨，驟言之若不易共曉，而實為中西政治理論與政治精神之基本歧異之出發點，不得不鄭重指出者，則歐洲中古時期之封建，其侯主與臣下不論精神上乃至理論上乃屬「兩體」，而西周封建則天子與諸侯乃屬「一體」。此辨深隱，而不得不於此著眼，否則中西政治精神與政治理論之基本歧點即難把捉。

西方封建主屬之間之結合，由於自由，定於契約。權利義務，相互平衡，相互承許，則為主屬。若雙方權利義務不平衡，不相承認，則主屬之關係即失其存在。故相互之契約，與各自之自由，為西方將來政治理論與政治精神之最要命脈者，實已植基於彼中之封建時代而早有其甚深之淵源。

至於中國，則中央王室之分封諸侯，乃一個政府之分區管理，絕無所謂雙方自由之結合以及在特定條件下一種契約之承認。故以中國傳統政治觀念言之，所謂契約與自由者，此乃屬於社會事件之下而非所語於政制也。

如上文所舉，故西方學者以封建社會為由宗法轉進至近代國家間之一過渡，而中國史上之封建即與宗法提攜並進。荀子儒效篇謂「周公兼制天下，立七十一國，而姬姓獨居五十三人。」周人之封建，其精神卽寄託於周人之宗法。天子諸侯原出一家，下及庶民亦莫不然。故晉人圍陽樊，蒼葛呼曰：「此誰非王之親姻其俘之也。」政治組織與宗法合一而推其本於天，故曰「皇天上帝改厥元子」。古史荒渺，事難詳論，然殷人之為天下共主越數百歲，周人起而代之，以「皇天上帝改厥元子」為況，則此等思想與此等制度，當不盡自周始，不過至於周人而益臻強固，益臻周密。

由宗法之一體稍進則轉為人文之一體，此則可於中國古人所最重視之「禮」字見之。禮之含義，卽表徵此種由宗法演進而達人文之階段者。故中國古代之國家觀念，甚早卽有「上下一體」之意義，其先為宗法一體，其進則為人文一體。周代諸侯，就狹範圍言之則曰「諸姬」，此宗法一體也。就廣範圍言之則曰「諸夏」，此卽人文一體矣。

管敬仲之言曰：「諸夏親暱不可棄也。」此卽根據當時人文一體之觀念之理論。雖宋人為勝國之後，周天子亦猶以客禮待之，而在當時亦已見列為諸夏。故齊桓創霸，宋人首事贊助，晉文霸業定於援宋。此等人文一體觀漸由政治事業轉進而形成為「文化」工作，則有孔子之作春秋。儒、墨繼起，百家競鳴，蓋莫不抱廣義之人文一體觀念者，故莫不致力求為行道於天下。狹義的國家觀念，尠為當時學者所注意。秦漢以下之中國大一統，卽於此醞積涵成之，此正由中國封建精神本原卽出宗法一體之故。

若西方封建則為羅馬帝國解體以後之一種社會紛擾所形成，故西方封建既非本於宗法，亦無所謂一體，僅為一種敵體間之相互契約而由最終之武力為支撐與維持。故西方學者謂彼中封建社會乃係

「宗法社會已解體，軍國組織未完成之際之一種過渡形態」，此乃自就彼史實況貼切言之，初未嘗謂東土封建之亦必爾。

# 四

或曰歐洲中世紀封建，與吾土西周封建不相當，此已然矣。輓近學者頗以魏晉以下之社會形態比附西方之封建時代，其得失又如何？曰：此亦有其一部分之相似，而按實則仍不類。

羅馬建國與漢人不同，此不佞已先論之。今扼要申説，羅馬帝國乃由羅馬城邦之市民所創建，至於漢代之中國，則由中國人創建之，絕非由於某一城市之市民；亦即不得以彼土帝國相擬。故羅馬帝國內部即有兩體，不能泯化，即「羅馬人」與「非羅馬人」。漢代之中國，則凡屬中國人皆為一體，此為其最大相異點。故羅馬覆亡，由於羅馬人之日就衰微，不能再控制其帝國之存在。繼羅馬帝國之後而起者，為北方蠻族，此於羅馬帝國為異體。換言之，羅馬帝國業已解體，將來之新民族國家，則有待於此輩非羅馬人之再征服與再創造。

至於中國魏晉之間，雖因漢王室之崩潰，政權一時墜落，社會蠭起擾動，其時則民間自相投靠依附，儼若有西方中古封建社會之情況；然漢王室雖崩潰，中國人之文化傳統政治傳統則未中絕，故社會之擾動不久卽歸寧定。魏晉政治卽承兩漢而來，其後五胡紛起，晉室南遷，中國衣冠相率渡江，而高門華閥留於北方者其勢亦尚不可侮。故不僅東晉南朝，其政治傳統仍襲兩漢，卽北方諸胡，亦不久卽與中國士族相合作相同化。至北魏混一中原，其政治情態較之南方，未見遜色。當知魏晉南北朝，縱謂其政制官常，不能與兩漢媲美，要之一線相承，絕非彼土羅馬覆亡以後，日耳曼諸王國與神聖羅馬帝國之比。西方封建社會，正為羅馬政治脫節以後之產物，中國秦漢大一統政治，在魏晉南北朝依然存在，未嘗失緒。政治不脫節，則此等封建形態無法蔓延，無法猖獗。故若於故史遺聞，尋覓零文碎證，以論中西社會之偶有相似，未為不可。若遽謂中國魏晉南北朝恰符於彼土之中古封建社會，則實為無當史實之游談。

下及蒙古入主，其對中國傳統政治，不盡曉習，社會擾攘，政制苟簡，則亦有一部分約略相似於歐洲中古之封建情況者。然當其時，中國傳統政治演化已深，中國社會文化潛力植根已久，故元人政制雖獨於中國史傳統上較為後退，而通覽全局，亦不得與歐洲中古封建形態全相比擬，然則嚴格言之，雖謂中國史上絕無彼中中古時期之所謂封建社會，亦無不可。而國人不深辨，好騁臆説，乃謂中國至今未脱彼中中古時期封建社會之階段，此誠不知持論之尤。

# 五

所謂中西歷史上封建制度之一節目，其異同大概既如上所剖辨，則繼此而往，中西政治理論與政治精神之歧異，又有可得而論者。

西方封建社會，既起於統一國家之解體，與夫政治機能之墮壞，故彼中近代新國家之再進，乃不得不仍有賴於軍事之再征服。故彼土學者謂近代國家起源始於軍事征服，此乃近代西方史實，無可否認。然惟其如此，故近代西方國家，其內部征服者與被征服者兩體對立之意義及其創痕，乃不易驟化。此則凡欲體究近代西方人政治意識，從而及其政治精神與政治理論者，斷當從此源頭深切認取，否則將無以發其底蘊而提挈其綱領也。

大體言之，近代西方政治，不外兩潮流反復衝盪，一則曰「專制政治」，又一則曰「民主政治」。彼方所謂立憲與國會，以君民契約為理論，以個人自由為精神，為民主政治之基礎與柱石者，其實皆本原於中古時代之封建。由封建勢力之崩潰而有獨裁君主，獨裁則為「羅馬復活」，立憲則為「封建更新」。此二潮流更互激射，而皆有其淵源。若謂政治制度自有生命自有根柢，不可剿襲，不可貌仿，則近代西方政制，實將使東方人有一時無可追步之感。而或者乃謂中國近代尚屬封建社會，非打破封建勢力，卽無以企求民主自由，此則尤為目論可笑之至。

故西方民主政治，其最要機關厥為國會，然國會於中古世紀已有之。其先則為村落與城市之地方會議，此等會議，其起因本在應付封建長上之需索。中世紀政府常有文告，諄諄告誡，縣議會郡議會當照舊舉行，里胥鄉長著卽速來，其意不過為需索，然需索必出於協商，地方議會卽為被需索者之代表。然以此而近代西方之所謂地方自治與代表政治，則由此萌其端。

繼地方議會而起者則有國會，國會由君主發意召集之，亦由君主強力維持之，其用意亦在攤派款項徵索稅收，故國會之在民間乃義務而非權利，如是情態，則亦緜歷踰百年之久。然君主既向國會有所需索，則國會亦得向君主有所請願，以為利益上之交換。循而久之，國會之請願，移步換形，轉成為國家之立法。近代西方政治機構，首重立法，其實正由中古封建社會主屬抗立權利義務交換之形式下脫胎而來。而國會立法則又重多數取決之理論。無論選舉與會議皆然。此無他，兩體對立，權利義務交換不相當，則必出於鬥爭。強凌弱，衆暴寡，武力鬥爭，勝者常歸多數；武力征服轉而為文治協定，則不如徑就多數表決之。故最先之選舉僅由呼喊，選舉場中之喊聲，卽昔日戰場之殺聲。喊聲高下不易分，乃繼以分席表決，此則猶戰場之列陣整隊。故國會之與政府，卽為歐洲近代國家其內部兩體對立未易驟泯之一證。

國會之有黨派，為歐洲近代國家其內部兩體對立未易驟泯之又一證。所謂立法權，所謂代表機關，所謂黨派與多數，皆其國家內部兩體對立未臻泯化而後有此，此皆彼中中古時期封建社會主屬雙方契約自由之遺蛻。至於十五六世紀以下之君主獨裁，以及輓近德意諸邦之政治體制，則皆欲擺脫此等中世紀相軋封建社會契約自由之制限，而上返之於羅馬時代國家至上王權至上之理論者。馬基雅弗利（Machiavelli）之君道論（Prince）卽據古典研究而來，而「法西斯」一語則取義於古羅馬之棒斧。「棒斧」者卽象徵國家法律之至尊無上。

由是言之，雖謂近代歐洲政治，卽為古代羅馬政治與中古封建社會之更造互演，亦無不可。惟受時代之洗禮而稍易其形狀外相，論其精神則顯相承襲。無論其為羅馬，為中古封建，要之其國家內部常見為兩體對立。若為武力征服，則近羅馬。若為契約結合，則近中世封建。苟無此意識，無此精神，而徒依樣葫蘆，偷學貌似，則此等政制必懈弛崩散不待終日而壞矣。

## 六

今若以此反視中國，則中國國家摶成，尚遠在西周之初年。縱謂西周建國亦由軍事征服；然國家體制融凝已久，此等軍事征服之意識與內感，早已消釋不復存在。兩漢以下，王朝迭起，其平亂而定治，亦常有賴於武力。然此特一時政事變動之後，相因而起之擾攘，不得謂之武力征服。求之中國歷史，其王室民眾，上下之間，各自互存一種武力征服之意識與內感者，惟蒙古、滿洲兩朝為然，此外如北朝之與遼金亦有之。余嘗稱此曰「狹義的部族政權」，捨此則君臣一家上下一體，無所謂征服之與被征服。兩體對立之意識與內感，既不存在，故亦無契約自由之理論與想像。而中國歷史上之封建，又正為西周初年凝成國家一體之主要工具，復與西方封建情勢大異。

故西方論政不曰契約即曰法律，而在中國人意想中，則此等皆非政治上之最高標的與終極意義。中國論政，自孔子以來，即舉「仁」「禮」為說，而此等說法亦復與西方史實及近代西方政論扞格難入。此誠中西政治精神基本歧異所在。

扼要言之，則彼中政局，常有一兩體對立之內感與意象為之主持而運使，而我乃無之，此皆由於歷史演變，心習已熟，薰染已深，我既為嫫母，彼方為西施，使我雖欲效顰而益增我醜，此亦莫可奈何之事。

西方近代論政，常舉立法、司法、行政為三分。立法為民意之代表，行政則屬政治之活動。國家創始由軍事征服，故政府者即征服者之機關，行政事業則征服者對被征服者所施之種種壓制與干涉。故彼中多數論者，率主國家行政應求縮小，至於最低限度。立法則惟恐其不伸，行政則惟恐其不削，此為彼中民治主義者之傳統理論，其視國家行政常若與個人自由相衝突。故立法之與行政分立，亦即為國家內部兩體對立未臻泯化之一徵。司法獨立則可於此對立之兩體作無偏袒之平亭。而今日德意新獨裁制度，則立法司法皆攫而統之行政者之掌握中，故政治稱全能而人民無自由，凡此皆西方政治史上兩大潮流相互激射衝盪而蔚為奇觀者。而求其根柢，則出一本，曰「國家內部常見為有兩體之對立」是已。若此國家之政府民眾，上下相與，根本無敵體對立之内感，則此等政權之劃分與夫主持而運使之精力，必有莫知所從出之苦矣。

## 七

繼此尚有可以附論者：余昔嘗撰文，謂西方國家，就歷史言之不出兩型，一曰「城邦」；一曰「帝國」。

羅馬則以城邦為中心，以帝國為外緣；以城邦為心臟，以帝國為骨肉。近代西方民族國家，實為古代城邦擴大之變相，故民族國家亦多以帝國為歸宿。

而中國則非城邦亦非帝國，若就西方近代國家求其體制稍似者，則當推美國，以其亦非城邦非帝國。然此特就國家之外面論之。若辨其内裡，則中美立國復有不同。美乃「聯邦國」，而我則為「單一國」，聯邦國之成立，由於各個獨立區域之自願聯合，而非由一強有力者之吞併與征服。西方聯邦國家首起於十八世紀之瑞士，而美國繼之，此雖為歐洲國家之一新型，然求其精神，則仍係此國家内部二體對立之老幹所萌茁而生之新芽。既稱「聯合」，即有各單位離立之痕迹，未臻泯化。故當美國南北戰爭之初起，南部諸州即提出所謂「脫離權」問題者。此亦契約自由之一種，仍由中古封建社會脱胎而來。此在戰後之西方，殆猶有盛大推行之兆象。然以此揆諸中國立國之傳統精神，則仍有不合。民初以來，各省軍閥割據，亦有唱為聯省自治之説者，此又東施效顰之一醜也。

孟子曰：「霸者之民，驩虞如也；王者之民，皥皥如也。」夫驩虞豈易得，上所論列，羅陳史實，聊備一解，非有高下抑揚取舍從違之意，抑深心憂國之士，必將有感於斯文。

（民國三十一年十二月重慶文化先鋒一卷十七期）

# 五　東西文化學社緣起

曠觀世界各民族文化大流，求其發源深廣，常流不竭，迄今猶負支配世界指導人類之重任者，在東方厥惟我中華，在西方厥惟歐美之兩支。顧此兩大文化發生接觸，若以我明代末年海上新交通線之創獲為起端，亦復三百年於茲。而論其大體，猶尚以商貨貿易為主，不幸則繼之以兵戎相見。其能為此兩大文化之淵深博大作懇切之介紹與夫親密之溝通者，猶少見。

近百年來，中華人士雖多醉心西化，遠渡重洋，虛懷從學者，接踵相繼，前後無慮千萬數。然以正值吾族衰頽之際，而驟覩彼邦隆盛之象，以救急圖存迫不暇擇之心理，而雜以急功近利羨富慕強之私念，因此其對於西方文化之觀感與瞭解，乃仍不能脫淨三百年來商業軍事上習俗相沿之氣味。而歐美學者之對於中國，亦不免以一時貧富強弱之相形見絀，而未能虛心探討中華傳統文化之優美。此在雙方，同為至可悼惜之事。

夫各民族文化進展，常需不斷有去腐生新之勢力，而欲求去腐生新，一面當不斷從其文化源頭作新鮮之認識，一面又當不斷向外對異文化從事於盡量之吸收。今我中華文化，在此積貧積弱之後，其有需於一番去腐生新之工作，既已為吾中華有識之士所共認。而西方文化自十八世紀以來二百年間，以各種新機器之發見，而使社會人生忽然到達一從未前有之境界，而人類內心智慧之發展，以及人羣組合，國內國際各方面，均未能與新機器之發明聯繫並進，遂使人類社會同時遭遇創古未有之新難題。最近三十年來，世界大戰爭已兩度激起，實為西方文化亦需要急速有一番去腐生新之努力之強有力之啓示與證明。抑且此世界兩大文化，實有為全人類根本幸福前途計，而有相互瞭解與相互溝通之必要與義務。

羅君忠恕遊學海外，有心此事，曾於民國二十八年之冬季，兩次在英倫牛津、劍橋兩大學發表其對東西兩大民族應對雙方文化各作更進一步之發揮與相互融貫之工作之講演，頗獲彼中有識者之同情。並在牛津、劍橋兩大學成立「中英學術合作委員會」，發表宣言，贊同此事。此外國際知名學者，如愛因斯坦、杜里舒、懷特黑、杜威、羅素諸氏均通函問，願贊斯舉。羅君返國，因發表中國與國外大學學術合作之建議一小册，略道其梗概。同人等對羅君意見，甚表贊同，因感有共組學會共同努力之必要，遂發起一「東西文化學社」，草擬簡章，將本此廣徵國內同志集力進行。一面並擬約請國外學者，密切聯繫，共同合作。際此全世界東西兩方正在共同流血苦鬥之境地中，而吾儕忽倡斯舉，似為迂緩。惟人類文化事業，乃為千百年根本大計。孟子云：「三年之病，而求七年之艾。」同人等竊附斯義，諒國內外學者當不吝於贊助。

（民國三十年六月作）

# 六　東西人生觀之對照

## 一

人類對於自己人生的觀念，雖說千差萬別，不勝詭異，然似乎大體上可以只分成兩類。在暫無恰當名稱以前，我們不妨名之為甲種人生觀及乙種人生觀，或説第一類人生觀與第二類人生觀。若定要標以內容含義，我們不妨暫呼第一種為「現實」的人生觀，第二種為「理想」的人生觀。

宇宙之偉大，與人生之渺小，雙方極端映照，此為構成每一人人生觀之核心與焦點。大體説來，比較偏向渺小方面者，是現實的；偏向偉大方面者，是理想的。現實的常以「自我」為中心，為自我而奮鬥；理想的常依「宇宙」為歸宿，為宇宙而犧牲。這是兩大派人生觀之分野所在。

換辭言之，現實的常有偏「肉體」的傾向，理想的常有偏「心靈」的傾向。從偏肉體的方面來認識宇宙，則常主張親驗與實證；從偏心靈的方面來認識宇宙，則常從事玄想與推理。主張親驗與實證，常易走向物質自然環境，為科學與藝術之起源。從事玄想與推理，則走向精神文化環境，為宗教與歷史之前導。第一派喜歡自我的智識與自由，第二派着重對宇宙之信仰與崇拜。

喜歡自我的智識與自由，故主張「小我」獨立；對宇宙發生信仰與崇拜，故偏於想望「大羣」之團圓。前派可稱為「自依」的，後派可稱為「依他」的。因此兩派人生對社羣的態度亦自不同。第一派往往被目為俗的，即「入世」者。第二派則被目為道的，即「出世」者。其實前一派往往先入後出，而後一派則又往往先出後入。所以謂之先入後出者，他們因注重現實，先在世務上競爭，待其個人成功，則由熱而冷，便想從俗務中抽身享福。所以謂之先出後入者，他們因注重理想，往往先有一段生活，避世絕俗，修道養性，待得有確然自信時，又重行回歸入俗來宣導播揚，為大眾服務。因此第一派之口號常是「滿足慾望」。第二派的口號則為「服從理性」。

此兩派人生因對宇宙對社羣的看法各不同，故其對自身的態度亦判然有別。大抵第一派是自傲的，以自我為中心，以自我之智識為權力，以自我之伸展為人生之眞理。第二派是謙卑的，他們常分心境為天人、聖凡、道俗、理欲的兩界。他們把上部心境，天、聖、道、理，代表超我的高級我。把下部心境，人、凡、俗、欲，代表私我的低級我。因此前一派所發展的是人間世的現實的權力、財富、地位、名聲等等，後一派所發展的是非俗世的理想的天理、良心、人格、道德等等。

再分言之，前一派有時是先傲後卑的，他們主張個人全在同一點上出發，全可做宇宙人生的中心結，這是他們所自傲的。但是實際競爭的結果，有勝利，有失敗。失敗者的權力、財富、地位、名譽種種不如人，自然只有自認卑下。後一派有時是以謙自尊的，他們在所崇拜信仰的最高對象下，各自平等，所以誰也不敢妄自尊大，然而誰也不必妄自菲薄。所以第一派較活潑，因他們在同一點上出動，覺得前途無量。第二派較嚴肅，因他們在同一點上歸宿，覺得責任無限。因此第一派常充滿歡樂的氣氛，因塵世現實較易滿足。第二派常附以悲悔的情態，因天界聖境終極難望。

他們的態度，影響於對人。第一派常注重辯論，第二派則注重感化。第一派獎勵聰明，第二派提倡慈悲。第一派常積極企慕成功，第二派常消極提倡同情。第一派的社羣，常趨於階級與鬥爭，第二派的社羣，則趨於平等與和協。

## 二

以上所舉兩派人生，其顯著的對比，可舉西洋史上希臘文明與希伯來文明來作例證。希臘屬第一派，希伯來屬第二派。這兩種顯著的派分，也可從天然環境上説明其背景。希臘人在一個美麗舒服的環境下成長，他們沒有可怕的高山，沒有單調的大平原或沙漠，他們沒有暴風雨惡天氣。他們在一環列秀麗的山和清婉的水的各自分裂下居住。前面常是恬靜的海，上面常是蔚藍的天。希臘人自始便不感覺大自然之威脅，亦不感覺大羣社團之嘈雜與麻煩。他們開始其快樂的個人主義的小我自由之現實生活。他們開始為智識之探究。他們沈醉於肉的享受。他們種下了科學與藝術之嫩芽。在他們自身生時已結有燦爛的繁花與甜美的果。至如柏拉圖所倡理念世界之哲學，帶有超現實傾向之意味者，此已在希臘文明盛極將衰之際，露出來的一種人生交替與轉嚮之朕兆。

希伯來人處境與希臘絕然不同。沙漠地帶之單調與沈悶，已使希伯來人的心地與海島居民異致，使他們不得不感到自然之偉大與人生之渺小。又兼長期的民族流亡，西至埃及，東至巴比侖，轉徙播遷，含辛不吐，又使他們感到人類大羣的複雜力量與夫自己祖先民族歷史之深遠的追溯。所以在希伯來人中間，便產生了他們創世紀一類的歷史，與夫耶穌的新約。希伯來人自始即在憂深思遠、悲天憫人的心境下生活。他們絕不想到可以用他們自己的智慧，來宰御天然，使為人類享福的材料。更不想到他們應該各個人各自自由獨立，脫離大羣社團來向世界別處伸展。他們所想望者，在使自己的社羣如何融洽於宇宙；自己如何融洽於大羣。他們不惜犧牲渺小的自我來貢獻於宇宙與大羣，根本沒有使宇宙與大羣來遷就我供奉我的想望。希臘人如小孩在跳躍與歌唱，希伯來人如老人在憂鬱與悲歎。一則如在清晨，一則如在薄暮。若再把別個民族來比擬，則印度比較近希臘，阿剌伯比較近希伯來。①

① 原註：此處易啓誤會。因印度似為代表極端出世的人生，恰與希臘相反，而此處卻謂其比較接近，亦有數故。一則就自然環境言，印度處境極為舒適，比較近於希臘，不近於希伯來。因此印度人之宗教思想中，帶有極豐富活潑的神話，此正與希臘相近，而與希伯來嚴肅的「一神」信仰不同。印度宗教思想並發展而成對宇宙外界極細密的分析與極深妙的辨證，此亦與古希臘哲學、科學思想乃至近世歐洲人思路相近，並不如希伯來宗教之偏於對外之

希臘人處境的內環實在太柔和了，希臘人對自然界絕不需發生恐懼迫害之感，因此使得他們進一步想改造自然，更來遷就自己。同時，希臘人的外環則甚寬濶，地中海四圍，好像靜待着他們去發展。他們可以駕舟揚帆，任意所之。然而好景不常，歡娛難再，人生到底還是渺小，宇宙到底還是偉大。希臘人的跳躍與歌唱，終於在馬其頓騎兵隊的鐵蹄下停歇。

西方羅馬繼希臘而起，羅馬文化依然導源於希臘。羅馬的人生，還是一個現實的自我伸展，復兼以羅馬人軍事與法制的天才，譬之為虎傅翼，更使其飛而食肉，創造一個震古鑠今的大帝國。當羅馬極盛時期，羅馬人的生活，眞可算是窮奢極欲，享盡人世間的安富尊樂。然而依然是好景不常，耶穌教徒一種沈重的腳步，連帶一種愁歎的聲息，早已在羅馬帝國的下層大眾勞苦貧窮的集團裏面飛快散布。北方蠻族入侵，帝國瓦解，現實享樂的人生，深深地感到厭倦。棲山遁谷，逃絕塵寰，甚至於自毀肢體，極端的否定小我現實，以期心靈之安寧。在此九十度直角轉彎之下，歐洲人走上他們別一天地的中古時期。

---

崇拜與信仰。其他，印度社會各階級之凝固性，印度人對歷史觀念之模糊淡薄，印度人藝術方面之發展，皆可謂其比較與希臘近而與希伯來遠。然則印度人之「出世」思想，只是對現實處境太舒適，使其有無可用力之感，而發生一種玄思與厭倦。至其偏向自然與小我之精神，實與希臘相近也。

## 三

歐洲史上中古時期不僅如上述，由第一種人生觀轉嚮而至第二種人生觀，為兩種人生觀之交替。亦因那時歐洲文化已漸漸自希臘羅馬濱海商業城市的活動，轉向北方大陸土著農業的一種自然環境之轉變。經過長期數百年憂鬱的禮拜，悲悔的祈禱，歐洲人最先一種現實生活個人享樂的熱烈要求，禁不住再爆發再燃燒起來。那一種新的活力，依然從歐洲南部海濱商業城市開始。從意大利向西至葡萄牙、西班牙，再轉北至法蘭西、荷蘭、英吉利，從地中海推擴至大西洋，一批批的商人在自由競爭，尋覓與攫奪海外財寶的觀念下，如火花怒放，四散奔迸。那時耶穌會教士卻還手拿十字架，跟隨在商人後面到處宣傳福音。其實敲脂剝髓下的福音宣傳，早已與羅馬帝國時代的地下福音情調大異。從此歐洲人又重新走上希臘羅馬時代的地上小我自由享樂的人生觀。他們稱中古時代為「黑暗」，他們把這一種轉換叫做「文化再生」。科學的唯物論，是他們的新宗教。生物的進化論，是他們的新歷史。這又是歐洲人在兩種人生觀上第二度的交替。

然而依然似乎是好景難常，人生有時依然還是渺小，宇宙有時依然還是偉大。最近三十年間連續兩次大戰爭，對歐洲人地上享樂小我自由的人生觀，已是夠打擊了。而且這兩次大戰爭的演變下，德蘇兩國代表着大陸性的兩民族，無疑的做了新戰爭中的一部分主要角色。在英法新帝國飛皇騰達之時，德蘇尚是落後民族。然而正因如此，近世德國哲學在他們分裂混亂之不幸運環境中產生，始終帶着一種嚴肅深厚的宗教感，與英法新興思想主張現實享樂小我自由者別具異趣。帝俄志士在沙皇黑暗勢力壓迫下，最近百年來文學思潮上之所表現，更充滿着悲天憫人的宗教熱忱。他們國內大規模的工農組合與夫他們所提倡的世界經濟新秩序，又恰與英美海國商人自由的近世傳統相對照。所以這一次戰爭勝利誰屬，暫可勿論，而歐洲人對其已往兩種人生觀的衝突之再起，及其已有第三度交替的可能之朕兆，則已十分暴露。無怪乎我們可以疑心歐洲或許在最近將來要再來一個耶穌復活，再來一個新「黑暗」。②

# 四

現在讓我們回轉頭來看一看我們的祖國。我們處境，自始卽沒有希伯來人那般乾燥與寂寞；我們

② 原註：此處只指出目前歐洲文化已有破裂而成兩個壁壘之趨勢，卻非指德蘇兩國之現狀卽謂足以代表歐洲未來之新精神。德國哲學中如菲希德及尼采等極端發展自我之主張，如黑格爾歷史哲學以德國民族置於世界全人類文化發展進步之最高點，而鼓吹過度的民族自傲，又如蘇俄共產黨所信仰偏狹的階級鬥爭的理論，皆十足呈現出近代歐洲文化面貌，與英法小我自由地上享樂主義，依然同根連枝。

民族的命運，亦沒有像他們遭遇的沈痛。然而我們亦沒有希臘人那般秀麗的山海與景色。我們沒有像希臘人那樣歌唱高興，但亦沒有像希伯來人那樣悲歎失望。我們有希伯來人一般的歷史回溯，但是沒有發展成他們的宗教。我們有希臘人一般的藝術欣賞，但是沒有發展成他們的科學。我們的人生，似乎正在希臘希伯來之間。若把世界民族文化在上述論點上作一線排列，應該是希臘、印度、中華、阿剌伯、希伯來。希臘與希伯來在兩極端，我中華適處他們兩極端之中心。

我們是以崇拜歷史、崇拜古代聖賢代替了崇拜上帝的宗教。其實我們民族的崇拜歷史心理，已經是心靈上之理想化，已經是超小我的一種宗教信仰。崇拜古代聖賢，可說是一種「人文教」。崇拜天國上帝，可說是一種「神道教」。神道教要求靈魂超升，要求天國福德，是純理想的、極端的、非現實的。中國人崇拜歷史，因此不求靈魂超升，而求子孫緜延。這已在理想的超小我的精神裏面羼進了現實的小我中心的成分。中國人一面崇拜歷史，超乎現實，帶有極濃厚的嚴肅性。但一面又相當看重現實，歌詠人生，接受享樂。因此詩歌、文學、藝術、建造，在中國亦高度發展。中國人仍不失其一種活潑性。

但中國人對宇宙到底不脫其虔敬的心理。雖説「利用厚生」，雖説「盡人之性以盡物之性」，而到底還是先要「正德」，最後還是要「贊天地之化育」。因此中國人沒有像希臘人般想純從人類智慧上去窺探宇宙之祕密，而毋寧説是像希伯來人般卻純從人類性情上去體認宇宙之偉大。因此中國雖有盡物性與利用厚生的主張，而卻只走上藝術的路，沒有走上科學的路。換言之，中國人只在無傷其理想上的宇宙尊嚴之下來利用厚生，來盡物之性。另一面則中國人又只在無傷其現實的人生情趣之下，來崇拜歷史，信仰古人。因此，中國人生有其比較近於「中和性」的歷史與藝術，而捨卻比較偏於極端性的宗教與科學。因此在中國歷史上表現的中國人生，雖亦有偏理想與偏現實的兩個境界，但是理想既兼顧到現實，現實亦兼顧到理想。絕沒有像西洋史上那般的各向極端相互衝突與相互交替。

中國史只似一部西洋史之中和。因此，中國史沒有大起落，沒有激劇變化。儒家精神代表了中國文化之最高點。儒家精神之禮樂，便是希伯來式的禮拜與祈禱，羼和着希臘式的歌唱與跳躍。孔子曰：「不如富而好禮，貧而樂。」孔子對於現實人生，既沒有像耶穌般痛斥富人，亦沒有如希臘人般一意貨殖。③

③ 原註：此處如分人生為左右兩翼，則左翼為科學與藝術，右翼為宗教與歷史。所謂哲學，本與科學同源，亦復與科學同歸。兩者不啻成並行之兩分派。印度思想中之哲學氣味實極醲，惟尚未發展至如近代之科學。即希臘人思想，自近代歐洲人視之，亦只可謂是哲學非科學。而藝術則印度希臘均仍發達，故可同列左翼。若單就中國思想言，如老莊則近左翼。因其抹殺歷史信崇而對自然為一種寧靜深透之觀察與分析，因其對人生亦主小我自由與地上享樂。此處所謂地上享樂之意味，近印度，不近希臘。

中國道家思想頗近於古希臘之德謨克利特士及伊壁鳩魯一派之自然論，亦復與印度思想接近。故魏晉南北朝時代，佛教教理即以老莊思想為階梯而渡入中華。若墨子則近人生之右翼。雖亦主張歷史信崇，而更超越古聖先賢之教訓而高抬天鬼。其對人生，主嚴肅苦行，犧牲小我以貢獻於大羣，儼然迹近宗教。故近人每以墨翟擬耶穌，實自有其相似處。而儒家思想則居道墨之中點。

# 五

讓我們根據上面的分析，再回頭來看一看近代的中國。近代中國人無疑的刻意要走現實享樂小我自由的一條路。他們說：中國已往，只是相當西洋的中古時期，我們得現代化。現代化的名詞下，包含着反宗教迷信，反歷史崇拜，提倡科學精神與個人自由要求。但是這裏面不免有幾點窒礙難行處。

第一、科學精神與個人自由要求各有其深邃的眞源，非可貌襲而取。在希伯來民族流離轉徙之中，在羅馬帝國崩潰的前後，絕不會發生科學精神與個人自由要求。在滿清部族政權長期壓迫之下，

---

惟若再入細一層論之，則道家與佛說，墨家與耶教，仍各有不同。道、墨兩家仍各有其不失為中華思想之特徵處。又上云科學與宗教各居左右兩極端，若把橫線改成圓圈，則科學與宗教正相接近。希伯來與希臘在此綰合而成西方文化之主要骨幹以與東方文化相對照。如此，又可說東方中華文化偏在歷史與藝術的右半圈，而西方歐洲文化則偏在宗教與科學的左半圈。

若為人類此後新文化著想，東方人似應從西方純科學的精神上來學科學，卻不必提倡個人的功利主義。西方人則似應從瞭解東方文化之人生意味中來解決其已往兩種人生觀的反覆與衝突。如是庶可交融互益。而所謂東方文化之人生意味，則實自有其立場與觀點，自有其高明博厚處，卻並非本篇所述兩種人生觀之雙方互打折扣的一種調和與折衷。此諸問題，均已逸出本文範圍，容待他篇另論之。

乾嘉以後內亂外侮，相互迭乘，中國人從積威積弱之餘，救死爭存之不暇，同樣的説不上科學精神與個人自由要求。現代中國的處境，決不能像古希臘，亦不能像文藝復興時代的意大利諸城市。近代中國人追慕現實享樂小我自由，並不能像一少壯青年在生力充沛酣睡初醒開眼起身時的情態。轉而似於日暮途窮，倒行逆施。否則是信陵君醇酒婦人，不啻一種間接的自殺。貌是神非，絕不見其為一種科學精神上之現實與自由。

其二、歷史本無重演，近代歐洲畢竟與希臘不同。尤其是十八世紀以後兩百年來的歐洲。希臘藝術勝過科學，所以雖無宗教，尚不甚病。而近代歐洲，則科學勝過了藝術，惟幸而中古時代的宗教已深入人心，尚可以補偏救敝。中國人卻一意專從他們的科學方面着眼，又不能注意到他們科學精神的源頭處，而只看重他們科學方法上之應用與享受。結果貴賓——科學精神，尚遠在門外，而先來了一個惡僕——赤裸裸的人慾橫流。

其三、現實享樂小我自由的人生觀，其本身已附帶一些毒素，需要有處發洩。近代中國的處境，較之十九世紀上半德意志、俄羅斯的地位還要落後得多，然而近代中國人卻無德蘇兩族那一點憂深思遠悲天憫人的氣味，我們儘是憧憬着英法先進諸國的富厚與逸樂。我們既無力向外伸展，我們不得不反身自相魚肉。

這三點，便規定了近代中國之病痛與命運。

根據上述，我們若要全盤西化，我們應該在希臘現實人生外再體認一些耶穌的嚴肅性。我們應該在英法海洋商業自由競爭的旁面，再顧及新興德蘇諸國的姿態。④我們固要科學，同時亦該要宗教。我們固要小我，同時亦該要大羣。我們若要全盤西化，便該執其兩端，不應偏走一極。這兩端，在他們便不斷衝突、交替，從異時間看來，便有古希臘羅馬與中古時代的不同，復有中古與近代的不同。從同時間看來，又有最近英法、德蘇兩種姿態的衝突。中國若説要全盤西化，又如何把這同時不相容融的兩極端一氣化成？然則執其兩端，還須用其中，卻不可空洞籠統的説全盤化。

若要執兩用中，則中國自身文化本是這兩極端的中和。我們的歷史崇拜，早已兼盡了宗教的職能。我們的藝術建造，早已預備了科學的先容。只要深透認識我們的固有文化，儘有吸收新質點，擴大舊局面之可能。既不必輕肆破壞，更不必高提人慾。道咸以下人所説「中學為體，西學為用」的新格言，到此似還有讓我們再一考慮的價值。

（民國三十年六月二十四日，成都青年會講演辭，原題名兩種人生觀之交替與中和，刊登是年八月思想與時代月刊第一期。）

---

④ 原註：此處語義，與上文論及德蘇兩族者涵義相足。通讀前後，宗旨自顯。惟在國人心習專主崇拜西化者視之，似乎作者亦在主張納粹政治或共產思想，則實與鄙文立意大背。下文所云我們要科學同時亦該要宗教云云，亦請讀者以同樣眼光讀之。

# 七　戰後新世界

## 一

戰後新世界之輪廓，這是一個值得我們現在提出討論的問題。大家一談到此，便不禁先要問目前戰事的勝利誰屬？竊謂此事雖似重要，而實非討論本問題之關鍵所在。大抵人類戰事，概括言之，不出兩種軌轍。

第一種戰爭，起於當時社會上的最高傳統勢力，膨脹到相當限度後而自身破裂惡化，由其內部自起鬥爭。這一種戰事的雙方，雖一時若有勝敗之分，而其實則必至於兩敗俱傷。敗者固敗，而勝者亦非勝，只可謂之暫勝，或假勝，亦可說是緩一步的敗。在此種傳統舊勢力之崩潰下面，則開放著社會新興勢力之生機，而人類文化又得演進到一新階段。

第二種戰爭，起於當時社會在傳統最高勢力下，已先有一種新勢力潛滋暗長，而不免為前面固有的傳統最高勢力，即當時社會的舊勢力所阻抑，故意施以摧殘，而激起鬥爭。這一種戰爭，雖若新舊兩勢力強弱懸殊，而此種新勢力，居然能在固有的傳統舊勢力下成長，而又能向此固有之舊勢力奮起對鬥，則此種新勢力實在已經得到初步的勝利。而且已是一種決定性的勝利。當知舊者必覆，新者必興。此種戰爭，亦只是其鬥爭時間之長短問題，而並非勝敗誰屬的問題。

上述人類戰爭之兩軌，不僅可以用來解釋歷史上各種軍事的鬥爭，並可用來解釋歷史上各種文化思想的鬥爭。照理言之：戰爭本不是人類社會進步所必要的程序，理想中的人類文化，本不應讓一種勢力過於傳統僵化而阻礙新生勢力之成長。亦不應讓此勢力膨脹逾分，自己腐化惡化而趨於潰爛橫決。因此戰爭本不為人類文化進展理論上必要之一步驟。而就事實言之，則戰爭常常足以為新興勢力開放門路，並促成舊勢力之覆滅，而引速人類文化之演進。

## 二

我們根據上述分析戰爭之兩觀念，可以說上次西元一九一四年的戰爭，大體上是一種歐洲戰爭，屬於第一類。第二次目前的戰爭，則是一種世界戰爭，而為上述第一第二兩類戰爭之夾雜。

何以說一九一四是歐洲戰爭而屬於第一類呢？我們試放眼通覽世界大局，自十五世紀末葉歐洲西、葡兩國發現海外新航線，直到最近四百多年，全世界人類精力表現，幾乎盡在歐洲。這四百多年的世界，簡直只是為歐洲人特設的舞臺。這是一種人類社會的新勢力。這一種勢力，具體言之，是一種中層階級工商階級之資產勢力。向內則有代議政治的爭得，向外則有殖民地之征服。內面的代議政治成立，和外面殖民地征服，是支持這一種勢力的兩個基點，亦是營養這一種勢力的兩條血管。

這四百年來的世界史，大體上以一部歐洲史為主腦；而這四百年來的歐洲史，大體上又以一部英國史為中心。代議制度與殖民政策都在英國收穫最好之結果。英國既然繼承西、葡、荷蘭諸國之後成為海上皇后，而接踵而起與英國爭此一席者，先有法，次有俄，最後有德。歐洲繼續不斷的鬥爭，直到一九一四而登峯造極。這一個姿態，正如一遠行人，在繞著大灣轉入新方向。然而此非對人類文化演進路程具有超然曠觀之特眼者不之知。若據最近目光視之，則如其人依然逐步前進，看不出他的大灣子與新趨向。

惟其一九一四乃歐洲四百年來的傳統勢力在繞大灣轉新向，所以這一個戰爭，只是歷史上一種傳統舊勢力膨脹過度後之破裂與崩潰。德奧方面固然敗了，而英法方面也並不曾勝利，至多是假勝利，是較遲一步的敗。法國不用說。從一九一四大戰之後，領導世界之霸權，海上的新皇后，顯然已自英倫移讓於新大陸的美國。而東亞之日本，亦乘機漁利，其在太平洋上的勢力，漸漸與英美相頡頏。這是戰後英國顯然未獲勝利之第一點。縱然說英國人最能切實因應，其殖民政策最圓滑而成功，而在一九一四大戰結束後，如加拿大、澳、紐、南非諸邦，莫不獲得自治領之地位，與英國本土得有相等之自由。此卽證明一九一四之戰，乃歐洲四百年傳統殖民政策之搖動解放與轉變，而非進一步之擴張與征服。

若論德俄諸邦，正因軍事失利，而國內政體獲有劇變。且莫問法西斯與共產制度之是非得失，但論這一種轉變的外面，已足證明又是歐洲四百年傳統的代議制度在搖動解放與轉變，而並非中產階級的代議政治之更進一步的穩定與完成。

向內的代議制度與向外的殖民地征服，正是歐洲四百年新興中產階級發皇滋長的兩骨幹。這兩骨幹之摧折，正足證明了一九一四大戰實為歐洲四百年來傳統舊勢力之走向解體。而於是新興勢力遂得乘間擡頭。故說一九一四大戰，是人類文化演進之繞大灣轉新向。

## 三

至於這一次的戰爭，顯然與上一次不同。上一次戰爭重心只限於歐洲一隅，這一次戰爭則顯見是世界的。而且這一次戰事之最先發動，不在歐洲，而在東方亞洲。中日戰爭，無疑的將表演成這一次戰爭裡最重要而最有意義之一幕。何以言之？

中國自晚明萬曆以來，酣嬉太平之後，一身中了瘋痺症，心臟疲弱，四肢麻木。接著是滿清入主，歐力東漸。本來中國民族在世界人類文化劇場，乃一出色主要名角，曾連演過幾齣大軸好戲。這時候，幾乎被迫退出劇臺，有求為一跑龍套而不可得之勢。直到「辛亥革命」，孫中山先生以「三民主義」領導著中國民族為自由解放而奮鬥。這一個新勢力，正在四百年來歐洲傳統殖民地征服政策之潰裂與大轉灣之際出現，無疑將為此後世界文化新趨向一種重要的決定因素。日本則在此一百年內，接受了歐洲科學文明，正在一九一四歐洲戰後，乘著歐洲傳統殖民地經營勢力之落潮，而想與君代興。日本殖民政策，只是歐洲傳統的一條尾巴。所以這一次中日之戰，顯然是上述第二類的戰爭。我們稱之為革命戰爭者，正因此乃一種世界新興的文化勢力與傳統舊勢力之爭。簡捷言之，實為一種反抗殖民侵略之戰爭也。故其意味實與列強間要求殖民地重分割的第一類戰爭迥乎不同。

今論對於歐洲四百年傳統殖民政策下之革命戰爭，其第一次自當為新大陸美國十三州之獨立，依次傳播而至南美諸邦，這一個殖民地經營之解放運動，早已遠在一七七六年北美合眾國發表獨立宣言時，放一預兆。然而美洲獨立，依然是白色人種內部的釋放。至於這一次東亞戰爭，則始為白色人種以外的中國民族開始對四百年來傳統殖民侵略勢力之對面爭鬥，故其意味又見不同。然正惟美洲尚是一種殖民地解放之先鋒，故在一九一四的戰事中，即產生了美國威爾遜總統之「十四條宣言」。歐戰結束後，世界領導權，已顯然有自英國轉移到美國之勢。這是一個殖民地經營的傳統勢力漸漸過渡到殖民政策解放的新興勢力之一個具體標幟。

只是歷史變動，常常繞著大灣，不能直捷地轉向。因此歐戰結束，凡爾賽和約之後，居然來了一個日內瓦的國際聯盟。儻使英法對此新機構能誠心支撐，則東亞「九一八」事件，決不如此對付。英美早能合力阻止日本擴張殖民地的野心，則此後世局或可改觀。不幸而英法依然為四百年來歐洲舊傳統所纏縛，沒有能看準此世界文化在大轉灣時代之新路碑，因而在東方激起「七七」事變，為世界大戰行揭幕禮。

這一次戰事，中日兩國的激烈鬥爭，正足證明其與一九一四歐洲戰爭之絕然不同性。而這一次美國對戰事的態度，亦與一九一四全異。方一九一四歐戰初啓，美國本意嚴守中立，直到一九一七始行參戰。而臨了的和約，美國人又拒絕批准。可見美國雖參加歐戰，而到底並不在扮演主角。日本對上次歐戰，更是淡漠，只求在東方坐收漁人之利。這一次則日美兩國態度均與上次絕異。美國自始即偏袒英法，此後羅邱會合宣言成立大西洋憲章，遙遙為上次威爾遜總統「十四條宣言」之嗣響。一面又不辭兩洋作戰之艱苦，日美妥協到底無望，這正說明這是一個世界戰，與上次之歐戰不同。中日美三國已轉居主要地位，太平洋戰事與大西洋戰事至少有同等的重量。

根據這兩點觀察，故說這一次戰事始是「世界性」的，又是本篇所分析第一第二兩種戰爭之混合戰。尤其是太平洋戰事中之中國地位，乃對舊世界四百年傳統殖民侵略文化之一種革命戰爭，更應該具有決定將來新世界之重要意義。

如此照我們中國人立場論之，此次戰爭，直可名為一種「開闢世界新文化」的戰爭，或簡稱「新時代戰爭」，以別於以前時代之傳統舊文化的戰爭。自此以前四百年，世界文化傳統為歐洲中心之傳統。此種文化，以四百年來歐洲各國新興中層資產階級為主幹，其對内為爭得代議制度，對外為殖民地之經營。那時的戰事，大體言之，對内則為民主政體之革命戰爭，對外則為殖民地擴張與殖民地分配戰爭。而莫不以歐洲為中心。此次戰爭之第一收穫，則將為殖民地經營之阻抑與停止，以及殖民地統治制度之解放。此後世界新文化將為世界平等，而非歐洲中心，於是而有一種新國際。

四百年來之世界舊文化，另換一面看，則為資本帝國主義之文化。若殖民地經營阻抑，殖民地統治解放，則資本帝國主義失其憑藉，而四百年來傳統中產階級，既不能向外榨取殖民地財富以自封殖，其在國内之優勢亦將不能持久。於是各國政治舊體制，亦將依隨變進，成為一種眞的「全民平等」，而非財富中心，或階級專政，於是而有新政體。内部的新政體與外面的新國際，交織而成世界之新文化，為世界別創一個新時代。而此種新時代與新文化，皆將於此次大戰闢開門路。故曰此次戰爭，當定名曰「世界的新文化戰爭」，或簡稱「新時代戰爭」也。

## 四

若根據上述觀點來論戰後世界，則有兩説首當辨正。

一者認為此次戰爭，只為世界人類大決鬥之開始。自此以往，國際鬥爭將愈演愈烈，非至世界歸於一統不止。此種看法，乃誤於承襲舊傳統，以歐洲為中心之殖民地爭奪，以為現世界人類文化尚在逐步向前，繼續演進，則殖民地爭奪之最後一幕，自必為一強之併吞全球。抑且此種理論更重要的根據，還是中了最近百年來德意志人所謂「國家至上」，「武力至上」的流毒。當前世界形勢，早已轉變。武力爭奪殖民地的戰爭，到一九一四的歐洲大戰早已宣示其失敗。這一次的世界大戰，更足證明四百年來歐洲中心舊傳統的殖民地經營，路途已窮。目下世界文化，正在繞著大灣朝新方向進行。若仍然認為一個國家的武力可以征服環球統治五大洲，此眞所謂：「鷦鵬已翔乎寥廓，而羅者猶視夫藪澤」也。

說者所以持此，每引中國古代戰國相爭秦人統一為例。不知戰國相爭，正是本篇上述的第一類戰爭，此乃西周以來八百年封建貴族傳統勢力之過度膨脹而趨於破裂，自己崩潰。六國雖敗，秦亦未勝。秦國之勝，只是假勝。秦國只是緩敗，只是封建傳統舊勢力之最後一個敗者。而眞正勝利，則為新起的平民階級。兩漢政府四百年規模，此才算是眞勝。

或者又要據此推論，謂當前資本帝國主義，亦將在繼續不斷大戰爭裡次第覆滅，而最後則成為世界無產階級之革命勝利。此一說，依然誤於承襲歐洲中心的舊傳統理論。當知馬克思共產黨宣言已遠在一百年前，彼時馬克思亦只依據歐洲傳統中心立論，而未能曠觀全球。近世資本主義剝奪勞工固如馬氏之說，而歐洲資本主義之更主要的基礎，則建築在國外殖民地財富之朘吸。因此資本帝國主義內部勞資對立固為事實，而帝國本身與殖民地之對立，則更屬重要。當知帝國內部無產大眾，較之殖民地富人，大體上説來，他們依然是富人，而殖民地全體才是眞正被削剝的勞苦大眾。

在歐洲中心圈裡説，資本主義之崩潰，將為無產階級之興起。而在超歐洲中心的整個世界來看，則歐洲中心的資本帝國主義之崩潰，將為殖民政策之告終，與殖民地統治的解放。馬克思諸人之所謂國際，其目光只限於歐洲中心。寧知歐洲以外尚有更多區域，根本還沒有平等的國家地位，更何從而説國際？因此在超歐洲中心的世界趨勢論之，馬克思之所謂「國際共產」思想，顯然還見其隔膜。

而且經濟固然為人生重要的一部，亦決非惟一重要的一部。就歐洲中心的帝國內部而言，勞資階級對立，只是一個經濟問題。只要分配平均，階級對立即可取消。若超歐洲中心言之，凡屬歐洲以外之殖民地與次殖民地，與歐洲帝國主義之對立，除卻經濟問題以外，尚有文化問題，更屬重要。除非如非、澳、美洲的土人，其文化程度根本不能與四百年來歐洲中心傳統殖民勢力相抗衡，則日就澌滅，不致再引起大糾紛。而亞洲東方諸民族，則原各有其悠遠深厚的文化傳統。至少言之，亦多與歐洲文化同樣悠遠。此等諸民族，雖一時為此四百年來歐洲殖民新潮流所淹浸，然而並不如非、澳、美洲土人之再無抵抗能力而從此吞捲澌滅以盡。他們遂成為這世界四百年來大潮流下處處潛隱著的暗礁。

一九一四歐洲大戰，土耳其雖為失敗的一國，而在大戰結束後，便有新土耳其之興起。此次戰事中，土耳其尚能保守中立，有其舉足輕重之地位。印度民族在上次歐洲大戰中，曾對英國盡其貢獻。這一次英印問題，未得圓滿解決。然印度民族終將奮起，為其民族前途之自由而奮鬥。而英國亦終將停止其對印度作殖民地統治之傳統政策，而無法不允許印度之自治與獨立。

中國民族在此一百年內陷於次殖民地的困境，今已全國覺悟，非得民族與國家之解放，其一致抗爭將永不休止。蔣委員長最近曾謂：「中國、印度兩民族不獲自由，東亞將永不和平，而世界亦將永無眞和平之希望」。此正明白指出了此後世界新時代與新文化之一面。

當知此等諸民族之要求平等解放，其內心急渴所望，經濟問題尚在其次，而更寶貴更深刻者，則為「文化」問題。他們將努力於自身文化之更生與復活，來為此後世界之新時代新文化作有價值之貢獻。決不如馬克思所想像，人類爭端，只在經濟問題，只在貧富分配。

亞洲諸民族的傳統文化，尤其是中國與印度，本來素抱「世界大同」的理想，但在他們國家民族自身沒有得到平等自由的地位時，他們將對此問題，不感興趣。此在孫中山先生三民主義所講「頭彩藏在竹槓裡」的喻言中，早已吐露得十分清楚。而世界大同若無中印兩民族七萬萬五千萬人民之參加，勢將難於實現。如此則「太平洋憲章」理當繼續大西洋憲章而出現。而凡疑心此次世界大戰以後，接踵而來者，當為馬克思式之預言，世界無產階級聯合革命，則又如「見卵而求時夜，見彈而求鴞炙」，未免失之早計。

# 五

我們若將上面兩種推測破除，而試預描戰後世界之新輪廓，則大體上戰後世界當為一亞、美、歐三洲平等分峙的世界。在短期的將來，此三洲皆當自謀一比較和平而寧靜的一段時間，來各各為人類世界更遠大的新文化謀建設。直要到此三大洲文化之發展到相當程度，又互相密切溝通。

如中國古代戰國時代，雖列國分峙，而孔子、墨子、孟、荀、莊、老，以及其他各大思想家，幾乎無一不抱超國家的超戰爭的和平世界主義，懸想一個理想的「大同世界」，漸漸形成一種新力量，而後在封建傳統勢力逐步崩潰之際，自然呈露出一個統一的新境界來。然而這是更進一步的話。若在目前戰後的先一階段，則應該是「世界和平」「民族平等」來代替歐洲中心。應該是「全民自由」與「文化自由」來代替歐洲中心，來代替經濟壓迫。應該是一個「國際和平聯合」來代替武力的殖民戰爭。以下試就亞、美、歐三洲各各分別言其概略。

先論歐洲。歐洲是此四百年來的世界中心，而英國是此四百年來的歐洲主腦。因英國人之切實因應，代議政治與殖民政策皆在其手裡達到圓熟。然而此四百年來的資本帝國主義早已走上絕路，英國遂不免為眾矢之的。要在四面八方招架應付，而英國亦遂感到棘手。若果英國人政治，始終不失為一種開明而圓滑的政治，則英國人將依然運用其切實因應之手腕，邁步追上此世界新潮流，而做歐洲新文化之領導者。德國的「納粹主義」，對內不脫資本主義獨裁之變相，對外不脫殖民地再分割之老套，全在一種反逆世界新潮流的趨勢下努力，自將見其徒勞而無成。蘇維埃新政制不失為一服針對資本主義之解毒散，將來新歐洲之整理，或將在英蘇合作的條件下完成。

歐洲諸國，自中古宗教革命以還，早已失卻其凝合的中心。此後只是絡續分途向外發展，一時並轡聯鑣，若有海闊天空並行不悖之致。然此只是暫時現象，一到世界殖民地宰割已窮，則資本帝國主義之毒素，對外不能暢洩，不免要轉向內部作怪，在自體裡軋轢。彼中數百年來各自創造的民族文化、民族歷史、民族信仰，一旦要求融和凝合，此非易事。此後的新歐洲，因勢利導，第一步恐怕依然是「民族自由」與「國際聯合」兩條老路之分頭齊進。

首先我們希望戰事結束後，不再要遺留像以前般的巴爾幹半島與多瑙河流域的複雜形勢，來牽動歐洲全局之和平與寧靜。其次，我們自然希望新歐洲不要做全世界的巴爾幹與多瑙河流域，來牽動新時代的和平與寧靜。新歐洲之將來，定要重新汲源於古希臘之藝術哲學及中古時期之宗教信仰，漸次凝結成一單位，再來貢獻於更遠大的世界新文化。

其次我們說到美洲。美洲只是歐洲文化一新芽，一嫩枝，然而因土壤與空氣之不同，使此新枝繼續成長，漸漸有大過其本幹的趨勢。我常說，現時代國家之體制，只有美國比較最近於中國傳統的國體，因為一樣的不是向外征服的帝國。而遠在一百六十多年前的美國獨立戰爭，實已為這一次的世界文化戰爭樹其先聲。無疑的，此後的美國，將繼續為世界新文化中之有力分子。在現代美國人手裡，具有兩件法寶：第一件是直從新世界移民到十三州獨立以來的一種新的愛好寬大、自由與和平的心理。此自一七七六年的獨立宣言，直到上次歐洲大戰中之威爾遜總統十四條，以及這一次羅邱宣言之大西洋憲章，都是表示美國人的新鮮氣象與活潑精神。第二件法寶，是歐洲舊傳統下的科學文明。戰後的新世界，雖說要闢開一個與前不同的新時代與新文化，而舊傳統下之科學文明，則仍將繼續增新，繼續發展。美國人因其地大物博，傳統科學到他們手裡，放出一種與歐洲舊世界異樣的光彩，此後必然還要繼漲增高。美國人可以本他第一件法寶，來使用他第二件法寶，為戰後世界物質復興之新源。美國在舊世界傳統文化下是一位小弟弟，他在戰後世界文化裡或將是一位大哥哥。

再次說到亞洲。亞洲是人類文化之搖籃，亦是世界文化演進史裡的老前輩。只在這最近四百年歐洲殖民大潮的衝刷下，遇到種種擊盪與淘汰。但是大體上，亞洲諸民族依然不失其堅韌的存在，並常常不失其文化復興一種真誠的內心需求。尤其是中國，它自然是亞洲一個最光明燦爛的國家。不僅有其獨自創闢與獨自綿歷的一種獨特文化，它並且能吸收融和了亞洲其他各民族文化之優點而冶為一鑪。印度佛教精華，全部在中國。回教自唐宋以來，亦成為中國文化中一部份。中國民族隋唐以前，與其近西印度相接觸。隋唐以後，與其遠西阿刺伯、波斯諸鄰相接觸。中國人莫不虛心接納其鄰國文化之淵深處。下至於以物質發明工商技藝相交利，而從不出於武力兵戎之征服攘奪。最近百年來的衰運，自與更遠西的歐洲殖民新潮流相接觸，中國人一樣肯虛心接納。只要可以消融於中國傳統文化下的遠西思想，與文物制度，中國人無不樂於取法。中國民族之復興，與其傳統文化之重光，自將肩起領導亞洲諸民族古文化復活與亞洲諸族新平等新和平曙光之重現之最高責任。日本民族正在歐洲傳統殖民侵略四百年大流將次枯涸之際，要求推波助瀾，此與納粹德國一般，無論如何努力，終將消沮而盡。

如此則只要中國民族奮鬥不衰，亞洲和平自然有它的前程。戰後的中國，一面固當虛心學習歐美文化之一切，尤其在他一時特缺的科學方面，而中國自身所有古文化之淵深博大，如其在政治制度上，教育思想上，及社會倫理上，種種可寶貴的經驗與教訓，實為對未來新世界更進一步之新文化有其極偉大極珍貴之價值。此則中國民族雖在今日艱苦奮鬥之歷程中，不應不急急早有其誠懇之自覺與自負。

## 六

臨了，我有幾個簡單信念。我想單是武力與戰爭，解決不了人類的一切。單是經濟與財力，同樣解決不了人類的一切！若用抽刀斷水的辦法，要割斷人類全部傳統文化大流，來在薄薄的橫截面上，以一日之貧富強弱，爭一日之勝敗利鈍，更解決不了人類的一切。當前我們正面對一個有關世界文化的大戰爭，請國人放大心胸，回頭一體味人類世界已往全部文化的演進，把當前四百年來歐洲中心的帝國殖民文化安放它在一個它所應佔之篇幅與地位，則自然我們有勇氣，有信念，可以認識這一個有關世界新文化戰爭之使命與前程，而自己好準備來對戰後新世界走我們應走的路，盡我們應盡的力。

（民國三十一年五月刊載成都學思一卷十期）

# 八　世界文化之明日與新中國

## 一

人類文化，我們若從粗大處看去，則可以簡單只分兩型。一為農業文化，又一則為商業文化。農業乃人類最基本的生業，人類生業亦必進化到農業時代，始得在一地安定居住。因此人類文化，幾乎無一不從農業社會最先發生。如古代的巴比侖、埃及、印度、中國皆是。照理言之，農業永遠為人類最基本的生業，不僅迄於現在如此，乃至將來，仍當如此。農業既為人類永遠的基本生業，則農業文化亦將永遠成為人類的基本文化。而上述四國中，始終能保持農業文化繼續發展至今不衰的，卻只有中國一國，這裡面亦有地理的因素。

巴比侖、埃及所佔農業面積並不甚廣，他們農業經濟的發展，容易到達極限。一到極限以後，再要繼續生長，勢必另闢新境。因此古代埃及與巴比侖的經濟情形，都有從農業轉入商業之趨勢，此為彼兩邦農業文化不能繼長增高之第一因。又因其農業疆域根本不甚廣大，故其國家力量有限，容易為國外游牧民族或商業民族所侵略或征服，此為彼兩邦農業文化不能繼長增高之第二因。印度則因恒河流域地處熱帶，氣候炎蒸，生物豐衍，使其居民不勞生事，耽於逸樂，溺於冥想，乃不適於文化之正常發展。

只有中國處境與上述三國均屬不同。黄河流域之大平原，絕非尼羅河及幼發拉底、底格里斯河之比。在其上流，有渭水、涇水兩流域，中游之北岸，則有汾水流域，南岸則有伊水、洛水流域。下游北岸則有漳水、淇水流域，南岸又有濟水流域。黄河本身雖水流湍急，而其枝葉扶疏，水脈綺分，侵灌面積之廣，已遠超古代巴比侖、埃及兩邦之上。又兼古代大河兩岸，尚多湖泊大澤，舉其著者，如滎澤、大野、雷夏、孟諸、菏澤等，遍布於今河南、河北、山東、江蘇諸省境。更從黄河流域稍稍向南，便連接漢水、淮水兩流域。其他如汶、泗、濰、淄、雍、沮、漯、沂、瀍、澗、漆、灃、汧諸水，古代黄河流域之水系，其名字見於禹貢者尚多。我們只需略看地圖，便知中國地利絕與古代巴比侖、埃及不同。因此到戰國末期，中國古代農業文化，正發展到最高絕頂，從此更進一步，便形成秦漢大一統的大陸農國之際，而西方巴比侖與埃及兩邦之農業文化，早已銷聲匿迹，不復存在。此乃中國人處境之優，得天之厚，故得依然保住此農業文化而繼續發皇繁盛，並非農業文化理應抛棄，而中國民族獨頑固不靈，堅守勿捨。

至中國古代在黄河流域所創建之農業文化及其漸次南移，秦漢以後，漸達長江流域之兩岸，一片沃野，錦繡萬里，更為適宜於農業文化之繼續發展，所不待論。至以中國與印度相比，則黃河流域之氣候，較之印度恆河流域遠為寒冷，對於居民，富有一種嚴肅之刺激。實為孕成中國古代堅厚奮進之文化的一種極有效的動力。再繼而配合之以長江流域之和煦與清朗，更使中國文化得有清新之發展。此乃中國處境勝過印度處。因此人類的農業文化雖由巴比侖、埃及、印度、中國四處產生，而到底只在中國人手裡持續與發展。中國文化實可謂人類農業文化之代表。

再次說到商業文化。商業之興起，常因各地間天然富源之不同而起。因此商業最易在支離破碎的地面上發生，亦最易在支離破碎的地面上繁榮。古代的東地中海正是一個最理想的商業區域，正猶如中國的黃河流域之中原為一個最理想的農業區域一般。近代西方的商業文化便直從這裡一線傳下。開始是埃及與克里特，繼之則為腓尼西、雅典、科林斯，西移為迦太基以及羅馬，此乃古代西方商業文化活動的一條路線。羅馬帝國崩潰，中古時期的歐洲，漸漸醞釀他們的農業文化，而古代傳統的商業文化，則轉移到東方阿剌伯人的手裡，及十三、十四世紀，意大利諸城市興起，因商業之復興而有所謂文藝復興。「文藝復興」其實只是古代希臘、羅馬商業文化之復興。由是再由意大利西漸入葡萄牙、西班牙北轉而至荷蘭、法蘭西、英吉利，此乃一線相承的西方商業文化之傳緒。

我們可以從粗大處說，歐洲文化大體是一種標準的商業文化。至其中古時期之一段農業文化，發展並未成熟，即為遠有淵源的古代商業文化之洪流所衝盪而夭折。

根據上述史蹟，我們以中國文化為東方文化農業文化之代表，以歐洲文化為西方文化商業文化之代表，大體上似乎説得過去。

## 二

我們暫不論東西兩文化之深細分别，姑就一般見解言之，如謂東方文化「主靜」，西方文化「主動」；東方文化「保守」，西方文化「進取」；東方文化「向内」，西方文化「向外」；東方文化「單純」，西方文化「複雜」；諸如此類的意見，實均窺到雙方差别之大概。而此種差别，一言蔽之，則只是農業文化與商業文化之區别。我們要瞭解此中意味，只須閉目試想一個農村風物與一個海港埠頭之形形色色相比較，便可體會到所謂動静、保守進取、内外、單純複雜之相異，其實只是一個鄉村與一個埠頭之相異之加深加大而已。故謂東方文化為農業文化，西方文化為商業文化，大體言之，可無爭議。惟近代人之一般意見，若謂商業文化在本質上即較農業文化為高級為進步，則實有討論思辨之餘地。

商業文化自有其較農業文化優勝處。農業常束縛於一地，世代相襲，永無推陳出新之氣象，孤陋愚昧，確成為農民最易犯之短處。商人則往返異地，見多識廣，心胸易開拓，思想易進展。再則商業易於積聚財富，又其居處集中，不如農村之必隨田畝而分散。因此商業文化必起於城市，而城市文化之進展必較鄉村為活潑、快速、鮮豔而富麗。然而商業文化只是一個「點」與「線」的文化。他只在利用幾條線來會合到一點上。那一個點便是城市，幾條線便是此城市向外交通的商路。至於此幾條商路所到達之商場，則並非商業文化之本身，認眞言之，實是此商業文化之敵體。不說古代如雅典、迦太基之類，卽舉近代如英國言之，他們依然是幾個點的繁榮，如倫敦、利物浦、曼徹斯特、格拉斯歌之類，此種城市人口之激增，與城市財富之膨大，實為商業文化古今一色之特徵。在此我們便看出商業文化先天的病害。

當知「點」的繁榮寄託於「面」的朘削，此乃商業文化之基本缺點。淺而言之，只要新的交通路線不能繼續發展，新的市場不能繼續獲得，則商業文化之刺激性便轉萎縮，財富停滯，而文化亦不免趨於衰頹。又一則商業文化之精神，常寄託在「財富觀念」之上，城市愈繁榮，則財富觀念愈緊張。一到財富觀念控制了人生，經濟問題佔盡了人事，則此項文化勢無久理。近代大都市之黑暗罪惡，與經濟問題之壓迫嚴重，卽為商業文化病徵暴露之一端。

農業文化乃一種「面」與「體」的文化，較之點與線的商業文化，自不如其轉動輕靈，然深厚穩定則過之。商業文化之支撐點不在其自身，而在外界。而且外界與其自身，勢成敵體。農業文化之支撐點則卽在其自身而不在外界，而其自身與外界又可融成一片。因此商業文化之精神，常顯著的向外，而內外又永不調和。農業文化之精神，常顯著的向內，而內外又自相融洽。又且商業文化之主要意義在財富，農業文化之主要意義在生產。財富到底不能不依賴於生產。而且財富之激進雖快速，而易有止境；生產之增益雖遲緩，而永無窮時。此皆農業文化根本上較商業文化優良處。

惟農業文化亦有根本缺點，卽不易在點上發達，而必從面上發達，而過廣過大之面，又不合於文化發生之條件。文化工程必從一點一點上建築起來，因此農業文化亦必發展於一個小的面，近於點的面上，然後經濟易於集中，文化易於醞釀。如前述巴比侖、埃及卽是此等理想的面，四界有範圍的小面。然而正因如此，在小的面上發達起來的農業，其經濟有限度，經濟有限卽是文化有限。故雖從農業文化開始，不得不仍走到商業文化來維持。只有中國地形能由一個一個小的農業面，如渭域、汾域、洛域、淇域之類，而相連成一個整的大的農業面。因此只有中國農業情形，眞能達到理想的標準的面的文化。面面可以獨立，因此文化易於產生；面面可以聯接，因此文化易於發展。中國之農業地形實能超過農業文化可有之缺陷。地大物博，財力不致貧弱。廣土眾民，見聞不致隘陋。中國的地形，既不支離破碎，但亦非平鋪散漫。平鋪散漫的面，不適於文化之產出與保持，而支離破碎的面，亦不適於文化之擴大與融和，中國的農業環境，便沒有這兩方的困難，此中國的農業文化，得以發展到舉世莫匹的高度。

## 三

如上所述，農業文化與商業文化各有其適宜的環境與條件，亦各有其獨特的姿態與使命。長短得失互各有之，卻不能説有先後高下，認為人類文化必先由農業而進達商業。此種見解，脫胎於達爾文之進化論，強把社會分成幾種形態，來模擬生物學上之分類，再硬加以一種由甲到乙、由乙到丙的進步論。較早的英人甄克斯氏的社會通詮即其一例。其實古代社會，儘多由漁獵直達耕稼與工商而不經游牧一級者，游牧民族亦多長在游牧社會中自己進化而永不轉變為農商社會者。至於工業則很早即已開始，彼可與商業相配合而不必定與商業相配合。近代之工業，其先則由農村游離而入都市，最近及將來，則仍將由都市還復而歸農村。若只認工商為一種形態，以與農業相對立，亦復失眞。

迨至馬克斯，乃以黑格爾的「歷史哲學」與達爾文「進化論」相羼合，再自加之以西方商業文化的傳統精神，以及當時不可一世的最緊張的財富觀念，建立以經濟條件為一切中心之「唯物進化論」。彼謂由農業封建社會進步到商業資本社會。此特歐洲中世紀以下一段歷史為然。當知農業社會並不定要封建，封建社會之蛻變，亦不盡成為商業資本的社會。至於彼之創為由奴隸社會進至封建社會之説，則更屬牽強。即就彼中羅馬史論之，亦見馬氏之説未能貼切允當。乃國人誤信近代西方學者一時之偏見，遂自認為中國傳統文化只相當於歐洲文化之中古時期，必須由此再進一步，乃得追上近代之歐洲文化。不知彼中中古時期之文化，雖亦可稱為農業文化，而其間早已涵有極濃重的希臘羅馬商業文化之遺產。若論思想，中古時期之耶教，極尊亞里斯多德之理論，卽其一例。若論政治制度，則北方日耳曼諸市鎮，直到十七八世紀，還是依然極顯明的沿襲古代城市之商業精神。可見所謂歐洲中古時期，至多是有農業文化之外貌，而依然以商業文化做骨子。又且歷時未久，中道夭折，因此彼中中古時期之農業文化，實不能與中國人所成就者相提並論。

抑且論西方文化史者，由羅馬轉入中古，不能卽目為退化；由中古轉入近代，亦不能盡目為進步，此在西方學者已多抱此見解。而最近之歐洲，實有由商業文化再轉入農業文化之趨勢。此在崇拜西方文化者，當亦不肯認其為是退步。則商業文化未必為進步的文化，農業文化未必為落後的文化，可以不煩言而喻。

所謂近代歐洲漸有再由商業文化轉入農業文化之趨勢者。第一、首徵之於二十世紀下半期德意志之崛興。第二、再見之於最近二十餘年內蘇維埃之躍起。傳統海洋的城市中心的國家，卽以點與線來維持的國家，顯見有仍轉為大陸的農村基礎的成整塊的面的國家之趨勢，這一個機括，正由近代之工業革命為引端。近代工業革命始於英倫，他們只以工業與商業相配合，而使工業脫離農村而赴都市。德意志新工業繼起，乃以工業與農業相配合，使工業仍還農村。近人稱在英創始者為前期科學，又謂之物理的工業；又稱在德繼起者為後期科學，又謂之化學的工業。此中最要區別，還在工商配合與工農配合之不同。

工商配合，始終不免要勞神於原料之獲得與市場之爭取，其營養文化之本原，始終寄託在外界，抑且寄託於敵體。只有工農配合，庶乎生產製造，相得益彰，其文化之營養可以寄託於自身。故就一般原則言，工農配合實較工商配合更合人類生活之理想，更符人類文化之條件。

至於蘇維埃則更進一步，於努力工農配合之大量生產後面，甚至主張廢去私人資本剷絕商業行為。其是非得失此暫不論，要之顯然足為近代歐洲文化轉變之象徵。

上面已經說過，商業文化，只在支離破碎的地面上產生，亦只在支離破碎的地面上繁榮。現在歐洲文化，正由海島港灣爬上大陸，則此項轉變，事所必至，無足驚異。

## 四

若以狹窄的小的農業面來比商業城市之點，則面不如點之精采。若以整塊的大的農業面來比商業城市之點，則點不如面之偉大。若以挾有新工業的都市來比工業游離後之農村，則農村自不如都市之繁榮。若以同樣挾有新工業之農村與都市相比，則都市將遠不如農村之堅實與穩固。若以工商配合之力量來欺侮舊農國，則農國自見貧弱。若以工農配合的新農國來對付商國，則農國將更見強韌。雅典戰不勝斯巴達，希臘諸邦抵不住馬其頓，迦太基鬥不過羅馬。農國武力，本常在商國之上。只要是機械化的大農國，其武力決非海洋商國所能抗衡。

目前兩次大戰爭，明白告訴了我們，此後世界大強國的形態。只要是「工農」配合之新國家，而又要是大整塊的，其富其強，自足以保持國運而發皇文化，世界明日之新文化，斷當於此求之。

但是機械之裝備與產業之發達其事易，文化之調整與適切之指導其事難。歐洲文化本來是一種徹骨的商業文化，商業文化只適於在支離破碎的地形上繁榮。一到近代工業革命以後，發現了新的交通工具，歐洲天然的支離破碎的地形，實際上已失其存在。歐洲人早應改換成整塊的面的文化，即一種廣大融和的文化上來。不幸歐洲人擺脫不掉傳統的束縛，一天的火車旅程，要通過好幾國的境界；一船貨物在一條水上的航行，要經歷好幾國的關稅檢驗，這是何等的不合情理。支離破碎的歐洲，早已為近代的新交通工具，緊緊縛成一團，但歐洲人的心意中，依然仍願支離破碎，依然不願融成一團。商業的性質本是對外的，從沒聽到一個家庭父子夫婦間自做貿易自相買賣。只聽説是家人父子戮力生產。同樣理由，一個統一國家裡面，商人將佔不到他重要的地位，除非要有國外貿易或殖民地貿易。反過來説，只要這個國家裡面，商人得勢佔了上風，只要這個民族是一個商業文化演化甚深的民族，他將永不免於向外伸展，他到底要成為一個侵略的國家。

近代西方學者有稱商業民族為新的游牧民族者，實為恰當之譬。游牧文化的特徵，即為分散與侵略。豈祇國家，即在家庭，商業民族亦寧願有小家庭，寧願保持他個人之自由與獨立。因為商業文化之基本精神本來是對外的，他的生命本來依靠在外，無外則無己，而且並非外己融和，乃是外己對立。商業文化常要剝削此「外」來營養其「己」。從日常生活上影響到社會人生之全部，便成文化。商業民族對倫理道德最重正義與公道，此便是「外」「己」兩敵體中間的一個分際與界限。雖則父子夫婦，相互間亦不免要講正義與公道，中國人所謂半斤與八兩，此則商業文化已是演化到深微處。再從此推到宗教與科學，亦復是外己對立。宗教裡的上帝，儼然成了一個外。科學裡的宇宙，更不用說是一個外。甚至生物學上心理學上的自己的一個身與心，全都成為外。更找不出有「己」來。此為客觀精神。

商人在外本屬作客，商人看外界是客，外界看商人同樣是客。在一切的人生上，各自獨立，各自對外。基本只是一個一個的點。在幾何的理論上，點移成線，線移成面，還是以「點」為基礎。在地形上則此疆彼界，支離破碎，亦復一點一點地存在。在人生上則個人自由獨立平等，在宇宙論上則全是些原子電子在活動。在藝術建築文字文學，人的精神活動之各方面各部門，均已演化到商業文化之深微處。一旦要轉移方向，其事雖非不可能，要之非咄嗟可辦。

最近德蘇兩國的新經濟政策，抹殺個人自由，高抬集體權力，其實還是從古相傳的商業文化之點的精神之變相。最先之點為一個一個的獨立城市，稍加擴大則為一塊一塊小諸侯的領邑，此為彼中中古時期之特徵。再擴大則為一個一個的民族國家，民族國家與民族國家之間，依然是外己對立，依然是一種點的結構與形勢。彼中近代之民族國家，只是古代城市國家之點的放大而已。德國人之民族超越論，蘇維埃之階級鬥爭論，雖非個人主義，依然外己對立，還是彼此之間不能相調和。我們仍只認其為是點的文化之演變，而非面的文化之創新。他們依然脫不掉點的觀念與點的精神。

但是點的觀念到底將成為舊觀念，點的精神到底將成為舊精神，舊觀念舊精神不配應付新環境，指導新人生。歐洲人在舊精神裡產生了新科學，在新科學裡創造了新環境，在新環境下面的新人生，卻不能再把舊精神舊觀念來指導。歐洲人此後的努力，應在如何急速創造人類整面大全體的文化來防制舊文化利用科學毀滅人生，這是絕無疑問的事。

## 五

說到人類整面大全體的文化，已在中國發展演進歷五千年之久。此即上文所說之農業文化。農業常靠天時、地利、人和乃至牲畜的合作，農人即依賴他自己的生產來養活自己，因此農人根本不懂得外己對立，根本認為是一個「調和」，一天天望著田裡禾黍的生長發育，農人的心裡有一種極深微的「時間」觀念與「生命」觀念。環著他的草舍，仰觀俯察，只覺是一個天地人物的大調和。別一個草舍，也還是同樣的一個天地人物之大調和。上溯祖宗，下望子孫，仍還是這一個天地人物之大調和。時間與生命，即在這個大調和上緩慢移動。人類即從這一種悠久的生命之大調和的深徹感覺上建立起農業文化。中國人之所謂「天人合一」，所謂「萬物一體」，所謂「孝、弟、忠、恕」，所謂「大同太平」，所謂「天道良心」，早已滲透於中國歷古以來宗教、教育、政治、社會、藝術、文學、人生各部門各方面，而完成一種深徹圓密的文化系統。此種文化，正好與西方「外、己」對立的商人文化，有其顯著的對照。

最可惜的是農業民族易遭大敵，易受侵凌。在先則為游牧人，在後則為貿易人。農業民族不如游牧人之強悍，亦不如貿易人之智巧。若貿易人而有新的科學利器，則「富強」二字者皆跨在農業民族之上，更難招架。中國在歷史上，已遇到不少遊牧民族的大敵，亦接觸過不少的貿易人，而中國民族之「智」「強」兩方皆未見遜色。直到最近，纔遇見西方最標準的貿易人，亦有他們幾千年來發展深微的商業文化，並且挾有新的科學利器，中國人雖智窮力絀，處處受侮，然而此不足為農業文化較商業文化為低級之證。主要的還是西方商業已與新工業相配合，而中國的農業則尚未與新工業相聯接。

中國人目前的出路，決不在破棄自己傳統的農業文化，而在急速以新工業來救濟舊農業之衰微。中國人近百年來之大錯誤，第一是在先求破棄自己的傳統文化，第二是只注意到財富，沒有注意到生產。只注意到商業貿易，沒有注意到工業製造。只注意到工商配合，沒有注意到工農配合。只有工農配合是中國人迎頭趕上西方的一條捷徑。只有發揚中國傳統舊文化，纔可使中國人之工農配合的努力有其前程。

明日的世界文化，一定是一個近於整面的大全體的文化，一定是一種農業文化，一種受過新科學洗禮的新的農業文化。西方人的新科學，一面在加速破毀他們的新文化，今日幾有成為科學與文化衝突之象。在西方應該在與他們科學協調之下急速創造他們的新文化；在東方卻應該急速學得他們的新科學來護衛我們的舊文化。如此則科學仍將為人類文化之最好工具，否則人類文化將見為科學所毀滅。

（民國三十一年十二月重慶三民主義半月刊一卷十二期）

# 九　新時代與新學術

## 一

學術隨時代為轉移。新時代之降臨，常有一種新學術為之領導或推進。大體言之，承平之際，學尚因襲。其時學者，率循前人軌轍，繼續研求，由本達末，枝葉日繁。學術有其客觀之尊嚴。門牆藩籬，不可踰越。方法規模，競相倣效。學者為學問而學問，其所貢獻，乃為前人學業釋回增美，使益臻完密，或益趨纖弱而已。

變亂之際，學尚創闢。其時學者，內本於性格之激盪，外感於時勢之需要，常能從自性自格創闢一種新學問，走上一條新路徑，以救時代之窮乏。而對於前人學術成規，往往有所不守。此種新學術，常帶粗枝大葉猛厲生動之概。

前者大體乃以學問為出發點而使用學者。後者大體則是以學者為出發點而使用學問。

然所謂新學術，亦是溫故知新，從已往舊有中蘊孕而出。並非憑空翻新，絕無依傍。新學術之產生，不過能跳出一時舊圈套，或追尋更遠的古代，或旁搜外邦異域，或兩者兼而有之。從古人的或外邦人的所有中，交灌互織，發酵出新生命。此種新生命，可以使動亂的時代漸向承平。而此種新生命，遂為其所開新的承平時代學者所遵循，而漸趨爛熟，漸成衰頹，以至於枯老腐敗，而時代又起動亂，新學術再自茁長。

## 二

若以此意看中國史，如春秋晚期以迄先秦，如北朝周隋之際以迄初唐，如北宋慶曆、熙寧以下迄於南宋之高孝，如明清之交嬗，莫不有此一番景象。他們一面追尋到古代舊傳統，而另一面則遠搜及於外邦異域。孔子自稱「好古敏求」，同時跨出魯國曲阜的小圈子，遍歷諸邦，一代名賢耆碩，無不奉手請業。其他先秦諸子，大率皆然。魏晉大動亂以後，名流勝業，絡繹渡江。其留滯在北者，困阨之餘，抱殘守缺，轉從古經典得新精神。彼輩流離於長安，奔迸於五涼，轉徙於大同，仍與薊、遼、齊、趙諸儒匯合，又自大同南下而至洛陽。魏孝文時，北方已有一種新發酵，盎然勃然，不可掩抑。其時別有高僧達德，遠行求法，拓迹及於天竺錫蘭。而南方學者亦有返北。錯綜醖釀，磅礴鬱塞，直到周隋初唐，終開中古之盛運。而南朝摩登名流，始終跳不出魏晉老莊之樊籠，宜其不競。此際一段北學精神，擬諸北宋晚明，實無遜色。

縱觀西史，情亦略似。當中古時期之末葉，第十四世紀開始，有兩大淵源，近世精神從之發脈。一曰大學校，一曰十字軍。大學校於典籍研索中發現歷史世界，使歐洲人士再得遊神於古希臘羅馬之偉大。十字軍遠征，使歐洲人開眼覿對新東方。卽哥倫布探獲新大陸，西方史家亦以謂不啻十字軍之最後一幕。此種舊歷史與新世界之呈露，最足開豁心胸，使人不禁生高瞻遠矚，豪呼狂嘯之情。於是復興革命之機緣成熟，而近代歐洲隨之呱呱墮地。

## 三

今日我人之新時代，誠已呼之欲出。而我人之新學術，則僅如電光石火，閃爍不定，尚未到燦爛通明之候。然火種已著，風狂則火烈，不患不有燒天之勢。若放眼從源頭上觀，乾嘉經學，早已到枯腐爛熟之境。道咸以下，則新機運已開。一面漸漸以史學代經學，一面又漸漸注意於歐美人之新世界。此兩途，正合上述新學術創始之端兆。近百年來之中國人，固已盪胸滌腸，渴若飲海，愚欲移山，左右采獲，博雜無方。正如先蘊壓一粒火種，又復積薪不已，雖一時鬱塞難揚，終必怒燄飛熛，破空而熾。

所以近百年來之學術，長久鬱塞，亦自有故。乾嘉與歐美（此非指目前歐美言），比較皆在升平盛世，而我儕則局身動亂之中。吾儕最先本求擺脫乾嘉，其次乃轉而步趨歐美。及其步趨歐美，乃覺歐美與乾嘉，精神蹊徑，有其相似，乃重復落入乾嘉牢籠。吾儕乃以亂世之人而慕治世之業。高搭學者架子，揭櫫為學問而學問之旗號，主張學問自有其客觀獨立之尊嚴。學者各傍門戶，自命傳統。只求為前人學問繼續積累，繼續分析。內部未能激發個人之眞血性，外部未能針對時代之眞問題。依牆壁，守格套。新時代需要新學術雖至急切，而學術界終無創闢新路之志趣與勇氣。

本此癥結，顯二大病。

一則學問與人生分成兩橛。不效乾嘉以來科舉宦達，志切祿利，則學歐美自由職業，競求溫飽。二則學問與時代亦失聯繫。學問自身分門別類，使學者藏頭容尾於叢脞破碎之中，以個人私利主義而講專門窄狹之學。學問絕不見為時代之反映，僅前人學問之傳襲而已。學問亦絕不見為人格之結晶，僅私人在社會博名聲佔地位之憑藉而已。

平世所重，不妨卽在學術自身，故人務獻身於學問而止。亂世所重，則在「人才」與「事業」，故學術亦以能造人才興事業者為貴。而當以眞血性融入眞問題，自創自闢，乃能為新時代新學術之眞酵素與眞火種。此與工廠化職業化，在現成學問之死格套內從事一釘一塞之畸零工作者不同。然酵素與火種，並不絕於此百年之內，而到底火不燃，酵不發，則尚猶有故。

乾嘉時代，學術與人事脫節，循至政荒於上，民亂於下，其時學風亦漸萌變動。如經學之自校勘訓詁考據漸變而為微言大義經世致用，一也。又變而為史學之典章制度民生利病，二也。向使道咸而下，暫不與外來西洋潮流相接觸，中國社會仍必亂，滿清政權仍必倒，學術思想乃至政治制度社會風俗仍必變。惟若中國先變成一個樣子，乃始與歐美新潮流相接，則中國人可以立定腳跟，面對此新潮，加以辨認與選擇，而分別我之迎拒與蓄洩。不幸鴉片戰爭已佔洪楊發難之先著，中國內部尚未尋得一變的方案與變的機會，而歐美新潮已如驚浪駭濤，排山倒海，洶湧而至。使中國人立腳不穩，倒栽入漩渦中。其時中國人遂欲一面自變舊學，而一面開迎新學。梁啓超、張之洞皆主以「中學為體西學為用」，彼輩所謂「中學」，決非乾嘉校勘訓詁考據之遺緒。彼輩之意，殆欲從傳統歷史中求一道路，來創建政治改革社會，自本自根，而副以西方科學與實業圖富強。而歐美新潮，乃如飄風驟雨，挾其萬馬奔騰之勢，蹴踏橫掃而前，中國自本自根之新學術，急切不易變出，而時代則急轉直下。

「戊戌政變」之後，繼以「辛亥革命」。孫中山先生之三民主義，雖涵蓄深廣，上承遠古，旁采外國，亦主以舊歷史新世界交織互灌，自闢新境。然其黨徒已多所不憭，於是羣議眾論，率求以民國政體全部推本之於外國。如是則中學為體之壁壘，已為外面洪流撞一大洞，不可久守。如是而再從政體進一步追尋其根柢，而及於學術思想社會組織，乃至一切文化之全部，繼變政之後而有「新文化運動」，以及「社會革命」，乃至「全盤西化」諸理論。至是則「中學為體西學為用」八字，乃不敢掛於唇吻，亦不敢藏之心胸。中國人至是已為西洋潮流疾捲而趨，翻翻滾滾，頭出頭沒，再不能挺身站起，對此澎湃洪流，正面一看。

## 四

若曠觀世界民族文化大流，求其發源深廣，常流不竭，厥惟兩支。一在東亞，即為中國。一在西歐，自埃及、希臘、羅馬遞禪而成今之歐美。滿清盜憎主人，以部族政權入踞中國，常欲窒源堵流，使中華文化漸成死水。斷港絕潢，異於舊觀。道咸時代的中國人，神智尚清，有意為濬源疏流的工作。不幸源不暢，流不壯，而歐美新潮如洚水逆行，衝決堤防，倒灌而入。民國以後人，受此衝擊，神智轉迷。彼輩常求以新水刷舊槽，見兩水鬥齧，則常怪源塞不密，流堵不盡。故道咸時人尚知反向歷史自尋出路，而民國以來人則重斬此萌芽初茁之新史學，強抑為乾嘉經學之陪臺附庸，而美其名曰「以科學方法整理國故」。盛譽乾嘉校勘訓詁考據之支離破碎，以謂惟此有當於西洋之科學方法。既抑道咸以來之新史學為經學之陪臺附庸，又抑乾嘉經學為西洋科學之陪臺附庸，其意必欲并黃入淮，納諸一流而後快。而不幸西洋新潮，其末流亦復萬壑競瀉，眾流爭趨，鬥齧不已。使人回惶搖惑，驟不得其宗主。即以政制言，或主英美民治，或主蘇聯共產，或主德意獨裁。不知溯其淵源，三者貌異而神同，其本仍出於一。此層本篇不及詳論。

民國以來之中國人，一面既厭棄昧失其自本自根之舊歷史，故一面雖面對新世界，而亦不能認識其眞相。此由目眩神昏，故視而不見。欲復蘇其神智，則當先從大漩渦中救出，使能卓然自立，勿再任此狂濤怒浪吞噬挾捲而去。然而此狂濤之流力過猛，使人雖欲自拔而不獲。中國人失足倒入此極險惡之漩渦中，則幾已百年於此矣。中國本有急速解決內部問題，再投身加入世界舞臺之機會。待此機會失去，而中國遭受世界外力之纏縛愈緊，中國問題與世界問題紐成一團，如連環不獨解。此為中國人近百年來雖有酵素火種而終不發酵起火之又一因。

## 五

整個世界，目下正在演出一新境界。西洋中古時期一股新源噴薄流注，至今已達六七百年。彼輩企慕希臘人生，醉心地上財富，以科學駕御物質，仗智識為權力之努力，迄今殆已登峯造極。社會貧富不均，已尖銳衝突，而機械文明，亦久已露出其猙獰之面目，張口作噬人之勢。新世界之尋覓，歐亞美非澳以及南、北極，均已踏破。殖民地不夠分配，只啓爭端。世界大戰軒波特起，死傷數千萬。其濠溝中創痍餘生，重在二十年後，領導新壯丁，再上海陸空戰場，續演第二次更殘酷更兇暴之大屠殺。除非西洋文化竟此歇熄，否則此幕終了，歐美人當將轉換作風，別尋出路。或是再修正的新希臘人生，或是變相的新基督教。或則調和斟酌於斯二者。歐美人的新生，無疑的仍將於其已往舊歷史裡得胎。彼輩亦將一洗疇昔民族優秀觀念之傲態，轉面覿對東亞新世界之古文化。彼輩將來無論是再修正的新希臘人生，抑是新基督教，均將大量吸收東方古文化之精液，説不定他們要有一個東行求法的新運動。而中國經此長期抗戰，民族爭存乃至文化爭存之意識，激漲漸至最高潮，適值歐美狂瀾轉為廻波，衝盪之力鬆緩，中國人得以爬出漩渦，立定腳跟，再清神智，來做道咸時代人欲做未做之工程。而此刻已與道咸時代不同，一則已多知道了許多舊歷史，一則已多認識了那個新世界。百年來所堆積，亦未嘗不足為吾儕取精用宏之助。

新時代已面臨於整個世界之前，此新時代之得救，無疑的只有乞靈於世界已往東西兩大民族之文化洪流。然此非一手一足之烈，亦非歲月時日可期。茲事體大，中國問題將在世界問題之解決下得解決。同樣，世界問題亦將在中國問題之解決下得解決。中國人與世界已共同面對此新學術之大使命。惟不知此項使命，究竟卸落在誰之肩上，完成於誰之手裡。中國學者急當廓開心胸，放寬眼界，一面是自己五千年深厚博大之民族文化歷史世界，一面是日新月異驚心動魄的歐、亞、美、非、澳全球新環境。向內莫忽了自己誠實的痛癢的眞血性，向外莫忽了民族國家生死存亡的眞問題。在此交灌互織下，自有莫大前程。至如太平盛世專門名家之業，非不雍容華貴，攀麟附翼，據其現成格套，藏身一曲，既合時趨，亦便採摭，復與私人溫飽相宜。然恐如白雲蒼狗，倏忽變幻，不可控摶。有大志遠識者，當不為此躭誤。

（民國三十年五月二十一日金陵大學學術勵進會講演辭，刊登重慶大公報六月一日星期論文。）

# 一〇 中國民主精神

一

將為近五六十年來中國人述説中國為一富於民主精神的國家，正如要對眞知道眞熟悉中國傳統文化傳統歷史者述説中國為一個帝王專制的國家一樣見其為怪誕。近人一聽説中國已往傳統政治富于民主精神，便不禁要問：中國傳統政治若具民主精神，為何沒有代表民意的國會？又沒有對國會負責的內閣制度？又沒有限制帝王以必須遵守的憲法？但我們若肯承認中西歷史演變各有其特殊而不同的路徑，則此等問題，自會感其無甚意義，而中國之民主精神亦自然容易在中國史的每頁裏透露呈現。

夏商以前暫勿論。西周時代，自然是中國史上一個所謂「封建」的時代。但那時的封建，根本與西洋史上中古時代的封建有不同。大體説來，西周封建，是當時姬周部族一種向外侵佔與武裝殖民，故西周封建制度之展擴與形成，同時卽是西周大一統國家之展擴與形成。若以西周封建比擬西方，毋寧説它有些處約略近似於近代歐洲的大英帝國與其海外自治領之關係，卻不能説它完全與歐洲中古時期之封建形勢相彷彿。及西周東遷，一旦中央失其控制，在封建諸侯間，遂有霸主出現。他們號稱尊王攘夷，依然是在擁護周天子，來凝固維持以前的封建系統。戰國以下，這一個局面與這一種理想徹底破壞，於是有秦漢的新一統，即「郡縣制度之一統」，與西周舊一統，即「封建制度之一統」相差別。

在中國史上，當封建制度之舊一統時代，即西周時代，下及春秋，早已有一種民主思想與民主精神，散見於羣經諸子，與當時之史實，此處則不擬詳説。惟吾人當知中國史一到郡縣制度之新一統時代，即秦漢時代，而中國人之民主思想與民主精神乃次第實現而具體化、制度化，成為一種確定的政治標準。若論其淵源，則仍自封建制度之舊一統時代所遞傳而發揚。惟前一期為民主思想之醞釀，而後一期為民主思想之光大。故封建舊一統時代，乃中國民主思想與民主精神之萌芽時代，而郡縣新一統時代，則為中國民主思想與民主精神之成熟時代。

## 二

普通以為秦漢時代乃中國君主專制政體之創始，今我則謂秦漢時代乃中國古代民主思想與民主精神之發揚與成熟，此論駭俗，不可不較為詳說。然一部二十四史，亦苦申說無盡。無已，姑就其大者言之：

第一、當知當時制度，王室已與政府對立。天子自為王室之代表，而丞相則為政府之領袖。「丞相」二字，以中國文字之訓詁言，皆「副貳」之義。若譯以今語，則丞相即「副天子」也。而就當時理論言之，則丞相實負行政上全部責任。漢代遇大天變大災異，丞相往往引咎自殺，此即當時以丞相負全部行政責任之證。直到三國，魏黃初二年，始詔廢天變劾三公。詔書大意謂：「災異之作，以譴元首」，始把行政最高責任，歸諸帝王。但魏晉以下一段政制，向來不認為中國傳統之典型。及隋唐復盛，宰相在政治上又回復其傳統之尊嚴。皇帝詔書，非經宰相副署，即不得行下，此所謂「畫敕」。劉禕之謂：「不經鳳閣鸞臺，何謂之敕」是也。宋太祖乾德二年，命趙普為宰相，時舊相已罷，無人書敕，太祖特詔翰林學士講求故事，議以皇弟即後之太宗、開封尹（如今首都之市長）同平章事（此即如今出席最高行政會議之閣員）書之，敕遂行下。歷史上帝王不經宰相副署，徑下詔制，事不經見。至於皇帝詔令，宰相得加封駁，此不僅唐宋兩代為然，直至明代，六科給事中，依然有封駁制敕之權。其時廷旨必先下科，遇有不便，給事中駁正到部，謂之「科參」，六部長官無敢抗科參而自行。萬曆居獨裁之位，而百事不問。泰昌以下，國論日紛。識者謂當時政事之維持與禁阻，往往多賴科參之力。

然宋明兩代，以言官論事，而使政府多所牽掣，不能展施，其弊亦時見。尤著者，則如明末邊事，多為廷議所誤。陳新甲主兵部，力主對滿暫先議和，俾便一力剿寇，崇禎已贊成，而事洩於外，羣臣大譁，明廷竟為殺新甲。無怪袁崇煥謂：「以臣之力守全遼有餘，調眾口不足」也。直至清代，專制獨裁之制，更進一步。臺諫合一，六科歸併於都察院。皇帝詔旨，乃始無能對之行使封駁之權者。然晚清以來，王室威信日壞，廷臣議論之風氣又漸舒。當時既外患日迫，而朝議囂張，一時識者如郭嵩燾輩，乃屢以宋明士大夫清議誤國為戒。最近歐美民主國家，一臨戰爭，往往設立戰時內閣，以資應付。若明末崇禎時代，早知此意，則國事不致敗壞乃爾。

此之所陳，不過指明中國傳統政制，雖在明代廢止宰相之後，而政府傳統組織，亦非帝王一人大權獨攬。今人力斥中國傳統政體之專制，明為無據。故不能明辨「王室」與「政府」之界限，不能熟知「王權」與「相權」之消長，卽無法了解中國傳統政制之意義及其演變之得失。

宰相廢止，始於明太祖。明清兩代七百年，只有內閣及軍機處，相當於皇帝之祕書處，此特唐宋時代一「知制誥」之職。其時則並無眞宰相。在此七百年內，在理論上與制度上，皇帝均負有行政上之最高決定權。然皇權雖張，而政府組織則依然仍襲漢唐傳統，只不過王室與政府同戴一領袖，而仍非王室與政府之合流。故明代尚書六部之權特重，說者謂明之吏部其權重乃有超越古代宰相之上者。凡政府官僚，不由吏部之手而經皇帝特旨遷除者，謂之「侍奉官」，人皆恥為，且亦不久必罷。其由皇帝特旨降黜者，他日尚可起復。而一經吏部之考察而罷免，則永不得再獲錄用。若遇內閣大學士攬權，則造成「部」「閣」相訟之局。當張居正用事，憑藉內閣，總攬大權，低抑部臣，逡巡請事如屬吏。居正在當時，雖績業昭著，然並世輿情，以及後代清議，則頗對之有不滿。今人不深曉中國政治上傳統意見，徒本一時功利成就為評判，乃始為張居正叫屈。然則今日國人意見，一面極詆中國傳統政府為專制黑暗，一面又竭力推獎如張居正之越權獨裁，豈非自相矛盾，不成條貫？

至論清代，更以部族政權之私見，多設猜防，帝王專制獨裁之趨勢日益激著。軍機處更非內閣之比。內閣雖在王宮之內，尚居殿廷之外。軍機處則更在殿廷之後，接近帝王退朝私人偃息之所。抑且內閣顧名思義，尚屬文治機關。而軍機處則顯見為一種武力統治之意味。故滿清一代，以今日政治體制言之，乃一帝王獨裁的戰時體制也。然此種政體，固與中國政治之傳統精神大相刺謬。大抵自鴉片戰役以來之一百年，歐西人譏評中國政制而引為詬笑之柄者，即本於清制。中國革命志士所深惡痛絕，惟求徹底盪滌，盡變故常以為快者，亦激於清制。而淺人不深曉，遂若中國自秦以下二千年傳統政制全如此，此實昧於歷史情實。至於近有論者，乃謂清代制度乃中國傳統政制下之較完美者，則更不知其說之何從矣。

再論政府中官員來歷。就大體論，凡與王室有密切關係者，例不得任政府之要職。除卻元清兩代部族政權為例外。其在中國史上，此項趨勢，至為顯明。在封建時代，宗室同姓，皆得封土建國，別成一貴族階級，與普通社會相對立。自秦漢以下，則殊不然。帝王宗室，在政府中地位日落，以至於全無地位。次則王室之姻戚，在兩漢每以外戚輔政。自漢武帝以霍光為大司馬大將軍，奉遺詔輔政始。然大司馬大將軍，亦僅為內朝王室之代表，外朝政府仍有宰相。內廷外朝，權限秩然，不相淆混。至魏晉以下，則內朝規模日削，以至於不存在，而兩漢外戚擅權之形勢亦不再見。其次則如宿衛（武士）之與侍從（文臣），雖屬王室之親信，而同時卻並不是政府高職，至多只在政府裏得一出身。而政府中官位之授受升降，則別自有政府之標準。若論秦以後之貴族，在政府有世襲之爵祿，而並無世襲之官位。凡屬政府官職，其出身大抵皆先經一番公開客觀之選試，其升降則皆憑實際服務成績之考課。故政府人員來源，與王室關係，殊不深密。依此言之，豈得謂中國傳統政治，是一種君主專制乎？

中國傳統政治既非君主專制，同時亦不能說其是貴族政體。中國史上之貴族凡兩見。其一在西周春秋封建時代，此盡人皆知，不煩再論。其二在東漢末葉，經魏晉南北朝以達唐代之中晚。此一種貴族，中國史上謂之「門第」。緣由兩漢仕途，必先經博士弟子，通曉經術，補郎補吏，乃得依次遞升。當時書籍流傳難遍，又經學有家法，有師說，非此不得通過博士官之考試，而察舉又必通過從經學出身之郡縣長官之手中。因此學術限於為某一部分家庭所傳習，而仕途亦漸對此種家庭特見便利，因此漸漸釀成魏晉以下門閥擅權之趨勢。然所謂門閥擅權，大體言之，亦由此等門閥世傳禮教，比較近於當時政府人員之出身標準，而非當時政府專有某項規定，將政府人員出身特別限制於貴族門第也。故一到唐代，由九品中正制變而為明經進士之公開考試。進士重文藝，明經重經籍，而經籍又無家法師說之限制。其時學校開放，選舉亦開放，仕途即不易為貴族門第所壟斷。一到宋代，雕板印刷術創興，書籍流布更易，社會上私家書院羣興，中國已往幾於一千年來之貴族門第，不需別有政治鬥爭，即完全解體，不復存在。故即在魏晉南北朝一段，中國政府之官員，雖多係貴族門第出身，而卻並不能即目此時代為貴族政府，其理亦顯。

三

中國傳統政治，既非君主專制，又非貴族政體，亦非軍人政府，同時亦非階級（或資產階級或無產階級）專政，此更不煩再說。然則中國傳統政體，自當屬於一種民主政體，無可辨難。吾人若為言辭之謹慎，當名之曰「中國式之民主政治」。當知中國政府雖無國會，而中國傳統政府中之官員，則完全來自民間。既經公開之考試，又分配其員額於全國之各地。又考試按照一定年月，使不斷有新分子參加。是不啻中國政府早已全部由民眾組織，則政府之意見，不啻即民間之意見。如此，則何必再疊牀架屋，更有一民選國會以為代表民意之機關？中國政府既已為民眾組織之政府，則政府一切法制章程，即係民意之產物，更何需別有一民選立法機關，再創一部憲法，強政府以必從？中國政府之法令，無論以理論言，或事實言，雖在王室，亦必同樣遵守，而不敢輕背。政府事業之最大最要者，莫過於設官任職。而中國政府官吏之任用，皆有客觀之銓敍規程，及其主管之衙門。即宰相亦有其一定之階梯，非帝王私意所能隨意而授與。

其次要者，則如對於人民之賦稅，此亦有正式之章程，及其主管之機構。歷代輕徭薄賦，成為政治上一大傳統。漢三十而稅一，唐四十而稅一，稅律一定，上下俱遵，不得輕變。

以言近代歐邦民主政體，必首推英國。英國國會與大憲章之起源，均由於其國民對於政府納稅輕重之爭執。中國以往，則無所事於此。近代英國之文官考試，說者謂其取法於吾國之考試制度。然兩國官吏任用，復有相異。英國內閣任替，視其國會政黨席次之多寡。而中國宰相大臣之任用，自有其習慣上之資序，依次遷調，視政績資望為黜陟。此一異也。英國之所謂文官，相當於中國之掾屬僚吏。中國漢唐制度，則掾屬皆由大臣徵辟，惟其先亦有一番考試，如漢之博士弟子，及唐之明經進士等。此又一異也。

此種相異，謂其各有得失則可，然不得謂英國乃民主之楷模，而中國則成為專制之極規。今若不遽謂中國傳統政治為一種民主政治，則不如案而不斷，僅稱之曰「中國政治」，猶不失「知之為知之，不知為不知」之古義。較之輕目中國傳統政制為專制政治者，豈不稍勝。

四

抑且歐洲近代民主政治之起源，由於社會中層階級之崛興，而中國則自戰國秦漢以來，即已有中層階級之興起。若以秦漢為中國社會中層階級崛起之第一期，則唐宋以下為中國社會中層階級崛起之第二期。

西人所謂德謨克拉西，其義亦不過謂「多數」人之政治而已。而所謂多數者，其先則實限於中層階級，雖至今而猶然。若曰「全民」政治，則近代西方，雖若英美，去之尚遠。中國秦、漢、唐、宋以來之「士治」，即中層階級之政治，亦即多數政治。不過此土中層階級，不憑藉資產與富力，而一視其道德與文藝。此與西國之所謂民治，乃貌異實同。亦可謂各有短長。

中國人所以不主民眾選舉，此由中國廣土眾民，與西土異宜。民眾選舉，事實難行。墨子書中，雖有公選之建議，然不適國情，後無應者。中國自春秋以來，即已有極精密之王位繼承法，使王室一統，一系相承，不致中斷，不啓紛爭。而政府則握行政之實權。政府代表民意之嚮背，王室象徵國家之一統。不幸而王室有更迭，而政府精神依然可以一貫演進。如唐代杜佑之通典，元代馬端臨之通考，凡制度史之在中國，習稱「通史」。良由中國政制，自有其演進之路途與趨向，並不隨一姓一家之起覆為存亡。

而中國在此演進中，則正因國家體制不適於多數選舉之故，而傳統理論，亦遂「尚賢」不尚眾。故曰：「賢鈞從眾」。賢者，如邵雍所謂：「千人之人，萬人之人，億兆人之人。」惟其賢，乃能深獲眾人之公意公心而發皇條達之。而匹夫匹婦，數量之多寡，有所不論。則尚賢不啻即尚眾。若雙方賢的分數相對等，乃始再依多數為從違。若雙方賢的分數不相等，則中國傳統理論，先尚賢，不尚眾。

良以賢人之公而一，有勝於羣眾之私而多。由此理論，故中國傳統政治，重賢才，重教育與選舉，逐步造成一種「國士」的理論。此所謂選舉，非近代西國之民眾選舉。此種理論，重內心負責，而不重與眾從同。故曰：「特立獨行」，「不求人知」。又曰：「曲高和寡」。又曰：「民可使由之，不可使知之。」又曰：「千夫之諾諾，不如一士之諤諤。」「非常之原，黎民懼焉。」「民可與樂成，而不可與慮始。」此等思想與理論之流露，幾於不勝枚舉。若照今日西方民主精神依多數為從違，則中西理論，誠若有背道而趨之勢。

中國人傳統觀念，既不重視多數，故連帶而有對於徒黨之輕視。故曰：「君子羣而不黨。」朋黨在中國政治史上，有害無益，事例昭著，不待羅舉。中國人既不好結黨，因亦不樂從事於宣傳。常曰：「君子闇然而日章。」懷寶而待時，尊退而賤進。凡攘臂道途，號呼街市，自炫曰我賢我賢以邀人之信，而乞人之舉，中國士大夫稍知自愛自重者不肯為。凡朋徒所附，羣眾所趨，中國人傳統觀念，輕之曰「俗子」，曰「熱客」。蓋中國尚賢不尚眾，其政治上之出身與進階，在考試與課績，待之公評，不樂自炫。心習久成，難與遽改。

又凡大政事大議論，中國人傳統習慣，常以文字發表，而不樂逞口說。故西國自希臘羅馬以來，廣場演說，為大政治家不可或缺之一事。而中國則僅有大奏議傳誦當代，乃至流布後世。而演說則無所取。大廷廣眾，感情激發，煽動羣眾，鼓掌稱是，中國人不以為美。遇盤根錯節，或大題目，大辯論，往往獨居一室，條理敷陳，如賈誼、陸贄，亦足以轉捩舉世之視聽。重理智，不重感情。訴之於人人別居之退思，不脅之於大眾羣集之激昂。若謂中土「尚文」，則西國「尚口」。若謂中國乃「紙片」政治，則西國乃「脣舌」政治。蓋中土以「學治」，而西國以「黨治」。此又中西兩土政制習俗，各自有其傳統相沿。可謂長短互見，兩有得失，而無所用其入主出奴也。

# 五

然非謂中國政制無缺點。舉要言之：

以國家之長治久安，王室傳統，往往數百年傳遞不輟，而政府官員均來自田間，韋布之士，又孤立不黨，其勢常為王室尊嚴所屈抑，而王權時時越限，此缺點之一。

又中國傳統政治，其士大夫皆當經特殊之教育，使其為民喉舌，為國棟樑，自負以大命重任，而俯仰不愧怍。然而此種教育，則非其人不舉。學絕道喪，則士大夫易於腐化。富貴引誘於前，貧賤驅迫於後，下欺民眾，上諂權貴，而政事敗壞，更無主持之人，此缺點之二。

下層社會之對政治，不易發生興趣，每每徒付其信仰期望於冥漠不可知之數，此缺點之三。

而一旦內部糜爛，外寇入主，部族政權之篡竊，又常易與考試制度相妥協。王室淩跨於政府之上。雖依然有一部份政權之公開，而無害其為奴隸使與強暴主，此缺點之四。

自辛亥革命，滿洲部族政權既倒，而中國商周以下四千年來，王室相承，為國家一統之象徵者，亦隨而俱絕。使國人驟失一最高中心之維繫，此有損於政事之安全者甚大。其代之而起者，又一切模擬西土，於本國文化不和調，不協適。而士大夫教育亦忽然中變，急功而趨利，裸外而偽中，知畏法而不知慕德，尚爭競而賤鄙退隱。民眾教育不易普及，而對政治觀念則相從趨新。目其上曰「公僕」，以法令為己身權益之護符，對上唯知猜防箝制。在下者以不肖之心視上，在上者亦以不肖之心御下，上下競以不肖之心相待，而往者最高中心之尊嚴，急切無從復建。於斯時也，士大夫服官從政者，上無所畏，下無所忌，中無所主。國法既隳，人情亦漓。縱私慾而染公利，饕其吞噬，而忘所靖獻。民國以來，政治流弊，大率由是。自今以往，為中國政治求出路，厥有三端，事在必先：

一曰、中國應有新的統一象徵。此新的統一象徵，既不能為王室之復活，又不能為一階級或貴族或資產階級或無產階級之專政。必使政府雖與時遷流，常有更新，而此新的統一象徵，則貴能超乎象外，巍然獨峙，庶有以維國運於不弊。

二曰、中國應有新的國士精神。此國士精神者，明白言之，即謂之為一種新官僚精神，亦無不可。非有新國士，即無新官僚；非有新官僚，即不能有新政治。此新國士之精神，大要言之：仍當於中國傳統教育中吸取，仍當發揮學治之深意，如范仲淹所謂：「先天下之憂而憂，後天下之樂而樂。」如張橫渠所謂：「為天地立心，為生民立命，為往聖繼絕學，為萬世開太平。」必如此，而後無媿於學；亦必如此，而後無媿於仕。出而仕者，一切仍當以道義植基，而不當以權利為本。庶有以渡此變局，為中國闢一新境。

三曰、中國應擴大「士」的精神，漸求其普及於全民眾。雖不能使全民皆賢，亦庶使「尚賢」「尚眾」之兩軌切紐合拍，更密更緊。而後政基深穩，達於不壞。

此三者，一言以蔽之，則仍當不失其為中國政治之傳統精神。此則固非篤古不化者所與知，亦非騖新昧本者所能曉。

（民國三十一年二月成都中英中美文化協會講演辭，刊載於成都學思一卷三期。）

# 一一 齊魯學報創刊號發刊詞

齊魯大學國學研究所本有無定期刊物一種，名曰國學彙編。十餘年來，幾度刊布。國難以還，學校播遷蜀中，研究所改絃更張，於是有學報之結集。年定出兩期，茲當首期創刊，謹綴短辭，以諗讀者。

夫學問研討，本屬平世之業。然兵燹流離，戎馬倉皇之際，學術命脈，未嘗無護持賡續之望。此其例，古今中外不勝枚舉。姑就本國近世事言之，則有如滿清之入關，又如洪楊之崛起，其所加於國家社會之破壞皆甚大，而學術不為中歇。乃其間亦有辨。

當明之晚世，士風頹弊極矣。思宗殉國，吳三桂開關揖盜，羣奸擁立福王於南中，此何時耶？然留都防亂揭中諸名士，方徵妓選歌於秦淮河畔。侯公子雖父居犴獄，一日不召紅裙，即生寂寞之感。「夕陽無限好，只是近黃昏。」燕子箋，桃花扇，正夕陽黃昏交界候矣。惟梨洲老人得度此黃昏，重對朝曦。同時南方如亭林、桴亭、船山、北方如蒿庵、二曲、習齋，寥落若晨星，交耀互映於積陰久霾後之晴空者，方其蒙難蹈變之際，則皆三十四十壯年人也。此皆親睹夕陽，苦熬黃昏，於沈沈長夜中延此一脈，轉此一機，而開有清以來之三百年學術之新運者也。至於洪楊之際則不然。「春蠶到死絲方盡，蠟炬成灰淚始乾！」嘉道學者，稍稍悟經學訓詁考據之非，轉而究微言大義，轉而務經世致用。而去軫已遠，來轍方新。雖洪楊之起，如平地春雷，亦足震聾瞶而發視聽。而朝廷未改，衣冠如昔，譬之春蠶作繭，雖縛未死。蠟炬已殘，餘燼猶炷。湘鄉以一身繫天下之重，而文章推桐城，小學尊高郵，考據則宗師金匱，此皆抽未盡之絲，流未乾之淚，非至於蠶死炬灰而不止者也。於時則身歷圍城如汪梅村，避地轉徙如俞曲園，奔迸鋒鏑而不獲永其天年如戴子高、邵位西之徒，凡所畢精撰述以傳貽後人者，類皆嘉道以來之餘絲殘淚也。雖有咸同之中興，而無補於光宣之忽亡，亦職此之由矣！

茲值國步之艱，雖未若晚明，而創痛之深，亦已過於洪楊。驚心動魄，撫來思往，學人之所欣賞而流連者，其果異於古原之夕陽乎？所發憤而努力者，其果異於春蠶之作繭，蠟炬之自燒乎？所矜重而誇大者，其將勿為垂盡之餘絲，欲乾之殘淚乎？吾其入黃昏乎？吾其覿朝陽乎？竊聞之：「風雨如晦，鷄鳴不已。」而大厦非一木所支，全裘乃眾腋所成。作始雖簡，將畢也鉅。將伯之呼，嚶鳴之求，豈得已哉！

（民國三十年一月作，三十一年二月文史雜誌二卷二期。）

# 一二　中國固有哲學與革命哲學

## 一　綜述大義

一、何謂中國固有哲學？

對內為共通的，對外為特殊的；為中國人所共同認可的一種哲學，而為中國以外所沒有。

二、是否有此種哲學？

應直率承認其有，此種中國固有哲學乃由於中國國民性而產生，而亦由此形成中國五千年傳統的歷史文化精神。換言之，此即中國之所由為中國。

三、何以講革命哲學而要講到固有哲學？

惟最傳統者始得為最革命者；亦惟最革命者始得為最傳統者。儻不了解中國固有哲學，卽無異於不了解中國。以不了解中國的人而來從事革命，此正如以一非中國人來征服中國，不是由中國人來自己改造中國，此種革命乃霸道而非王道。中國人傳統革命觀念乃是一種「應天順人」的「王道」。因此深明革命哲學者，首先便應該了解中國人之傳統的固有哲學。

四、中國固有哲學之內容如何？

此事體大，現在只從其最關重要的大本大原處一說。

五、如何是中國固有哲學之大本大原？

世界人類哲學，有他共同的大本大原：一是彼我問題，一是死生問題。中國哲學亦然。中國人解答此兩大問題者：心、性、道、命四大觀念。

心主於「覺」。覺之大端有二：一曰己覺，一曰仁覺。中國固有哲學卽把握此「仁覺」而解答了上述人生哲學基本問題之第一問題，卽「彼我問題」。

心之同然處曰「性」，心有「本始」同然，有「終極」同然。性包括本始與終極而言。

孝、弟、忠、恕、愛、敬卽為人心之仁覺之實例。以其本始同然，又終極同然，故亦稱之曰「性」。

心性根極於生命，生命根極於宇宙，在此宇宙中之生命大流，中國固有哲學稱之謂「命」。先天的曰「命」，後天者曰「道」。「心性」與「道命」合一，即是「天人合一」。中國固有哲學因把握此「道」與「命」之觀念而解決了人生哲學基本問題之第二問題，即「死生問題」。

六、如何把中國固有哲學應用到實際問題上來？

中國傳統歷史文化精神，全由上述中國固有哲學之大本大原處推衍流變而來。因此全部中國史便是中國固有哲學之實際應用，惟此義深閎，此處不能詳論，只可就中國政治理論與教育精神兩方面約略闡述。

中國固有哲學長於「融通」，切於「實際」，決非僅僅為一種抽象的純思辨的理論。因此眞有得於中國固有哲學之傳統精神者，同時必具有「宗教精神」與「科學精神」，又同時必具有「文學氣味」與「藝術氣味」。彼必能到達一種「天人合一」與「人己合一」的境界。必能以心性與道命合一，必能以義理與事功合一。必能以修己與淑人合一，必能以為政與設教合一。

凡眞有得於中國固有哲學之眞精神者，彼必為一大政治家，否則為一大教育家。「政治」與「教育」乃中國固有哲學最顯明之兩大應用。而此種政治與教育必帶幾分宗教性與革命性。

七、上述理論之證據何在？

我將約略序述中國史上的幾個大變遷自漢、唐、宋、明以來以證實我義，此當再述之。

## 二 中國有哲學裏的政治哲學與人生理想

一、何以要從中國歷史來講中國哲學？

人類學問應分兩大部門：

第一、自然學，即物理之學。

第二、歷史學，亦稱人文學，即人事之學。

此兩大門類下又各分兩大綱：一科學，二哲學。科學乃「方術」之學，而哲學則為「義理」之學。

如是人類全部學問，應分四個項目。即「自然科學」、「自然哲學」、「歷史科學」與「歷史哲學」。

中國學術比較歷史方面佔優，而又較偏重於哲學；西方學術，比較自然方面佔優，而又較偏重於科學。

注重歷史與哲學方面者，常偏重活的「生命」的「全整體」。注重自然與科學方面者，常偏重死的「物質」的「分析體」。

要講中國固有哲學，應該注重活的生命的全整體，更應該注重歷史文化人事方面。整部中國史，便是一張整個中國固有哲學的評價單。

二、何以講中國固有哲學特地要講中國的政治哲學？

中國人的人生理想，是一個「現世大羣」的理想，此以別於西方人之個人主義與二元哲學。因此中國人的事業，亦是一個現世大羣的事業。

政治事業是現世大羣一大事業。

欲懂中國史，不可不懂中國政治史，欲知中國人的人生理想，不可不懂中國人的政治哲學。

三、中國傳統政治究竟是怎樣的一種政治？

要懂中國人的政治哲學，應該研究中國人的實際政治。正如要懂中國固有哲學應該研究中國史，是一樣的道理。

中國政治究竟是怎樣的一種政治呢？近人對此，頗多誤解。

中國傳統政治，是一種民主政治而由一個大一統的政府操握之。

近代以西方人觀點來看中國政治，遂多誤解。

中國政治與西方不同，可由幾方面比較論之。

第一、希臘與先秦。

第二、羅馬與兩漢。

第三、西方中古時期與中國封建。

第四、西方近代民主與中國傳統政制。

大抵西方政制重在「力」，中國政制重在「道」。

西方政治之內層為希臘式的市府規模，外層為羅馬式的帝國規模。中國政制則非市府非帝國，而為一種內外平衡的大一統政府。

西方政制以「多數」為「力」的表現，中國政制以「賢能」為「道」的寄託。

若西方是「契約」的，則中國為「信託」的。若西方為「法治」的，則中國為「學治」的。

中國政治之兩大重心為「學校」與「選舉」。

由學校與選舉兩制度中完成賢者在位能者在職的理想。

四、中國政治理想與人生哲學之關係何在？

主要的在於賢能如何能代替多數，而為多數所信託，此卽轉入人生哲學與教育理論上去。

西方政治與宗教分離，中國政治與教育合一。不僅與教育合一，抑且與宗教合一。

在中國的政治事業，即是宗教事業，因此中國政治家須具宗教家之精神。

在西方是法治，故主司法獨立；在中國是學治，應主教育獨立。

學術與政治之離合，遂成中國史上世運隆汚之一個最好標準。

五、人生哲學與政治理想之離合如何影響於世運之隆汚？

從中國史上大體分說，則西漢政學合，東漢政學漸離，魏晉南朝政學更離，北朝政學一部分漸合，一部分更分離。隋唐沿襲北朝，仍是一部分合，一部分更分離。北宋政學復合，南宋政學復離。元政學更分離，明政學復合，清政學復離。

六、從歷史趨向來看當前的政學形態又如何？

晚清已有政學復求重合之趨嚮，而其時已西力東漸。

近代政學之大病，在於「忘失本我」而追步他人。

常知人生理想與政治哲學乃數千年歷史文化演進中之最中心的結晶，並不能如科學與技術之易於習得。

中國因人生理想動擾，政治機構脫節，而牽動全局，遂使科學技術亦永遠落後。

此後新中國之復興必從一種新政治哲學與新人生觀之建立與配合開始，而此種新政治哲學與新人生觀則仍必從中國固有哲學之傳統裡尋其淵源獲其生命，而後始有其堅強之存在與切實之效用。

## 三　晚明諸儒

一、何以講中國固有哲學而特別要注意到晚明諸儒？

其中有幾個原因。

第一、是晚明諸儒所處的時代，是一個國家民族生死絕續的大時代，因此他們的講學，都是艱苦卓絕，篤實剛毅，實做到修學與為人合一，學術與時代合一，傳統與革命合一之境界。可說是「有體有用」，「內聖外王」。

第二、是晚明諸儒在中國固有哲學的系統裡，可說是一支最後的殿軍。自此以下，清代二百四十年異族入主，思想不自由，固有哲學若斷若續，直要到辛亥革命以後，思想上再有生機。但因西方新潮流湧入，使中國思想界發生激劇變化。只有晚明諸儒，遠在三百年前，即已對中國已往傳統文化學術流變，作過一番歷史的反省，又能運用哲學的綜合，近之在個人倫常日用方面之身心修養，大之在國家社會政治經濟方面之民物康濟，都能貢獻他們具體切實的意見與方案，好作我們今天的參考。

但是晚明諸儒所講，甚為博大，在此只能扼要敘述其一二。茲仍根據上一講，專提政治哲學與人生理想二大端論之。

## 二、梨洲亭林兩家之政治理論

關於政治理論方面，茲專就梨洲、亭林兩家敘述。

梨洲論政之代表著作為明夷待訪錄；亭林代表著作為日知錄。

兩家對於中國傳統政治之弊害，有其共同之觀點，大要不外君位太尊、中央集權太過、法令太密之數端，故二人均主提高臣僚尊嚴，主張賢治與分權。

梨洲立論往往高言三代，頗近於理想派，略似北宋之王荊公；亭林則切近事實，依據漢唐，較近於經驗派，略似北宋之司馬溫公。此正可代表中國從來政治理論之兩大派，如孟子即近前者，荀卿較近後者。

此亦由於梨洲、亭林兩人姿性之別。梨洲近狂，亭林近狷，故梨洲常從大處著眼，亭林常從小處下手。

梨洲對政治之著眼點偏重在中央上層機構，其最扼要之主張為置相與學校兩篇。以相權發揮賢人政治，以學校代表民意機關。尊重「相」「師」，其意氣激昂較近宋明。

亭林對政治之著眼點則以下層機構為主。特別看重守令親民之官，重地方自治與鄉土清議，重風俗名節與禮教，其風旨敦重較近兩漢。

若細分之，則亭林近西漢而梨洲較近東漢，梨洲似北宋而亭林較似初明。二人論政之區別，實可代表中國傳統政治風氣與政治思想之兩型。

惟兩人論政尚有其共同精神所在，則為中國傳統之學治精神，即「政學合一」的賢人政治之精神。

三、船山、習齋兩家之人生哲學

關於人生哲學方面，今再拈出船山、習齋兩家論之。

船山、習齋兩家論學，亦有其正相對立處，正如梨洲、亭林兩家論政之恰相對立。

大抵船山論學，長於論「心性」，其學由內以及外。習齋論學偏於論「事行」，其學由外而及內。船山由精達粗，習齋由粗返精。船山根心見事，習齋卽事證心。若謂船山乃儒中之道，則習齋乃儒中之墨。

惟兩家亦多有同點，兩家對中國傳統哲學之弊病頗多抉發。船山極斥老釋，習齋則痛病程朱。對於宋明以來學者相傳「靜」與「敬」的工夫，兩家均有透切深刻之批評。

其實若論學脈，兩家皆從陽明轉手而來。兩家均力斥陽明，此乃就陽明學之末流而言，若論兩家學術宗旨精神所在，則頗與陽明相接近。

四、綜合顧、黃、王、顏四家而看晚明諸儒學風之大趨

上述四家異點，特各就其偏至者言之，今若綜合諸儒而通覽其共同之大趨，則晚明學風實有一種摧陷廓清，直探本源重新洗發之精神。換言之，則為一種自漢、唐、宋、明重行回復到先秦之精神。先秦時代為中國學術思想歷史文化之第一次結胎，此下漢、唐、宋、明則即就此時代之建立者而發皇張設之，又遞禪推演之。一則因內部事實之需要，二則因與外來思想之接觸，使此胎種，逐漸塗附纏縛上許多新東西，而漸有滯重不活潑，紐曲不直遂之病。於是不得不需要一番清洗與剝落之工夫，使直從原始之本源處，再有重新恢復其活潑與暢遂之生機之望。陽明哲學卽應此要求而起，王學精神實帶一種輕鬆與簡單之姿勢，而內寓以活潑與直遂之生機者。

惟一民族國家之歷史文化傳遞既久，其塗附纏縛者太雜太多，欲加以清洗與剝落，則非有極精之工夫，與極大之勇氣不可。晚明諸儒無論在論政論學兩方，實同為繼續王學而對中國歷史傳統再加以清洗與剝落之工作者。如梨洲之論政，習齋之論學，可謂具有極大之勇氣，而亭林船山則可謂具有極精之工夫。

## 五、略論晚明學風對當前之效用

所惜者，晚明諸儒之成績，經二百四十年滿清部族政權之重壓而未能發揮其效用。中國政治學術兩方，塗附纏縛更多更雜，重滯紐曲更不可言。一旦西力東漸，此種層層塗附，層層纏縛，重滯不活潑，紐曲不直暢的政治學術，既不足言對抗，亦無望於變通，內面自己生機窒塞，外面一切營養亦不能吸收消化。

今日有志於革命工作者，對於中國歷史傳統，實應繼續加以一番淸洗與剝落。此則晚明諸儒早已示我模範。彼輩以極大的勇氣與極精的工夫所畢生努力而僅得之者，實有為今日吾儕虛心參究之價值。

在不遠的將來，在中國應有一種在內部為輕鬆而簡易，在外部為博大而篤實的學風，來為中國政治學術開新風氣，建新基礎，創新生命。

此種學風，一定要有極大的勇氣而同時又具備極精的工夫者。此一學風，一定將於晚明諸儒得其塗轍與規模。

# 四　中國固有哲學參考書舉要

中國固有哲學範圍廣泛，參考書籍不易列舉，竊謂最所扼要，莫如論語、孟子。若能專治此兩書，雖不旁騖，亦已足用。

中國固有哲學，當以儒家為宗主，儒家以孔孟為歸極。其後百家爭鳴，各有擅場，於是有新儒家起，融會眾說，調和運化，其著者如易傳與小戴禮記，大體皆包羅道、墨，鎔鑄名、法，冶九流於一鑪，創儒學之新規。既治論、孟，儻有餘力，可循次及之。

易經不易讀，可依王弼注、程頤傳入手。易之精義發揮於十傳，而尤以繫辭上下篇為尤要。隻字單句，皆富義蘊，可資觸發。

小戴禮可擇要讀之，如大學、中庸、禮運、儒行等篇，凡屬通論文字，皆已傳誦人口，緜歷千載，不可不重視。儒學原本性情，孔門最重詩教，中國固有哲學常與文學通流，凡深於文者必有所得於道。故不通文學，每不易得中國固有哲學之生趣與深致。凡治中國固有哲學者必讀詩經，此為六籍之一。其次如楚騷，更後如陶潛、杜甫，擇一二家翫索之，可以激發性情，涵養天機。

儒學推本性情，而歸趨常在於事功，內聖外王，亦文亦史，故治中國固有哲學者，既通文學，又不可不窺史籍。尚書、春秋為六籍之二，皆史籍也。後世史籍浩繁，不可遍觀。讀史記可見史學之大，讀通鑑可得史跡之要。姑以兩司馬書為限可也。

六經皆史，治史必通近代，輓近學者如章學誠、龔自珍之徒，類能言之。禮失則求之野，「知古而不知今，是謂陸沉」。故治中國固有哲學，必通近代時務，此則耳目所接，不煩舉例。

儒學植根於性情，歸宿於事功，故不主空言而尚躬行實踐。凡治中國固有哲學者，必以人物為模範，治中國文史，亦必以人物為中心。自古大儒，以一身繫天下安危，以言論風采轉天下視聽者，此代不數人，凡名人大集，擇要瀏覽，皆足為研究中國固有哲學之入門。即論漢唐諸賢，如賈誼之治安策，董仲舒之天人三策，諸葛亮之出師表，蘇綽之六條詔書，及陸宣公之奏議，此皆天地有數文字，關係數百年世運盛衰，又皆本乎學術，發乎性真，而後見乎功業，非權謀術數之比。當知研討中國固有哲學，應在此等處著眼，應得其真血脈真精神，若強以西方哲學眼光尋求東方哲理，則決找不到東方哲學之真園地。

若論人生修養，義理精蘊，則漢唐諸賢之所詣自不如宋明。宋明理學，又為調和運化印度佛教哲理以後之新哲學。若求扼要研讀，則可讀近思錄，用江永集注本，濂溪、横渠、二程精語，大體已備；可讀四書集注，此乃朱子畢生功力所萃；讀象山語錄，讀陽明傳習錄，則陸王大體精神亦見。

晚明諸儒，其學術精神，更堪重視。團長所定本班學員必須參考書目一覽，所舉已備，此不再列。

清代大儒，論其有體有用，文行並茂，當推湘鄉曾氏。其聖哲畫像記成於軍中，實為近代屈指一大文學。竊謂欲探求中國固有哲學之眞血脈眞精神，當由此種路徑求之。儻以西方純思辨的態度來治中國固有哲學，斷無是處。

如右所列，書籍並不多，而所賅已廣。若能約之又約，拳拳服膺，則更可從簡，起乎百世之下，奮乎百世之上，孔子曰：「君子多乎哉？不多也。」篤信好學，守死善道，是在乎吾儕。

（民國三十三年二月重慶中央訓練團黨政高級訓練班系列講演綱要總題今名）

# 一三　中西文化接觸之回顧與前瞻

## 一

中國人獨創東方文化，已有五千年以上深厚博大之歷史，其間亦未嘗無與外來文化接觸融和之經過。第一次外來文化之傳入，厥為印度之佛教哲理，其事開始於中國東漢之世，正當西曆紀元後第一世紀之時代。其時中國政治制度、社會風俗、以及人民思想、經濟各方面，方漸漸走入一衰退之厄運中，對其自身傳統文化，發生甚深微之搖動，而印度佛教乃純以其哲理與信心與中國人以一種和平而純潔之刺激，遂以獲得中國最高思想界最眞誠之同情與探究，而印度佛教遂得全部移殖於東土。其時中國人不僅虛心接受，抑且發揮光大，使流佈中國之佛教哲理繼續精深化，而有青出於藍之譽。經過六百年之長時期，當西曆紀元後第七世紀之開始，中國人已自衰退厄運中重新發現其固有文化之精神，重創隋唐統一盛世，燦爛光輝，照耀千古。而在中國之印度佛理亦復登峯造極，同時發展至最高之頂點。正當第七世紀中葉，在初唐之盛時，而中國禪宗崛起，遂使印度佛教哲理完全中國化，以消融和納於中國傳統文化之內。於是在中國人獨創之東方文化中，乃包藏有甚深微妙之印度佛教哲理之大寶庫，此乃中國人第一次接觸其近西鄰邦之異文化，而發現中國人驚人的虛心瞭解與深細調和之偉大能力，而完成其東方文化創展過程中，一至艱鉅之工作。

正當東方中印兩文化在中國人手裏調和統一之際，而其更西鄰邦阿剌伯適有回教主穆罕默德之崛起，自此以往，回教文明蓬勃光昌，遂與我大唐盛世東西照耀，為當時東方世界人類文明兩大燈塔，茫茫人海，胥於此仰望而歸趣。而我中國人正以其發皇榮盛之大氣度，披豁胸襟，坦白展開其西北西南海陸兩大交通線，以與阿剌伯、波斯回教新文明相接觸。其時大食、波斯我西鄰諸邦人，自海自陸，足跡交遍於中國，邊陲腹地，靡不有其蹤影，而廣州一埠據晚唐史籍記載，其大食波斯商人之客居者乃約廿萬。蓋已與我中國人如水乳之融，梅鹽之和，其物質食貨之相交易，精神學術之相染導，其深細博大，尚有為近世考古論史者之所未盡悉。而回教禮拜堂遂與佛寺道院同為中國人民自由信仰之一宗，而回教人民乃為我近代中華共和建國之一支。蓋經唐歷宋，迄於西曆紀元後第十三世紀之時代，華、回交通，亦復綿亙六百年之久，而我中國人獨創之東方文化中，又復重新包藏有簡潔剛勁之阿剌伯回教文化之大寶庫。此又中國人再度與其更西鄰之異文化相接觸，而發現中國人勇敢之寬容，與宏深之消納之偉大能力，而完成其東方文化創展過程中又一艱鉅之工作。

要而言之，印度佛教文明之影響於中國者，以信仰與思維方面為深，而阿剌伯回教文明之傳播於中國者，以文物與創製方面為廣。一屬抽象的形而上者，一屬具體的形而下者。然則中國人對外來文化接受消融之能力，直上直下，無粗無細，兼容幷包；如大海之納眾流，泱泱乎誠大平原民族文化應有之徵象。

## 二

阿刺伯回教民族與中國之交通，不僅克盡其華、回文化對流之職責，更復為中國文明傳播達於其更遠西鄰歐洲諸邦之媒介，繼此而往，我中國文化遂與其更遠西鄰歐洲諸邦有較親密之接觸。初則阿刺伯人為之傳遞，繼則蒙古人為之播揚，而中國物質創製為近代世界文明開先路之利器，如印刷術、造紙術、羅盤針、火藥等等，乃次第為歐西人所習得，而為彼邦近代文明發展盡一至大之貢獻。

自西曆紀元後第十一世紀之末葉，歐洲十字軍初興，為泰西中古時期以後接觸東土文化之第一步。下至十五世紀之末，哥倫布放船西渡，直達新大陸，而全世界形勢為之飜然丕變。自此以往，葡萄牙、荷蘭諸邦人相率接踵而達中國之海岸，則已在我明代之季世。

西曆第十世紀之初期，我中國自大唐之盛極而衰，其文化之急激腐化，一時情勢之險惡，正無異於西方羅馬帝國之覆滅。幸而經五代之黑暗擾攘，前後不出百年之時期，而宋人遽能以其清明寧靜之頭腦，和緩平淡之手腕，將中國傳統文化繼續加以調整振作，為近代中國一千年文教風俗樹立一新基。不幸矯枉過正，弊亦不免，始終不能對北方遼金壓迫，作有力之撻伐。及乎蒙古忽起，以其震古爍今之武力，橫掃亞、歐兩大陸，鐵騎所至，如狂風之捲枯葉，絕無抗者。南至印度，西及俄羅斯，無不俯首受其統制。而我中國當文勝積弱之餘，金、夏、南宋三方分裂之局面，各自支撐，猶能抗衡達於七十六年之久，經成吉斯汗至忽必烈，積五世之經營，而中國乃為所吞并。則我中國人數千年傳統文化雖主以平和建國，其民族團結堅韌抵抗外族侵略潛力之深厚偉大，超出並世諸邦，亦以此大白於世。

然正惟為此，而中國民族所受之創鉅痛深，乃不可言喻。元人統治僅百載，而明祖光復，其三百年間社會之富盛，疆土之開拓，幾與大唐相並駕。然明代人對傳統文化上之貢獻，則實未能超過宋人之上。當耶穌教士挾其西方新文明遠渡重洋剝啄款關之聲初起，而明代社會已值魚爛土崩不可收拾之時，不久而滿族入主，中國之在部族狹義政權統制之下者又三百年。

蓋大體言之，自宋以來千年之中國，亦為其文化新生迭受摧壓較為黯淡之期，然而馬可波羅於元代來中國，已驚詫其政制之完密，文物之富盛，歸而為書以誇西土，西土人怪之，有不以為信者。及夫清代初葉，當西曆十七十八世紀之間，西方學者嘗深羨中國之文教風物，我中國儒家之理論，與夫當時康熙大帝之政績，每為彼中人所樂道，則我中國人東方文化之繼續影響於西方，迄茲未輟。此雖近世西方學者亦不諱其事。此誠足以證明我中國傳統文化緜歷之久，蘊孕之富，然就中國史本身言之，則此一時期之中國人，實較其祖先，已遠為落後，雖為外邦所稱道所讚慕，而我中國人則所當引以為慚，不當引以為傲。

## 三

自十八世紀中葉以下，西方科學之發明，機械之創製，突飛猛進，而工商百業，駸駸有一日千里之勢。社會實力日臻富強，遂闖破人類亙古未有之界限。此兩百年來西方物質生活之扶搖直上，急劇刺激西方人之內心，使相應而起深刻之變化。科學的唯物論，與夫生物的進化論，遂瀰漫流行於西方世界之心裡。彼輩對於其自身傳統文化之看法，既已大異於疇昔。彼輩常以其目前社會居於歷史進化之頂點，而又以其小我自身為社會之中心，以為各自有其無限自由之發舒。彼輩遂以白色人種為世界優秀獨異之民族。於是挾其富強盛勢以臨我，其視我如半開化之蠻人，蓋與非、美、澳諸洲土族相去無幾。此顯已與十八世紀中葉以前之西方觀念大異其趣。

而反視我中國人，自明代末葉經歷清室政權三百年之間，本已在文化的病態下支撐度日，氣量既不能如唐人之闊大，頭腦亦不能如宋人之清明。西方新文化潮流源源衝盪而來，在嘉、道以下，十九世紀之初葉，顯已有莫可阻遏之勢，而中國人顢頇閉拒，絕不能如唐人對外之勇快接納，亦不能如宋人之深細分疏。然亦因其時西方正當物質勢力高漲，其深深壓迫於我者，實以商人之牟利為前鋒，兵艦之耀武為後盾。耶穌教士之在西方，早已貌是神非，跟逐於商人兵士之後塵，以福音之宣傳，配協於貨利之爭尋。我中國人對西方新勢力之壓迫，先則惡之忌之，後則驚焉眩焉。蓋嘉道以下中國人心眼中之西方文化，一則曰貨利，再則曰武力，「富強」二字足以盡之。因此中國人此後雖欲誠心接受西方文化，而看法既錯，乃不能如東漢以下中國人對於印度佛教哲理之從純粹文化眞理上探究其本源。於是為西方文化兩大骨幹之「宗教」與「科學」，遂同樣為中國人所誤認。中國人大抵鄙其宗教而尊其科學，而中國人所羨者實乃西方科學方法應用之效果，非西方科學精神發明之源頭。近百年來之中國人，遂以其急功近利之淺薄觀念自促其傳統舊文化之崩潰，而終亦未能接近西方新文化之眞相。直至於今，前後幾及一百年之稗販鈔襲，非驢非馬，不中不西，輾轉反覆，病痛百出。

然就中國已往歷史言之，印度阿剌伯文明之消融接納，前後各歷六百年之久，而歐洲文化之來東土，則尚不過三百年。雖印度文化之傳入，純以學理信心相感召，故不易起中國人之反感。阿剌伯文化之傳入，正當中國盛世，故易於大氣包舉。今歐洲文化之東漸，一方正値中國衰世，力不足以負之而趨。在中國之接勢既弱，而在歐洲之送勢又過猛。十八世紀以下之西方東漸，實以商業兵戎為主，而文化學術為附，亦不能使中國人誠心樂就。合此兩因，遂使近代中國人迷惘前卻，走了一百年寃枉路，而仍未得中西文化第三度接觸融和消化之益。

然途窮則思返，今中國國內有識之士，乃漸漸覺悟純以功利觀念為文化估價之無當。自今以後，中國人殆將一洗已往功利積習，重回頭來再認中國傳統文化之眞價値，亦必能同時認識西方文化之眞精神。如此融會調和，若以中國對印回文化往例言之，再歷三百年時期，中國人必然勝任愉快，對此最後一批最遠西鄰之新文化充分接納消融，以完成其東方文化創展過程中所遇最艱鉅之第三步工作。

## 四

今再就西方文化言之，彼自十八世紀中葉以後，積二百年來物質生活之突飛猛進，亦復與其以往宗教、哲學、文學、藝術種種傳統相脫節，而形成畸形發展之病態。內力不斷向外發射，已達其周限，乃屈折反向自身，而造成近三十年來兩度空前之大戰爭。此後西方人士殆亦將重回頭來，對其自身文化有一番新認識，則同時其對東方文化亦必將有一番新估價。則最後世界人類兩大文化，一東一西，為茫茫人海之兩座大燈塔，到其時必將放射新光，互相輝映，使人類在驚浪駭濤中重得靠岸。我儕在此全世界戰雲籠罩之際，而發心為中西文化之再探討，其事雖迂，其願則宏。深識偉抱之士，有聞聲相赴者，吾敬先三薰而三沐之。

（民國三十年六月作，三十一年四月華西大學華文月刊一卷二期，題名東西文化之再探討，三十四年九月四川中國文化月刊第一期，改為本題名。三十七年六月七日昆明中央日報重載。）

# 一四　中國思想界的出路

## 一

世界的紛亂，沒有因第二次大戰的結束，而得到合理的解決；在此時期，中國的內憂外患，病狀日益加重。災害遍及了每一個角落，正演著歷史上所謂「叔季之世」。政治上沒有辦法，經濟問題困難重重，一切的一切，都在過著臘月三十日。還有一個根本問題就是思想界的沒有出路，無論青年人、中年人、老年人，一樣的苦悶，找不出應該走的道路。

中國有幾千年的歷史，就有了幾千年的思想。思想是繼續不斷下來，有體系，有生命的，為什麼到了現在，會找不著出路呢？而且西學東漸以還，從最舊的宗教思想，到最新的唯物思想，五花八門，傳到中國，可以盡量的接受過來，又怎能說沒有思想呢？要解答這問題，還須要虛心的將近代中國史檢討一番，才會明白它的病源所在。的確，中國近幾十年來，只有各種的運動，各種的思潮，而沒有思想家。

## 二

我國的思潮，要算「五四」時代掀天動地的「新文化運動」，規模最大。那時期提出了兩個口號，即是「賽先生」與「德先生」。這和清季提倡的學習西洋槍、砲、輪船和憲政運動，有線索可尋的；而新文化運動，則對於過去文化的破壞性更加急劇，它在消極方面比積極方面的著力為多。但是破壞的破壞得不成樣子了，建設的並沒有實現，到了現在，仍然需要「賽先生」和「德先生」。

其實這兩位先生，不能混為一談的。以科學的觀點說：倘使「賽先生」叫它做「自然科學」，那麼「德先生」應該叫它做「人文科學」。一個是物質的科學，一個是生命的科學。在宇宙萬象中，有生命與無生命的東西，分別很大。如生物學、人類學、社會學、經濟學、政治學……都是人文科學。但以另一種眼光看，生物學也有一部份屬於自然科學。至於人類學以下的學科，物質的成份便減少了。

原來科學的性質，是由抽象而逐漸到具體的。什麼叫抽象的科學？那是最基本的，即算學與幾何學等，「數」與「形」的學問。如二加二等於四，「推之四海而皆準，行之萬世而不悖」的。最抽象的科學，只是形式的，只是符號的，沒有內容。從此進步，慢慢具體了，物理學與數學最為接近。比如力學上槓桿的起重作用，可以拿數字算出來。化學也可以用方程式來計算。雖不似算學幾何的抽象，但是例外的情形很少。

再進一步，是氣象學、地質學，變化就多了。我們知道「二加二等於四」，「圓心到圓周每條線相等」，「氫氧二氣合成水」，歐洲人發明了，亞洲非洲人同樣可用。幾千年前發明了，幾千年後同樣可用。氣象學等便不然。不能用歐洲的氣象推概到亞洲。在北平研究氣象，不能推概到昆明。考察了日本的地質，不能推概到臺灣。而只能就各方研究以後觀其會通。

數學上「二加二等於四」，可以推概一切的；乃至沒有地球以前，就已有了這數的理。而氣象與地質，各地不同，各時不同。所以數學、物理、化學，沒有國界；而氣象便各地互異，有不同的紀錄。研究地質，中國便有特出的地質學家。

生命科學更不相同了，以生物學和地質學相較，地質學還有一部份可以推概，生物決不能推概。譬如研究動物中的鴿子，不能以一個鴿子，概括一切鴿子，必要養幾十百種鴿子，研究他的同異之點。又如研究植物中的茶花，也要以多種茶花，來看他的共通點。地質是古今相近，而區域上互異的。生物因為有生機與生命的緣故，無論時間空間上都有「變化」；也有人稱之為「進化的」，或「演變的」、「演化的」。我以為「演化」二字，最為恰當；因為在變異的過程中，不能說今天比昨天的好，只能說比昨天不同。研究生物學，會通的成份比推概加多。在生命科學當中，研究其他動物的生理等等，有會通也有推概。至於研究人，他的差別更大了。假如你遇到了一隻老虎，不待問，就知道是兇暴要吃人的。假如遇到一隻犬，那經過人訓練和未訓練的，就不同了。至於人，更不能以甲例乙，以乙例丙。

科學既是由抽象而到具體，也可以說由推概到會通，這可以拿嚴又陵翻譯名學上的「外延」「內包」解釋這道理：凡外延越大的，內包越空洞，這就是數學等類。假如人有機會到火星上，看火星上的二加二，必等於四的。反之，內包越豐富的，外延愈縮小，這就是人文科學不能由甲推到乙的道理。

人文科學中，經濟學還可以推概，比如貨幣有限量，物價穩定；通貨膨脹，物價隨之而高。這也和數學上的比例相近。這是外延多，是物質的成份多。經濟學對付「物」還容易辦，而難對付的還是人，即如品價的漲落，除了物的原則外，主要看人心的影響。心力加進去，貨幣原理失了效。至於政治學，內容最豐富，決不能推概。它完全是人文科學。研究政治學只有用會通的方法可行，現在還沒有人注意到。

人文科學與物質科學，一是可會通的，一是可推概的，怎能打成一片呢？西洋學術，物質科學走得快，人文科學走得慢，兩個脫了節。我們試又問：為什麼人文科學走的慢呢？我可以回答說：這因為西洋研究人文科學者，是拿物質科學的方法來研究。譬如西洋人研究洋老鼠，吃維他命B的，比較聰明，他可以做各種不同的試驗。又如狗吃東西時，同時拿紅光照它，這樣食慾與紅光，便起了同等的作用。西洋人研究人的心，就拿研究洋老鼠和狗的方法來試驗；甚至研究經濟學、政治學，也純全拿研究物理數學的方法作試驗。

中國人學西洋，變本加厲，不加揀別。比如研究數學，原可以全部抄過來，沒有絲毫的不同，研究氣象、地質、土壤就不能全部抄襲。對於外國人研究氣象地質的成果，僅可以作為參考，決沒有人拿倫敦的氣候紀錄，當作昆明的。研究物質科學中有變化的部份猶且如此，為什麼研究政治經濟學，硬要把外國的全盤搬來而抹殺了自己過去的成果呢？中國人在英國學數學，在美國學數學，是相同的。假如在英國學政治，在美國學政治，拿回來實行，便要起衝突，而打得頭破血出。又如在蘇聯學經濟，和在美國學經濟的人，回國來，也要打架。

所以我說，「賽先生」和「德先生」，不能相提並論，政治科學是具體的，要會通的。此道理到今天沒有明白，所以中國思想沒有出路。在美國留學的人，以為他學的一套拿到中國來，一定行得通；在蘇聯學習回來，也以為他所學的到中國一定行得通。現在還有一句最時髦的口號是「全盤西化」。我想，數學、物理、化學，可以全盤西化，地質、生物學，怎能全盤西化？人文的科學，政治、經濟……本來外國就有若干套，要了那一套來化？就成問題了！

三

大凡科學，一定有對象的。玄學便沒有對象。二十年以前，我國有「玄學與科學」之爭，只算弄清楚了這一點。科學由抽象而到具體，他的對象也由抽象到具體。比如外國水利工程師，儘管他的學識技術高明到如何程度，他要研究中國的水利，就須以中國的江河湖泊為對象，必要跑到中國的長江、黃河……實地勘測，才能夠定計畫。人文科學中的政治、經濟學，最為具體。假如一個政治學或經濟學的博士，要問他是學那一國的，倘使他所研究的，針對某國人當時的情形，那就痛癢相關。比如馬克思的「資本論」，他的對象，是那時的英國工廠。拿來現在的中國使用，自然不對症了。中國學外國的政治、經濟、教育……，倘使不懂得拿來做參考，而全盤接用，那只足以擾亂而無益處的。這好像在外國學得做的圓蓋子，拿回來蓋中國的方瓶口，決難適合。所以在外國學習了那一國的學理，要看他這學理是針對什麼而起的？轉過頭來看自己的民情風俗，再談中國的問題。

研究人文，決不比研究一頭狗、一頭洋老鼠容易。人是有歷史的，不能僅在平面上研究，而要研究立體的，政治、經濟、教育、法律、宗教、藝術、文學……，都與歷史有關係。立體的觀察，件件事都互相關連，才不會認錯了對象。人類生活既是立體的，生活的各件事，便好像七巧板，用七巧板拼成許許多多的東西。政治、經濟、教育、法律、宗教、藝術、文學……一塊掉換了位置，必要塊塊換過，否則拼不起來的。

說到這裏，我且談一談中國的人生態度。且以文學藝術所表現的來說吧！文藝是人生七巧板中的一塊，中國文學與西洋文學的不同在那裏？現在學者講的沒搔著癢處。中國文藝的最高層是詩，而把小說戲曲放在最後；西洋文藝的最高層是戲劇，小說居第二位，詩與散文等遠在其後。所以看一本西洋的小說劇本，和看中國小說劇本的意味迥不相同。或是看一幕西洋歌劇或話劇，與中國的劇曲也不相同。西洋小說戲劇，好似一盆火，他鼓勵你向前進一步，看了會十分的興奮，睡不著的。中國人的小說戲曲，好似一盆涼水，起初、中間即使緊張，到結果，大半是團圓了。你看過、聽過，感覺舒適，過後便忘記了。這就是兩塊七巧板的不同。

西洋文學，站在人的前面。假如不緊張，看後不起勁，便沒有文學價值。比如讀歌德的少年維特之煩惱，引起心之共鳴，要自殺的。中國文學，站在人的後面。比如事業失敗後讀陶淵明詩，熱情沖淡了，自然安憇下來；失戀後讀紅樓夢，也要學賈寶玉出家的。西洋文學是領導人生的，中國文學是安慰人生的。這樣就發生了一個問題，中國便沒有領導人生的嗎？假如有，要問：中國人是以什麼領導我們前進呢？我可以回答：中國人領導我們的，是「儒家思想」。格物、致知、誠意、正心、修身、齊家、治國、平天下，都是極重的擔子，拉著我們的鼻子向前跑。一個人入了社會，具有熱烈的事業心，假如受著挫折，回頭來讀一讀杜工部的詩，會增加你的勇氣於忠國愛民。假如讀一讀陶淵明或蘇東坡、陸放翁的詩，也會使你暫得安歇，從頭做起。這要知道消極的背後，站著一個積極的。如果不懂得背後的積極，即使學陶淵明也學不到的。

西洋人的戲曲小説，火刺刺的往前跑。西洋人失敗的安慰是教堂，求上帝。他們都會説：「請上帝幫助我吧！」休息一會，再從頭跑。中國沒有教堂，佛教另是一回事。讀了孔子的書往前跑，失敗後的安慰，只可以拿陶淵明、蘇東坡、陸放翁，代替了教堂上帝。又如中國圖畫，一幅山水或一幅花草，幾枝楊柳，幾片葉子，使人鑑賞了，消去胸中一切塊壘。西洋人的畫卽使是山水，也帶刺激性的。又如希臘的雕刻，是有力量的，力量表在外面。再如建築也有不同。假如一所洋房，建在中國房屋的中間，你想一想是如何的不合式？西洋建築房屋，每單位是獨立的，四面開窗。中國房屋，每所一大排，或是正房耳房對廳，四平四正，外面很為調和。北平的胡同，外邊是一個式樣，內邊形式不同。所以西洋人的天地是在他房屋之外，而中國人的天地，在房屋之內。中國花園，要參差曲折；西洋人花園，是一大塊。再拿音樂來説，悲多芬的交響曲，是象徵衝鋒！向前進！中國音樂，一曲高山流水，使你息機歸寂然，其味無窮。西洋文藝的意義是在前面的；中國文藝是在後面的。而中國的道德教訓卻在前面。西洋人衝向前去，出了毛病，有法律的制衡，又有宗教的調節。中國人法律的觀念，不及道德觀念濃厚，與西洋不同，也可以説是七巧板點點不同。

現在的青年人都愛看電影，聽外國音樂，住西式房屋；而不喜歡聽國樂……。他們被新的力量牽著鼻子走，但卻不能學宗教禱告的安慰，更不能談陶淵明們的詩。眼睛睜久了，要閉一會的，中國人好比鰥魚，永久睜著眼睛，沒有休息的時候，這苦痛極了。這都為七巧板位置不合了。所以拿西洋的一切，改革中國的一切，大有問題的。

政治是一切問題中的一個問題。中國的政治，怎麼能拿美國或蘇聯的政治，就能解決了呢？即如實行民主政治，投票選舉，美國的競選，極為熱烈，各個政黨中的候選人，巡廻各地，公開演講，爭到極峯，要打起來的。假如在中國就走樣了。即使有形式的演講競賽，還不如背後的活動著力。政治要民主是天經地義，不能變的；但如何民主法？不要只抄外國，抄得不三不四，掛羊頭，賣狗肉。無論如何，要和國家的風俗習慣配合。先學做人，學會了做人，很可以不做官。如只會做官而不會做人，那當然弄糟了。這個道理，説來很淺，但是現在大多數的人，都就推概的科學作研究，就是西洋的人文科學，也是推概的。我並非反對科學，更不是提倡守舊，要知道中國派留學生到外國學習很容易，要完全復古守舊也容易，現在要緊的，是以外國作參考，在國情上逐一研究，得其會通，才能夠打出一條應走的路。

總之，中國思想界的前途，「推概」的學問，難走得通的。要緊的是在歷史、國情、文化，求「會通」之學，能使當前的苦悶，得到解除。這也可以説是我的信念。

（民國三十六年七月十三日中央日報星期論文）

# 一五　從兩個世界說到兩種文化

## 一

現在大家都知道，我們的世界已分裂為兩個了。一個是自由資本的世界，以美國為依歸；一個是共產社會的世界，以蘇維埃為領袖。世界上每一個角落裡，都有這兩大勢力之對立而軋爍、而衝突。這些軋爍與衝突，也可說由美蘇兩大勢力之敵對而引起，但這些軋爍與衝突勢必引起美蘇兩大勢力更直接與更強烈的軋爍與衝突；這將變為世界第三次大戰。在這一個戰爭裡，可以判定人類整個生存和整個文化之前途。這是現在一般人的普通看法，這是一個雖不中不遠的看法，雖則粗略，恐怕最近一二十年內的人類命運，逃不出這一個看法之外。

但若我們更進一步的看，則目前美蘇兩大勢力之對壘，其實只是一個事態之正反面。譬如一局棋，必分黑白兩種子。現在的兩個世界，其實也只是一個世界之正反兩面。自由資本和共產社會只是一個問題之兩種解答。這一個問題便是經濟問題。現在的人生，經濟問題是惟一重要的問題，幾至於只有經濟成為問題，其他問題，擺在經濟問題的前面，盡成為不重要的問題，乃至不成問題。因此現在的人生，只是一個經濟的人生，現在的世界，只是一個經濟的世界，現在的軋轢和衝突，也全在經濟問題上軋轢而衝突。自由資本也好，共產社會也好，他們的所爭，總之逃不出經濟的圈子。

馬克思的預言，現在是說中了。他認為人類歷史的一切動力，全是經濟的。人類的命運，將依經濟狀況而決定，人類的文化惟有以經濟問題為解釋。若論已往人類歷史之過程，馬克思的話未必對，但就目前世界大勢言，則正像馬克思所想像。人生已為經濟狂潮所吞捲，人類全已成為經濟勢力之奴隸。人生之一切，將全部視經濟形態之轉變而決定。本來是人類自己創生了種種經濟形態，現在是主客倒置，將由經濟形態來判定人類前途。為何經濟勢力在全部人生裡，占著如此驕橫而獨霸的局面，我不得不說這是商業文化之悲慘的結果。目前的世界，則只是一個商業文化之崩潰。而馬克思的哲學，則抉出了商業文化內在之病痛。

二

最近四五個世紀以來的西歐文化，這是現世界人類文化之主潮，亦是現世界人類文化之準則，但不幸這一個文化，卻是十足道地的商業文化。誰都知道，現代西歐文化，發源於都市，這便是商業文化最著要之特徵。現代一切文學、藝術、哲學、宗教，都與都市結不解緣。現代政治理論之正宗，所謂民主政治者，亦卽是新興的商人中產階級起來和中古時代封建貴族以及寺廟僧侶爭奪政權的一種特造的理論。西歐的資本主義帝國主義向外侵略，把全世界做成他們的商場和殖民地，也都是商人作中心而操縱。現代科學，只在商人的老虎身上添了一對翅膀。只是商業文化利用了科學，並不是科學文明管制了商業。商業文化之最大缺點，在以個人主義的物質生活為骨髓。若認個人主義的物質生活是現代西歐商業文化最尊無上的上帝，則階級鬥爭與共產社會，便是和上帝作祟的魔鬼，魔鬼緊隨在上帝之近旁，只要個人自由資本愈發展，階級鬥爭共產思想便愈成熟。階級鬥爭與共產思想，並不告訴我們另一個新文化之降臨，他只告訴我們目前的舊文化，商業文化之解體與沒落。

近代西歐商業文化，發源在地中海諸城市，經歷葡萄牙、西班牙、荷蘭幾個商業國家，而極盛於英法兩帝國。待到日耳曼人、斯拉夫人起來爭奪海上自由，引起第一次世界大戰而到第二次世界大戰，英法兩帝國的國運，逐漸在此兩次大戰中衰頹萎縮，這已成了近代西歐商業文化之喪鐘。最近美蘇對立，則只是此一個商業文化之最後一幕，由爛熟而破裂的一番景象。若我們認定這一點，下一幕戲，並不是東風壓倒西風，或是西風壓倒東風，也不是紅面打勝黑面，或是黑面打勝紅面。自由資本與共產社會之鬥爭，同樣是商業文化沒落時應有的一幕，他們只能同歸於盡，分不出誰勝誰負。

## 三

但人類文化並不只限於一個商業文化。目前的世界，也並不只是一個商業文化的世界，只是商業文化霸住了現世界，占盡現世界的上風，要現世界一切聽他的命令和指揮。因此商業文化之沒落，並非就是全世界人類文化之總衰歇。

就中國而論中國，中國的傳統文化，一向看不起商人，一向看不起個人主義的物質生活。從鴉片戰爭和五口通商起，算是中國人開始受到西方商業文化不客氣的教訓。正為中國的傳統文化作梗，一百年來，沒有痛快走上西方商業文化之大路。幾經創鉅痛深，中國人受盡西歐文化之誘惑與壓迫，中國的傳統文化，破毀已到極度，再沒有和商業文化掙扎抗衡之餘地了。在這時，正好誠心誠意來追隨模倣西方商業文化之軌轍。然而更不幸的，是西方的商業文化，到那時也已自己走上了末運。因而個人主義自由資本開始要在中國走運了，而同時階級鬥爭與共產思想也接踵在中國猖獗了。中國人可說始終沒有嘗到現代商業文化之甜頭，卻老是在嘗著現代商業文化之苦味。

但中國人還是執迷不悟，在希望著苦盡甘來，在推敲最近將來美蘇兩大國之孰勝孰負，在爭論自由資本與共產社會之何去何從。好像一切人生，全部文化，只該在經濟問題上著眼，只該在物質生活上用心。只知道目前世界分裂成了兩個，卻不相信人類文化會演變成兩套。還在憧憬著西洋史上的文藝復興。中國人還想把近代西方一番好夢從頭溫起，直從那時意大利沿地中海的諸城市來到維多利亞拿破侖，以及太平洋彼岸之新大陸。猗歟盛哉，無奈馬克思、列寧的鬼魂，早已緊跟不捨，不讓你做這一番夢。但你一旦夢醒了，鬼魂也自不見了。馬克思、列寧，一樣的在經濟上打算盤。所異者，一面是商人打人家的算盤，一面是人家打商人的算盤。商業文化沒落了，馬列主義也消沈了。算盤珠一起抹平，那時是世界另一番新文化之開始。

我但願中國人注意著目前兩個世界之分裂，更願中國人警覺著將來兩種文化之轉遞，好在此動盪的世界中自尋出路。

（民國三十六年十月十九日昆明中央日報星期論文）

# 一六　如何建立人文科學

近代西方二三百年來物質科學之進步，盡人皆知。但人文科學落後，脫了節。譬如給小孩或狂人一把利刃，固已危險，稍後又給以手槍，現在則將給以原子彈，那非闖大禍不可。此在西方智識界並非不知，乃他們的人文科學始終趕不上，這也有原因的。在近代科學創興以前，耶穌教是西方文化的最大骨幹。宗教與科學衝突，最重要的還在他們的「方法」上。科學須要面對事實，在事實上面去求智識，只要事實有新發現，我們的智識應該立刻追隨調整，這是科學修養最起碼的條件。但宗教精神卻恰恰相反，他們在人類之外預先安排了一位上帝，一切人類社會的活動，都要推原到上帝，歸宿到上帝。儘管人事變了，他們的信仰和理論不可變。這兩點，正和科學精神絕相背馳。西方的人文科學，正因為宗教勢力之阻礙使他得不到一個自由的發展。

即在物質科學發展以後，人文科學還是無希望。何以故？因他們常想把物質科學的律則來代替宗教的力量，如此則人類社會本身依然沒地位。從前是聽命於宗教，聽命於人類以外的一位上帝；現在是聽命於物質，依然要聽命於人類以外的另一位上帝，如此則仍與科學精神違異。科學精神貴在事實本身上尋智識，但西方人常想把物質科學的成績一轉手贈給人文科學，那如何能呢？

當牛頓時代，西方人幾乎全想把數學物理機械方面的原理原則來解釋人類社會，來建設人文科學。待到達爾文時代，生物學開始得到世人的注意，於是西方人又想把生物進化的一番理論與法則來運用到人類社會，建設人文科學。此比牛頓時代，自然是進步了。因為生物學究竟是一種生命科學，比較與人文科學更接近。「機械觀」的人生論，自然不如「進化觀」的人生論更較近情。但那個大毛病依然存在，便是想把研究人類社會以外的一番法則與理論轉移過來，運用在人類社會的身上。則無論是物質科學或生命科學，他到底與人文科學的園地隔了一層或兩層的牆壁。如何能即把物質科學或生命科學的律則與理論，無條件的便轉讓與人文科學呢？

總之，人文科學應有他自己的生命和他自己的園地。人文科學家應該盡力在他自己的園地上墾闢，來培植他自己的種子。但在西方，那一片園地，卻一向荒蕪。最先為宗教所侵佔，現在為自然科學所攘竊。宗教講的是上帝、是神，自然科學講的是物。神和物，縱謂與人類社會有關係，卻不是人類社會之自身。把自然科學的種子移栽在人文科學的園地裡，只能開自然科學的花，結自然科學的果，與人文科學自身還是不相干。生命科學較之物質科學雖更與人類自身接近，但人類自身的一切智識不能由生物科學來包辦，這是不言可知的。現在的西方擺脫了宗教的束縛，卻投入了自然科學的圈套。待他們從自然科學的圈套中逃出，卻又不知不覺仍走進宗教的樊籠。這是近代西方人文科學不能照理想發展的一個最大的原因。

讓我舉一實例來說。心理學是近代西方人文園地裡最先進入科學的一門學問。但就實論之，近代西方的心理學，並不能說他是一種人文科學，他只是由人文科學的園地裡割讓了，出賣了。最先割讓與物質科學，稍後又出賣與生物科學。西方人最先講心理學，只是講些物理學，如眼如何能看，耳如何能聽之類；後來講的心理學，也只是講些生物學，如制約反應等等的實驗之類。我們並不說物理學、生物學與心理學無關，但人類的心理學應該還有在物理學與生物學以外的自己園地與自己生命。這一番理論在西方的科學界中人聽了，必是不贊成的，必將加以駁斥的。這倒不在乎，可惜的是西方也有贊成此番理論和意見的人，卻大體是宗教家，不是人文科學家。人文科學在西方還是一片荒蕪，還沒有認淸他自己的園地，還沒有培植他自己的種子。

上面所論，我們要求對於某項事類有眞智識則必向該項事類之本身去找尋，此乃一切科學最普通最基本的律則。達爾文的生物學，不能乞靈於牛頓的物理學和天文學。我們要建立新的人文科學，自然也不該乞靈於牛頓與達爾文，更不應該乞靈於上帝或諸神。就達爾文以來的生物學而言，生命是沿著一條路線而演進的，因此生命是有階級等差的，這已成一種定論了。白鼠、兎、狗等等的心理，有些和人類的心理相同，但亦是「有些」而已。把人類較之白鼠、兎、狗，那等級的差異是不該忽視的。卽就人類而論，初民社會、低級淺演的民族，較之高文化的社會，其間有很顯著的階級等第，也是不可忽視的。卽在同一文化社會之內，個人與個人的差別等級，也不應該忽視。卽就幼童而論，他們尙未經種種陶冶，但他們中間已儘有差別，有的是天才，有的是低能，這又是盡人皆知的。因此研究人文科學，不比研究物質科學。物質學科是一視平等的無差別的，水永遠是水，石永遠是石。但人文科學則不然。人文科學不僅與物質科學不同，並與生物學也不同。生物學在類與類之間有差別，但在同類間則差別甚微。人文科學不然，雖説人與人是同類，但其間差別太懸異了，不能不有一個「價值觀」。抹撥價值觀，抹撥階級等第而來研究人文科學，要想把自然科學的一視平等的精神移植到人文科學的園地裡來，這又是現代人文科學不能如理想發展的一個原因。

再次，人類研究物質科學以及生命科學，研究對象，都不是人類自身。但人類研究人文科學則不然。他研究的對象，便是他自身。至少他自身也屬於這一對象之內。因此物質科學家乃至生命科學家，他們可以是純理智的，可以不動他絲毫的情感，而且也應該純理智，應該不夾雜一毫一絲的情感的。但若研究人文科學，那如何能純理智呢？如何能不羼進你自己一分情感呢？這非但不可能，而且也不應該。人文科學家不應該如自然科學家般對他研究的對象，只發生興趣而沒有情感，如自然科學家般樣的冷淡和嚴肅。所貴於人文科學家者，正在其不僅有理智上的冷靜與平淡，更應該有感情上的活潑與激動。這不是説要他喜怒用事愛憎任私。這是要他對研究的對象，有一個極廣博極懇切的「仁慈之心」。牛頓發明萬有引力不必對一切生物具仁慈心。達爾文創造生物進化論，也不必對一切生物有仁慈心。但將來人文科學界裡儻有一位牛頓或達爾文出世，他也為人文科學驚天動地創造新律則，那他非先對人類本身抱有一番仁慈心不可。若他對於人類極淡漠，極冷靜，他將決不會深切透進人類之內心，而為人類社會創闢道路，指示方針。那他決不能成一理想的出色的人文科學家。

以上的兩點，一是「價值觀」，一是「仁慈心」，此乃為建立人文科學所必備之兩要件。但若把此番話向近代西方自然科學界的學者們講，他們將不肯領受。這還不要緊，可惜的是西方人領受此一番理論的，又必是一位宗教家。如此則又將把人文科學領回上帝的管束，人文科學仍不得如理想般建立。

要尋求一種心習，富於價值觀，富於仁慈心，而又不致染上宗教色彩的，而又能實事求是向人類本身去探討人生智識的，而又不是消極與悲觀如印度佛學般只講出世的，那只有中國的儒家思想。現代人都知道儒家思想不是宗教，但同時又說他不是科學。其實儒家思想只不是自然科學，不是物質科學與生命科學，卻不能說他不是人文科學。至少儒家思想與我們理想中所要建立的人文科學很接近，他具備了想要建立人文科學所必需的幾個心習。儒家的很多理論，將來必為新興的人文科學所接受。我們現在正一意向西方學習自然科學，我們也應該就我們所固有的來試驗建立「人文科學」，好對西方人作一番回敬的禮物。

（民國三十六年二月四日昆明民意日報星期論文）

# 一七　新原才

## 一

頃見報載最近九中全會，有集中全國人才，為建國基本政策之提案，有所棖觸，特本湘鄉曾氏意，作新原才。

一時代的人才，照理應該可以應付一時代的事變。而這一時代的事變，亦惟有讓這一時代的人物來應付。萬不能擱置事變，懸待人才。而當事變孔亟之際，又往往有「才難」之歎。則如何鼓舞人才以應急需，其道自有出乎教育樹人百年大計之外者。

夫人之才性，各有攸宜。然如百物，靡不有用。要之，天下無無用之人，然而有用之不當其才者，有雖當其才而未盡其用者。誠使人當其才，才盡其用，則同樣那一個時代，同樣那一些人物，而其效用力量，可以十百千萬而無藝。譬諸弈棋，國手下子，當路當位，一子有一子之用。同樣一子，自見它特殊的效能與力量。不僅此一子下得有用有力，而且由此一子，可以影響及於他子，使其各各顯效用，各各表力量，通盤生氣活勢，自成勝局。低手下子，同樣一著，而不當路，不當位，不僅此子絕無效用，絕無力量，而且由此一子，影響及於他子，使之各各失其效用，喪其力量，全盤窒塞，自尅自制，便成敗局。這完全由於下子的人，而不在所下之子。再以盡人皆曉之麻雀牌譬之。花、字、筒、萬、索，只要配搭得當，則張張是好牌，張張有用。若配搭不上，則張張是虛牌，張張沒用。一顆棋，一張牌，其本身雖有分別，而並非有絕對的分別。每顆棋，每張牌，皆有它可盡的效能，可顯的力量，只不能單獨地表顯，必待投之全局而後此棋此牌始有其地位，始有其效用與力量。而投之全局，則非此棋此牌之所能自決自奮，而必待於有調度而排布之，配搭而部勒之者。李光弼入郭子儀軍，還是這一個軍隊，而便覺旌旂壁壘一新，亦同樣是此理，所以曾氏原才，特別看重在當路在勢之人。正因為他是一個下棋投牌的，棋與牌的效用與力量，都要由他而顯。當曾氏時，湖南一省，便出了好許人才。這並不是當時人才只出在湖南，只因曾氏就近用了湖南人，而能人當其才，才盡其用，因此覺得湖南人才特別多。別省的人，未經曾氏大國手安排配搭，便成死棋廢牌。此雖淺喻，中寓至理。

然而陶鑄人才，其事固不僅於排布配搭，而更有其尤要者，則曾氏所謂「轉移習俗」是也。「風俗」之與「人才」，如影隨形。有一時之風氣，斯成一時之人才。人才卽由風氣出，而為風氣所限。先秦風氣異於春秋，斯先秦人才自與春秋不同。西漢風氣異於先秦，斯西漢人才又自與先秦不同。此下如東漢，如魏晉，如南北朝，如唐、宋、元、明、清，各時代有各時代之風氣，斯各時代有各時代之人才。惟其人才不能超出於風氣之外，所以陶鑄人才，其道無他，端在轉移風氣。幸而風氣之轉移，其事並不難。所謂「風氣」，本指其易動易轉而言。其事恰如女子之新裝，時時翻陳出奇，不守故常。當一時代新風氣之初興，其事常足以刺激人才，而使之奮發，此卽曾氏之所謂「朝氣」。然而風氣易變，亦易倦。此如女子新裝，不久便成俗套。待其風氣之既疲既倦，則又足以消磨人才，而使之頹廢，此卽曾氏之所謂「暮氣」。因此當路在勢者，常當就其風氣之欲倦欲疲而鼓舞作興之，常使之不倦，使常呼吸於朝氣中，而不使有日暮途窮之感，則人才輩出矣。

## 二

反而言之，使當其時而羣感有才難之歎者，此必其風氣已倦已疲之徵。否則風氣方新，人才決不至於衰竭。就此理以論當前之風氣，庶乎亦足為感才難者之一參考。猶憶為兒童時，聽長者臧否人物，必曰，某也開通，某也則否。其時「開通」二字，似為一時風尚之所趨。開通之反面，則為「頑固」。罵人頑固，則不啻奇恥大辱。五十年前，此一種羨慕開通之風尚，足以鼓盪前清末葉一種頑固閉塞之重霧而使之開朗，亦卽為當時已窮已絀之人才與以一種刺激。當時新人物之興起，則莫不代表此種新風氣，所謂開通是也。如康有為、梁啓超便是開通，如孫中山、黃克強更見開通。只就開通的風氣裡醞釀出開通的人才。社會要求開通，便須活動。不活動，便不開通。而開通人物之在社會，亦必表現其一種特殊的活動。不活動，亦無以見其為開通。戊戌政變，即一種活動也。辛亥革命，更是一種活動。有開通的新人物，斯有活動的新事業。

然而風氣之變，如馳如驟。民國以來，便漸漸聽不到人說某人開通，而只聞人說某人「活動」。若論開通，則其時已無人不開通。其時社會已斷無垂豚尾讀八股為頑固者。開通之言論與行事已成為司空見慣。其時臧否人物，乃全在其能活動與否。然而風氣人才之移步換形，正在此等處。使人迤邐而下，陂陀日降，而不自知。那時的風俗人才，便似有漸不如前之象。何以故？以前由其智識思想之開通而活動，其活動有本原。今則徒知愛好活動，而活動無本原。舉世競好為一種無本原之活動，其心術行事，往往出乎軌道而形成亂態。

最近的當前，似乎批評人的又不説某人活動，而常聽説某人「漂亮」。漂亮又與活動不同。活動尚屬有力，而漂亮則只是一姿態，一腔殼。當前的風氣，早已全都知道活動，亦全都在從事活動，所以臧否人物者，不在其活動與否，而在其活動得漂亮與不漂亮。本來早已是一種無本原的活動了，人人都為活動而活動，則其趨勢所至，自必走向圓滑與輕薄。只有圓的、滑的、輕的、薄的易活動。方正嚴肅，厚重篤實的，不易活動。圓滑輕薄，即是漂亮。方嚴厚重，即是不漂亮。因此這一時代的風氣與人物，漸漸成為一種圓滑輕薄的漂亮風氣與漂亮人物。這是五十年來風氣演變人才轉換之一個大概況。

三

余居教育界久，親見往時每一學校當行大典禮時，其校長教務長訓導長等，雖屬和易坦率一路的人，亦必裝出嚴肅形態，作一番堂皇的訓詞。一輩學生，則雖有桀驁倜儻者，亦多正襟危坐，靜默恭聽。當時人心裡，以為不如此似乎不成體統，不像樣。後來漸漸變了，逢學校有大典禮，訓話是聽不到了，只有學校負責人一番報告。次之，則有所謂名流與學者之講演。演講辭則全是凌虛盤空，不落邊際。只有一套學說，而並不關涉於行事。更其次，則是種種興高采烈的游藝與餘興。那時雖素性方嚴厚重的人，雖身為校長教務長之尊嚴，亦不得不在羣眾歡笑鼓譟之中，立起來説一個笑話，或其他之類。非如此不見通脫，而且也太不漂亮。一輩青年學生，其心術，其情態，其做作，全是朝向所謂漂亮，全喜圓滑與輕薄。方嚴厚重，非討厭，即招笑。就如以女學生論，五十年來最先時代之最少數者，乃代表開通。稍次時期，稍多數則代表活動。最近大多數，則代表漂亮。人自在風氣中移步換形而不覺，大勢所趨，則顯是如此。

余於政界一無所知，然不妨姑妄言之。請以最近政界中兩人物試加分析：一、汪精衛，一、張學良。此兩人均有相當才情，有相當閱歷，均負政府相當重任。其底細我不知，微窺其言論風采，則亦漂亮人也。平日行事，只是活，只是動。居常處素，則只見其圓與滑。一旦逢危蹈險，則見其輕與薄。西安事變與河內私奔，暫不從和戰大計立論，就其行事，終是於公則輕，於私則薄。一世方尚活動，愛漂亮，宜其有此能活動極漂亮的人物。

# 四

一俟舉世盡是此等圓滑輕薄的漂亮人物，則其時雖不能為大治，亦不能為大亂。其時則只是不安定、不沉著，無血性、無氣力，而人心則於是乎漸厭而漸倦矣。人心一倦，則鼓不起興趣，打不起精神，相與以虛偽相粉飾，以敷衍相欺蒙。在此情形下，而要物色抗戰建國之人才，則非先變其風氣不可。

改變風氣，則在反其道而行之。短袍則一變而為長袍，窄袖則一變而為寬袖。正如湘鄉曾氏所謂「忠誠耿耿，篤實踐履之士」，此正今日之所急需。非如此，亦不足以轉風氣而勵人才。

今日已如滿盤死棋，惟留一劫，眼見得前面只賸一條路。今日只貴能艱苦卓絕，紮硬寨，打死仗，更不貴有其他活動。今日只貴有不可踰越之廉隅，不可侵犯之節操，更不貴輕薄與圓滑。今日只是一個嚴肅的場面，擺不上漂亮的裝飾。必如此，而後有剛大之氣。亦必如此，而後有堅貞之守。非剛大堅貞，亦無以勝抗戰建國之重任。

而此種人才之造成，其本雖在於學校之教導，而其機實操於社會之風尚。其為效之速，尚有超乎學校之上者。而此種新風氣之薰染、轉移、與完成，發動之在上，較易而較速；發動之在下，較難而較緩。湘鄉曾氏所謂「一命以上皆與有責」，則自更不得不切望之處高明之地者。

風俗頹敝極矣，頗聞憂時之士，有主法家循名責實之論者。循名責實非不佳，然只恐還是消極的懲塞，還不是積極的鼓舞與興發。與其慕效張江陵，請仍師法曾湘鄉。

（民國三十一年一月七日刊載重慶大公報）

# 一八　病與艾

我幼年曾受一段私塾教育。當時讀了論語讀孟子，讀到滕文公章句上，我的私塾生活遽爾中止。孟子便沒有讀完。後來不記在那一年的冬天，忽然立意要將孟子通體讀過一遍，於是揀定了陰曆開歲的大年初一，我把自己反鎖在一間空屋裡，自限一天讀完一篇。第一個上午便讀梁惠王章句上，讀到能通體背誦為止。然後自己開鎖出門吃午飯。下午則讀梁惠王章句下，到能通體背誦，再開門吃晚飯。如是七天，直到新年初七之晚餐，我的一段心事始告完畢。

這大概是廿餘年前的事了。但我每逢新年，往往回憶到那七天。雖則在陽曆的新年，我也會時時連帶想到這件事。今年的陽曆新年，我依然照例想到了此事。只是以前所能通體背誦的，現在已通體忘卻，只記得有那麼一會事，又常零碎的記起七篇裡的幾許話。

我常覺得孟子有一些極耐人尋味的話，我時常會記憶起。我此刻則忽然的記起了如下的幾句。孟子說：

七年之病，求三年之艾。苟為不畜，終身不得。

這是一般設想的譬喻。他的大意是說，一個人已犯了七年的病，而他的病卻非儲藏到三年之久的艾，不能灸治。但是問題便在這裡。儻使此人事前並沒有蓄藏三年之久的艾，我想他那時不出三個辦法。一是不惜重價訪求別人家藏三年之艾的，懇求出讓。但是此層未必靠得住。一則不一定有人藏，二則藏的不一定肯讓，三則或許要價過高，我不一定能到手。第二個辦法是自己從今藏起，留待三年再用。可是他病倒在床已有七年之久，從今藏起尚待三年，這三年內，病況是否可待，還是沒把握。第三辦法是捨卻艾灸，姑試他種治療，但是更無把握，而且醫藥雜投，或許轉促其死。明知三年之艾定可療此病，只是已是七年之病而更要耐心守三年。

我時時想起這一段譬喻。我想那病人該悔到以前沒有預藏此艾，現在開始藏蓄，雖知有十分可靠的希望，但是遙遙的三年，亦足使他惶惑疑懼，或許竟在此三年中死去。我好如此設想那病人心理的變化。

我想一大部分病人，似乎走第三條路的多些，走第一條的亦有，決意走第二條的要算最少。因為那七年病後的再來三年，實在精神上難於支持。然而孟子卻堅決的說，「苟為不畜，終身不得」。他的意思，似乎勸人不管三年內死活，且藏再說。我不由得不佩服孟子的堅決。

但是我現在想到這幾句話的興味，卻不在那病人一邊。我忽想假使那艾草亦有理智，亦有感情，它一定亦有一番難排布。我如此設想：倘使艾亦有知，坐看那人病已七年，後事難保，儻使艾亦有情，對此病人不甘旁觀。在理智上論，他應按捺下心耐過三年，那時他對此病人便有力救療。但是萬一此病人在三年內死了，豈不遺憾終天。在情感上論，那艾自願立刻獻身，去供病人之用。但理智上明明告訴它，不到三年之久，它是全無效力的。我想那病人的時刻變化，那艾的心理亦該時刻難安罷！

因此我忽而想到時局問題，想到目下大家說的一句「爭取時間」的口號。我想那病人與那艾亦正在「爭取時間」，只與我們所說的爭取時間，略有些差別。我們說的爭取時間，似乎專指在戰場上與敵人相持間的爭取時間，而我卻因孟子的話，想到後方的人亦各該有他們的爭取時間，而尤其令我想到那艾。照孟子的話，三年之艾似乎與二年零十一個月的艾性質功能絕然有不同。艾該自藏到三年，但因那病人的狀況，卻使它總想姑一試之，感情上總有另一個希望在搖動它。今設此病人萬一待到兩年零十一個月而姑試用此艾，結果藥性不到，仍無功驗，那又非從頭再蓄三年之艾不可，而他的病卻要等到十二年以上，豈不更焦急？

這是一件怪動人情感的事。我不知別人是否如此想。病是十分危篤了。百草千方胡亂投，那艾卻閒閒在一旁，要在此焦急中耐過此三年。艾乎艾乎！我想艾而有知，艾而有情，確是一件夠緊張亦夠沉悶的事。

廿餘年前七天裡背誦過的孟子，全都忘了。適在新年偶憶前塵，胡亂想到的只要關於孟子，自己仍覺得有趣。實在有趣的應該是在廿年之前吧。姑爾寫出，或許世眞有艾，同情此意。

（民國二十八年一月昆明今日評論）

# 一九　過渡與開創

歷史上的事情，往往有在當時極不易明瞭，過些時則極易看出。一個老的時代過去了，一個新的時代來臨。但是那個新時代，是一個開創的時代呢，還是一個過渡的時代？這是我們所渴欲知道，而一時卻不易遽知的。

何謂「開創時代」？這是説即此已是新時代之開始。譬如建築，目下雖則是縱橫瓦礫，上無蓋，旁無靠，但是將來的美輪美奐，便在這個基礎上，便從這時開始。這已是我們將來成家安身的所在。

何謂「過渡時代」？這是説，舊的雖已去，新的還未來，這只是中間一個過渡，在這裡還停留不得你的腳步，安頓不下你的心神。譬如行旅，中江而渡，叩舷長嘯，擊楫高歌，未嘗不是一時之雅興，然而前途茫茫，稅駕之所，並不在此。

這似乎是極易辨的事，然而並不易。因為當你走下渡船的時候，未嘗不是一個小歇腳，未嘗不足以使你暫時舒暢，你或許會妄認以為是歸宿之所了。當你見到縱橫瓦礫，一片雜亂的時候，儘可使你坐立不安，望望然而去之。

舊的時代，大家知道是過去了，但是我們的新時代，不知是在過渡中呢？還是在開創中？此雖不易辨，但卻又不可不辨。

過渡決不是了局，不能常此過渡，我們該早登彼岸，急奔前程。開創卻又不是急切可了的，我們得耐煩，得忍勞，得死守，得苦幹。換言之，過渡是一個不可久的局面，要我們另尋道路。開創是一個不可捨的局面，要我們繼續努力。

大唐的沒落，朱全忠、李存勗、石敬瑭一流人，個個都以為自己是在開創，只有高臥華山的陳摶祖師，心裡明白不是這麼一會事。這些歷史上的例，現在不用多説。

或以為歷史只是一個前進，開創亦還是過渡，過渡亦算是開創，任何一個局面不得久長，任何一個局面亦不該抹殺，這是一種盲目的瞎闖主義，我們應該略加以糾正。

請舉最近事例説之！大者如洪憲稱帝，若使袁世凱早知道這是一個不可久的局面，決不能成為開創的事業，當時的袁世凱自然知道放棄此項夢想。小者如蘆溝事變以前之南京各項新建築。若使當時深切知道國難嚴重，不久可能有焦土抗戰之發生，當時的各項建築，亦必稍稍改變計劃。難道我們對於我們的前途，不該有一些先見嗎？

然而難問題依然存在。人人自以為有先見，你説這只是一種過渡，我説這定是一個開創，這又誰是誰非呢？能不能從歷史經驗裡籀出一個公例，如何樣的是過渡時代之象徵，如何樣的才算是開創時代之表記？

讓我們把過渡與開創之分別，再說得明白些。

歷史上的事業，並不是一手一足之烈在短期內所能完成。因此一新事業之創興，必然需得同時（當然只有多數而非全體）乃至將來（當然非無限止的將來）人的擁護與繼續，而後此項事業始有完成之望，我只為此事業開其端。這便是所謂開創。若使我的事業，得不到將來乃至同時人的繼續與擁護，則我雖一時在此幹此一事業，撐此一局面，不久將為別人所推翻與取消。則我之此項事業與局面，不過為將來別一事業與局面之一種過渡。用成語說之，開創是創業垂統為可繼，過渡則可以說是傀焉不可終日。

過渡復過渡，便成混亂。開創復開創，乃為建設。這裡邊的機括，似乎權不在我而在別人。其實不盡然。只要我的事業和局面，多少為著別人，為著將來，則別人和將來，自來擁護與繼續。只要我的事業和局面，全是為著目下和自己，則將來和別人，自來推翻與取消。

這樣，我們已為開創與過渡尋得一個辨別標準。這一個標準，不必依賴所謂先見，只要當事者一種深切的反省。只要一個時代（自然只指多數，非全體），都經得起這個反省的，這是一個開創的時代。經不起這一個反省的，只還是一個過渡，說不上開創。

難道歷史上的所論開創時期，那時的人，都是為著別人，為著將來，經得起這個偉大的反省嗎？這又不然。浩浩長途，疲於津梁。過渡復過渡，了無休息，經過了長期的變動和翻覆，那時的人，固然並無閒心力為別人為將來打算，乃至吃盡酸楚，生不如死，甚至不願為自己為目前營謀，此所謂動極思靜，亂極思治，雖不在開創中，卻亦不在過渡中。詩云，「民亦勞止，汔可小休。」在長期的過渡之後，要走上開創的路，必然有此一番小休，而人便把這一番小休亦算是開創。但眞正的開創，則無不合乎我上述的標準。

如此，我們又可為開創與過渡尋得第二個辨別的標準。茫茫然的前進，大體還是在過渡的行程中，而肅然停止下來，反而常是開創之朕兆。這一個標準，卻不必反省，而可用來從旁面作觀察。政治的規模，學術的風尚，乃至社會的種種，都有一個開創與過渡之辨。目下大家正高呼著前進，大家以為新時代已來到，但是我要請大家各自觀察，各自反省我們的時代，究還是在開創中，抑還是在過渡中？

（民國二十八年四月昆明益世報星期評論）

# 二〇 現狀與趨勢

覘國論世者，必於兩種事態當辨。一曰「現狀」，一曰「趨勢」。趨勢卽在現狀之中，而其變可以超出現狀之外。就現狀論，康熙時代遠不如乾隆。就趨勢論，則康熙時代一般的在上進，而乾隆時代一般的在下降。故從康熙造出清室之全盛，從乾隆造出清室之中衰。大業之與貞觀亦然。高昌王麴文泰於貞觀時入朝，見沿途城邑邱墟，民物蕭條，大悔，謂中國已遠不如有隋之盛，自此可不復往。然不久唐兵入高昌。麴文泰蓋僅知觀「現狀」昧於察「趨勢」也。

甲午以前之中國與日本，就現狀論，則中國強而日本弱。就趨勢論，則日本方蒸蒸日上，而中國則諸病百出。甲午以後迄於最近，就現狀論，日本如日中天，而中國則每下愈況。就趨勢論，則日本如「五一五」、「二二六」事件之繼續迭起，正可說明內裡衰象之暴露。而中國如淞滬抗戰，長城抗戰，百靈廟出擊，以至西安事變之消弭，正可說明中國之民氣與敵愾，乃至國家漸漸走上統一之途，正足為未來中國一線光明之朕兆。日本軍閥，似乎亦知道這一點，汲汲乎乘其欲衰未衰之氣，來摧殘中國方興未興之運。中日戰爭卽在此種狀態下開始。

抗戰以來，頗聞人時時談及南京、漢口、重慶之政象，酣歌恒舞，紙醉金迷者，依然不乏其人。從前方絡續逃避後方者，見後方政事之洩沓，官場空氣之委靡不振作，無不嗟慨不已。其實此無足怪。中國政局之腐敗，由來已久。此卽中國目前現狀之一。若中國早有清明奮發之政府，則中國現狀早已改觀，中日戰事或根本可以不起。卽起，亦不致如今日之景況。若知中國政局本是如此，則無所用其嗟慨也。

前方繼續淪陷，後方繼續繁榮。或者觀於重慶、昆明諸城市之新景象，如汽車之奔馳，酒館戲園電影場之熱鬧，妖形冶容奇裝異服之蜂擁而來，又不禁生其憤悶，不知此亦無用憤悶，此亦卽中國目前現狀之一。中國中上階層，自海通以還，沾染似是而非之西化，沉溺於物質的享受，迷途日遠，早已與國內一般勞苦民眾的生活，隔絕如兩世界。內地則貧苦益貧苦，沿海通商都市則奢侈益奢侈。一旦此輩轉來內地，集平、津、京、滬之氣派，與內地之貧苦境界相映對，自然刺眼。然當知避難而來者，皆已流離失所，若就原來平、津、京、滬之生活而論，早已打盡折扣，有不堪回首之想矣。

不僅避難民眾，源源奔集於後方，而國內各地大中等學校，全國智識界最高學府以及學術界之名士，及多數之青年學子，亦鱗萃霧集於緊狹之一角。學術界之虛偽不誠，輕浮不實，脆弱無力，浮泛無根，亦漸漸為人所不滿。然此亦數十年來所謂新教育之本色。當知上述中國政局及中上等社會之形形色色，大半固受過新教育之洗禮。今日之統治者，以及社會中上階級領袖分子，智識階級，本是一鑪所冶，為造成目前現狀之主要部分，則抗戰時期教育之不過如此，亦無足怪。

然吾儕苟肯轉移目光，從後方而注意到前線，則自然有不同的景象。當知欲預測新中國之趨勢者，乃在彼不在此。兩年來前線將士之一致抗戰，以劣等的武裝，刻苦的給養，當優勢之敵軍，前仆後繼，有敗無潰，愈挫愈強。正當敵鋒者不斷向前，淪陷敵後者轉為游擊。大隊士兵之艱苦抗戰，配備之以廣大的農村民眾，以及全國多數智識青年之服務於前方者，支撐著一個最緊張最險惡的局面。此則承接淞滬抗戰、長城抗戰、百靈廟出擊、西安事變以來之一種民氣與國愾之繼續高漲，自與後方之政象，都市生活，以及學校空氣為截然不同之兩種姿態焉。

然而評衡時局者，固不必偏重於後方之情形而悲觀，亦不能偏重於前方之情形而樂觀。當知一片廣大的天空，同時不能長容冷熱兩種不同空氣之並存。同一國家社會之下，亦不許長有兩種絕不同的環境之對立。抗戰將及兩年，中國的新趨勢固是愈來愈顯，而中國之舊現狀，卻亦以愈向後方集中及愈與前線對比，而亦益顯其真面目。如是則使中國之抗戰局面非但一時不能呵成一氣，而轉若有將繼續蛻變而成兩個極端之狀態。

此種兩個狀態之對立，對於抗戰前途，亦有其必然之趨勢。試分三步言之。一則苟此種狀態繼續存在，又繼續加深加顯，則將使抗戰前途愈趨艱險，抗戰勝利愈益展緩，一也。一日抗戰告終，前後方之界限終必消滅，此時則如兩邊冷熱空氣之忽然對流，勢必醞釀出一番風雨，二也。而此番風雨之為祥風甘雨，抑為橫風暴雨，則尚在不可知之數。何者，若使雙方冷熱度相差過甚，則一旦風雨驟起，其勢必暴，或且結為沈陰，凝為雹霜，如是則風雨之後，沍寒不解，淒陰益厲。百陽憔悴，溫和閉藏。此則詢之鄉愚老農，莫不知者。惟少與自然界接觸者，乃見謂天意之難測耳。

目前中國之現狀與現趨，具如上述，皆甚明白。惟有一端難言者，即現狀乃目前之實相，而趨勢則夾有將來之傾向。目前易知，將來難測。要之既有此趨勢，則必向此方面進行，此則雖有大力，莫之能遏。因此前方空氣雖嚴寒艱苦，而後方溫暖懷抱中仍不絕有投向前方者，此即我所謂現狀下之一種趨勢也。惟趨勢終是趨勢，而現狀則仍為現狀。至於代表現狀之後方，如何能不斷送其暖氣以向前線，使我所謂冷熱兩種境界，早能調和，呵成一氣。使前方不致過冷，後方不致悶熱。則天氣驟變，前述諸候未必可見。此則雖熟於觀風望氣之老農，在天空未有朕兆之前，亦殊難有把握之預料。故在現狀中斷定趨勢，終不免為一種無準則之空論。如是則高昌王之見解，亦未可深笑；而日本人之兇暴，亦自有彼方之一種看法也。

余以一江浙人，避死來昆明，雖在暑中，殊不覺悶熱，天際凉風，時時來襲，心快神怡，因此長江下游夏間常遇之暴風陣雨，此間乃少見，特在意想中有之。讀此文者，不知與有同感否？

（民國二十八年七月二日雲南民國日報星期論文）

# 下卷

## 一 改革大學制度議

### 一

今日大學教育有一至要之任務，厥為「政術」與「學術」之聯繫。抗戰期間，後方政治之重要，不亞於前線之軍事，其理盡人所知。而抗戰結束以後，百孔千瘡，萬端待理，政治事業之重要與其艱鉅，更將十百倍於今日。而政治事業之推動與支持，則首賴於「人才」。人才之培養，緊惟大學教育之責。抑政治事業，就廣義言之，不僅於居官從政。社會各方面各部門種種事業之推動支持，均有賴於適當之人才。亦必俟社會各方面各部門事業均有適當人才為之推動支持，而後其政治乃有基礎可以發皇。在朝在野，相得益彰。此項社會各色中堅領袖人才之培養，亦惟大學教育之責。而不幸吾國最近二十年間大學教育之精神，似未注意於此。

吾國最近二十年間大學教育所注意之點，舉要言之，約有三端。一曰校舍之建築，二曰圖書儀器以及衛生體育種種物質上之設備。三曰院系之展擴，教師之羅致，以及課程之增新。

首言建築。舉其著者，北自北平清華，南至廣州中大，東自首都中央大學，中越武漢，西至成都川大，其輪焉奐焉，門牆之美富，宮室之壯麗，彰彰在人耳目，此不得不認為是吾國最近大學教育精神貫注之一端。然與艱難興邦，堅苦卓絕，實事求是之旨，則不能相符。居移氣，養移體，而今日國家社會所需之人才，則在彼不在此。

次言設備。其一部分圖書儀器之購置，與第三項相關，又一部分則屬於生活起居上之講究，與第一項相關。若大學校舍之建築，稍能因陋就簡，不事舖張，則內部設備，亦自大可省削。

第三項當為大學教育最高目的所在。然僅僅注重於智識之傳授，無當於人格之鍛鍊品性之陶冶，識者譏之，謂此乃一種智識之裨販。大學譬如百貨商店，講堂則其叫賣衒鬻之所。抑就鄙見論之，即謂大學教育最高任務惟在智識之傳授，而今日國內大學之院系析置，課程編配，亦大有可資商榷者。夫學術本無界劃，智識貴能會通。今使二十左右之青年，初入大學，茫無準則，先從事各人之選科。若者習文學，若者習歷史，若者習哲學，若者習政治、經濟、教育。各築垣牆，自為疆境。學者不察，以謂治文學者可以不修歷史；治歷史者可以不知哲學；治哲學者可以不問政治。如此以往，在彼自以為專門之絕業，而在世則實增一不通之愚人。而國家社會各色各門中堅領袖人物，則仍當於曾受大學教育之學者中求之。生心害事，以各不相通之人物，而相互從事於國家社會共通之事業，幾乎而不見其日趨於矛盾衝突，分崩離析，而永無相與以有成之日。

再進而一究各院各系課程之編配，則其細已甚。更有甚者，國難以前，國內最負時譽之大學，莫不競務於院系之析置，教授之羅聘，以及課程之繁列。一學系教授往往至七八人，課目往往至一二十門。而此等課目，則皆此等教授之專門絕業。二十左右之青年，初入大學，茫無準則，於選科之外，又繼之以選課。治文學者，或治甲骨鐘鼎，或治音韻小學，或治傳奇戲劇，或治文藝創作，亦復各築垣牆，自為疆境。其於文學之大體，則茫然也。其他治歷史哲學以往者，亦復爾爾。近人有譏中國教育為一種循環教育者，其意謂受教育者無當於國家社會之用，僅能循環不息，仍以其受教者教人。此亦淺言之耳。今日一大學國文系畢業之學生，即深感不能擔負中學國文教員之重任。何者，彼之所治，乃專門絕業，如甲骨、鐘鼎、音韻、小學、傳奇、戲曲、文藝創作之類，皆非中學國文課所需。中學國文課所需者，乃一略通本國文字文學大義之人才，而今日大學教育，即絕不注意及此。今日大學課程之趨勢，愈分而愈細，如俗所云鑽進牛角尖，雖欲循環，而不可得。

## 二

概括言之，今日國家社會所需者，「通人」尤重於專家。而今日大學教育之智識傳授，則只望人為專家，而不望人為通人。夫「通方」之與「專門」，為智識之兩途，本難軒輊。吾國今日大學制度之淵源，襲自歐美。讀吾文者，必將以歐美大學制度為護符而生抗議。然歐美政治社會與中國未能盡同。必俟社會政治各色各部皆有中堅領導人才推動支持，撐得一局面，粗粗安定，粗粗像樣，而後專家絕業乃得憑藉而發抒。歐美社會政治各方面比較已有一粗粗安定像樣之局面，而中國則否。故中國大學教育所當著意植培之人才，自當與歐美稍異其趣。且就學術而論學術，一門學術之發皇滋長，固貴有專家，而尤貴有大師。大師者，仍是通方之學，超乎各部專門之上而會通其全部之大義者是也。一部門學術之有大師，如綱之在綱，裘之有領，一提挈而全體舉。今歐美著名大學之講座，此等大師，往往有之。而中國晚近學術，一切稗販自歐美，傳其專業較易，瞭其通識則難。故今日國內負時譽之大學，其擁皋比而登上座者，乃不幸通識少而專業多。如此則將使學者不見天地之大，古今之全體，而道術將為天下裂。昔者莊生之所怖，行且再見於今日。況歐美分系分科之制度，亦已漸為彼中有識者所不滿，而國內最近大學課程之變本加厲，則尚有非歐美之所能企及者乎。物極必反，窮則思變。其細已甚，不可為繼。此今日大學課程之謂矣。

論者率謂大學教育，不當偏重智識之傳授，即同時應注意及於學者人格之鍛鍊，品性之陶冶，於是而有導師制度之倡議。然就鄙見所及，則今日教育部所欲積極推行之導師制，乃與現行大學教育根本精神扞格不相融。若僅求於現行大學制度中硬插進一導師制度，正如於現行全部大學課程中硬插進一門黨義與一門軍事訓練耳。上下相蒙，視為具文，固無不可。眞欲求其收相當之效果，則非徒絕不可得，抑且必得其正相反者。

## 三

私意以為現行大學制度，實有根本改革之必要。而改革大綱不外兩端：

一、縮小規模。

二、擴大課程。

請先言縮小規模。竊謂將來之新大學，應以單獨學院為原則。其主幹曰文哲學院、理工學院，其他如農學院、礦學院、森林、畜牧、紡織、漁業等諸學院，不妨各就需要，擇地設立。其年限不妨較文哲理工學院稍短。惟法律學院與醫學院，應以畢業文哲理工學院或肄業二年以上者入之，與他學院不平行。每一學院之學生數，以二百人至四百人為限，最多不得超過五百人。

次言擴大課程。竊謂每一學院之課程，應以共同必修為原則，而以選課分修副之，更不必再為學系之分列。以文哲學院言，其課目應包括現有文學、歷史、哲學、政治、經濟、教育等各系之主要課目，而設立略通大義之學程。如中外名著研讀、中國文學史、中西通史及文化大綱、中外人文地理、中西聖哲思想綱要、政治學經濟學大綱、教育哲學及教育方法等。並應兼習科學常識，如天文、地質、生物、心理學各門之與文哲學科相關較切者。此項共通必修之學程，應佔大學全學程二分之一以上。學者於研習此項共通必修學程之外，同時亦得各就性近，分習選科。此項選科之開設，一方就各學院所聘教授學業之專長，一方亦兼顧各學科之重要部分，為學者開示塗轍。各學科之課程不必求備，各學者之選習，亦不必求專。要之大學教育之所造就，當先求其為通人而後始及於專家。而細碎無當大體之學程，則尤以少設為是。

關於理工方面，筆者一無所知，不敢妄有所述。惟嘗詢之於理工方面之通人及有志青年，亦多病今日學校開設學科之細碎，與夫基本智識之不夠。則其受病，蓋亦與文哲方面略似。竊謂亦當如文哲學院辦法，理工合院，不更分系，多授基本通識，而於本國通史及中西聖哲思想綱要二科，亦必兼治，以藥偏枯之病。

然必有為今日造就專家教育辯護者，其論點計必舉實用主義為依歸。惟卽就實用言，通人達才之在今日，其為用尤急於專家絕業。十數年來，學者爭以文科為無用，而竭力提倡理科。彼不知一國社會、教育、政治、經濟各方面苟無辦法，則其自然科學亦絕難栽根立腳，有蒸蒸日上之望。今自抗戰以來，學風之變，激而愈遠。投考理學院之學生，羣然轉嚮而考工學院。試問理學院無基礎，工學院前途何在？若就文法學院論，則哲學系早有關門之勢，最近文學系亦漸漸有追隨哲學系而閉歇之傾向。稍次為歷史系，較盛者為政治系，尤盛者為經濟系。試問一國之政治不上軌道，經濟豈能獨榮。亦未有其國人全昧於已往之歷史，而政治可以有辦法者。亦未有其人絕不通文學哲學，而可以通史學者。僅以實用主義談教育，必使學者專務於謀出路，尋職業，自私自利，祗圖溫飽。而整個教育精神，亦必陷於急功而近利，捨本而逐末。嘗發狂論，謂學者競捨理學院入工學院，更不如離棄大學而入汽車行之為愈。教育精神自有其大者遠者，此則惟通才達識者知之，擅一材一藝以絕業名專門者，往往不知也。

若就鄙見所及，創立不分系之學院制，其學成而去者，雖不能以專門名家，然其胸襟必較寬濶，其識趣必較淵博。其治學之精神，必較活潑而眞摯。文學、哲學、歷史、政治、經濟、教育各面之智識，交灌互輸，以專門名家之眼光視之，雖若濫雜而不精，博學而無可成名，然正可由是而使學者進窺學問之本原，人事之繁賾，眞理之奧衍，足以激動其眞情，啓發其明智。較之僅向一角一邊，汲汲然謀學成業就，有以自表見者，試問由其精神影響其事業，其為用於國家社會者孰大？必學術丕變，而後人才蔚起。上述國家社會各色各門之中堅領袖人才，可以推動支持一種事業，撐成一種局面者，殆將於此求之也。其有刻意潛精，願畢生靖獻於一種專門學術之研究者，則於普通學院之上復設研究院，以資深造。

若論人格之鍛鍊，品性之陶冶，此亦學業進行中應有之一項目。苟治學為人，可以絕然分為兩事，則其學之與其人，亦居可見。依鄙論，大學有教授，即不必再有導師。若大學教育能有造就通才之師資，則其人格之鍛鍊與夫品性之陶冶，亦已一以貫之矣。更不必騎驢而覓驢，叠牀而架屋也。誠使將來之大學，變為不分系别之獨立學院，其校長與教務長對於全校四五百學生之生活與性情，必能熟悉無遺。因材施教，始有可能。而全校教授，最多亦不致超出二三十人之數，可由校長教務長斟酌盡善而加聘請。其學術行誼，精神意氣之相投，較之今日一大學文法理工學院教授百許人相集合，牟然各不相認識，各不相聞問者，亦必判然有間。學者耳濡目染，較有軌轍可尋。教授之於學生，縱不能一一全識，亦必認得其十分之六七。（以不分系故）而學生之於教師，則大抵皆可全識，不致路途相遇，掉臂而過之。（以不分院故）所謂如家人父子然，以人格相感化者，不必在上者之提倡，而自有其境界。不然，如今日者，全校三四院，每院六七系。教授一二百，學生數千人。為校長者，能以權詐術數維持學校不鬧風潮不罷課，已為幸事。學生如入五都之市，目迷五色，耳亂七音。教授之來也，如一漚之漂浪於大海，雖有深願，莫知所施。非專門絕業，不足以撑門面。非標新立異，不足以聳觀聽。學風之弊壞既極，更何論於人格之鍛鍊，與品性之陶冶。

## 四

近人亦有目覩大學教育之弊病，而不能洞察其癥結所在，遂提倡恢復宋明書院舊統者。然書院亦已陳之芻狗，非如海上靈方，百病皆效也。竊謂昔日書院舊制，雖有其特點，而近代大學制度，至少有勝於書院制者兩端。一為講堂授課制。原原本本，首尾條貫，表裏精粗，無所不到。昔人云：「聽君一夕話，勝讀十年書。」竊謂今之講堂制，苟遇良師，則一年授課，實勝如十年之勤讀也。二曰課目分授制。各就專長，分門別類，兼收廣蓄，不名一師，實足以恢張智慧，開拓心胸。較之煖煖姝姝於一先生之言者，相去又不可以道里計。書院制所特勝於現行大學者，在其規模之狹小，師生有親切之味，羣居無叫囂之習。若如鄙論，將來新大學以單設獨立學院為原則，則庶兼二者之長，而無二者之缺爾。

今國難方殷，大學教育之缺陷，方更彰著。昔日各大學之建築設備，大多化為瓦礫，蕩為灰燼。學校於播遷流離之餘，亦莫不因陋而就簡。學課之其細已甚者，漸不足以饜學者之望。教者亦苦於窮搜掇摘之無所施其技，而幾於倚席不講。因勢利導，庶其在是。竊謂來日之大學，貴乎艱苦卓絕，而不貴乎舖張揚厲。貴乎實事求是，而不貴乎粉飾門面。貴乎澹泊寧定，而不貴乎熱鬧活動。規模不厭其小，而課程務求其大。所以作人才而培邦本者，其影響於建國前途實非細尠。粗發鄙愚，竊願邦人君子一商討之。

（民國二十九年十二月一日重慶大公報星期論文）

# 二　理想的大學

## 一

將論理想的大學，必先及於大學教育之意義與使命。大學繼小學中學而來，乃整個教育之一階段，而特為其最後最高之階段。大學教育本應偏於人人。今縱不能遽然，而大學教育乃暫為社會最優秀或最幸運者所獨占。然論大學教育之使命與意義，則固不能脫離整個教育而獨立。

或謂教育卽人生，然反而言之，人生卽教育，又何須更於人生中別有教育。故知人生的教育與教育的人生其事自別。人生的教育，特於現實人生中自得經驗，自得教訓。而教育的人生，則貴在人生經驗中籀其最普通而最根本者，又最緊要而最精采者，授之人人，使其明白接受，而又繼續發展以求理想之更可能的進步之一種事業。故教育誠卽是人生，而當為人生中之最普通最根本又最緊要最精采之一過程。教育事業，在本已往人生之現實經驗，而培育將來人生的理想之進步。故教育必包括兩事：

一、經驗。

二、理想。

大學教育，乃為結集人生最高經驗，蘄嚮人生最高理想之一種事業。

## 二

惜乎今之大學教育，則違此目的尚遠。姑舉今日一般大學青年之意志與趨嚮，即其所想望與希求於大學者而言。今日大學青年之想望與希求於大學者，約而言之，不外兩端。一曰職業，一曰智識。求職業者，如應考工、農、商、礦各學院者皆是。外此則大率為求智識者。職業與智識，其事非不相通，求職業必待於修習相當之智識。然投考工農學院之青年，其第一目的在謀職業，而關於工農本身之智識屬其次，故曰其意在求職業。其他學科與職業頗無顯著直接之關係，如投考文學院修習歷史與哲學，此固不與職業直接相關，特彼輩以為苟具相當智識，則職業自可相因而獲，牽連而致。故其事雖相通，而不害謂此輩之意在求智識。

職業與智識，亦為人生中一事，然殊包不盡人生，抑且非人生之普遍與根本者，且亦非人生之緊要與精采處。何以言之？自昔以來，職業與智識，即為人生所追求，然其間自有分歧。平民與貧者，其志多在謀職業，而貴族與富人，則其志多在獲取智識。自富有者視之，職業似不如智識之重要；而在貧乏者之心目中，則智識亦每不如職業之可貴。故此二者，易地互觀，皆不見有普遍之重要性，而實有一共通相似之點，即縱此二者之所趨，則必日陷於狹窄之境，此即今日之所謂專門化。

何以求職業必趨於專門化？緣人事日尚分工，必專精一技，乃可期於熟練而達於最高之效率。故志求職業，則為外界條件所限，自必趨於專門。見異思遷，必遭失敗，此事盡人易曉，不煩多論。

何以求智識者亦必趨於專門化？是則稍當申説。夫求知者必懸兩境以為趨赴。一曰在我則為無所不知，二則在人則為一無所知，而後可以盡其求知之能事。否則在己即多所不知，而在外又盡人共知，此則不足以為我有知。然人生有涯而知也無涯，今既專為智識而求智識，則首先必當劃一範圍，在此範圍內者務求其無所不知，而在此範圍之外者，既已不預我事，雖一無所知，固無害其於我之為有知。而此範圍，就理想言之，又必求其在先尚不為人知者，而後在我之無所不知，又在人為一無所知，庶可以充足表示其我有知之能事。否則盡人共知者，何得獨曰我有知。故知求智識亦必趨於專門化，而此專門化者又當時時在變動中，實則其事固與求職業者蹊徑相似，意態亦相肖。

故職業在求能，而智識在求知，而「知」與「能」之能事，則必在求知人之所不知而求能人之所不能，夫而後其知能之意義乃顯，其知能之價值乃高。故其求知與能之路向與目標，先則求其專，繼則求其新、求其異，求其能出奇而制勝。否則我之所知，既為盡人所共知；我之所能，又為盡人所俱能，此其知能之懸價必不高。以經濟學上供求相劑之理繩之，一逮其事為人人所俱知而俱能，其知能價值必落，則人之求職業與求智識者，亦必望望然而去之。

故曰果為職業、智識而求教育，則此種教育必常在轉移動搖之中，而受教育者亦必陷於徘徊惶惑之境。緣教育自身卽前後相敵對，今昔相牴觸。今日所風行者，在昔必較不為人所注意，而在後又必為人人之所不顧而去者。凡今日之教育所提倡，必先為昨日之教育所忽視，又必為後日之教育所鄙棄。此種教育，極而言之，最高可能只成其為人生的教育而已，而非所論於教育的人生。

人生的教育只為現實的，自然推移，與時俱遷。而教育的人生則為理想的，承先啓後，確然有嚮。兩者相較，其事斷然不同。而大學教育之意義與使命，則亦斷然宜在後者而不在前者。

## 三

且職業與知識，其事俱受外界的支配。社會如一大機器，而人生則僅當於機器中一零件。孰為鍋鑪，孰為螺旋，方其入學應試認選課程之時，大體早已決定。鍋鑪有銷路，則人盡求為鍋鑪；螺旋偶缺乏，則人又競為螺旋。如此而已。人人自以為有自由挑選之權，而實人人為外界條件所推排，為外界環境所限制。

若論智識，則譬之一大字典，孰為水部，孰為木部，亦各自於入學應試認選課程時大體定之。今設有一人焉，盡識木旁之字，而不識水旁字，此尚得為識字人否？又有一人，則盡識水旁字，而不識木旁字，此又得為識字人否？今日之大學教育，方求一人專識木旁字，一人專識水旁字。入學選科者，一旦認定為木旁或水旁，則終身以之，義不反顧矣。此等識字人，試問於其自身有何意義？然在主持此等教育者，則謂集合許多此等識專門字之人，則成為一活的大字典矣。故此等識專門字之人，亦僅如一機械，一零件。其自身只成為一物一工具，以待社會之應用之而已。

就此點言，智識教育與職業教育復有異途同歸之致。極二者之所趨，則必將成為機械的、格套的、部門的、死板的，不自由、不圓活，人人僅能供社會之用，而不能用社會。

然社會何物，實是一空洞的時風眾勢而已。社會正需有指導，正需有駕御。社會正待為人所用，而後此社會乃能隨時改進，蒸蒸日上。若僅以人供社會之用，則誰復為用社會者？此社會必漸感空虛，漸成頑固。此社會亦惟有漸趨墮落與崩潰，而至此則人生亦失其憑依。人之為人，將求為一物一工具而不可得。教育之意義與使命，果在此乎？

# 四

今若根據人生最高經驗，期求人生最高理想，則顯然不當僅僅於謀職業求智識而止。就此理論而談大學教育，則必應著重於下列之諸科程。

一、須研求人生最高理論，此屬哲學與宗教。
二、須欣賞人生最高境界，此屬文學與藝術。
三、須明瞭宇宙來源，此屬天文與地質。
四、須認識生命眞情，此屬生物與心理。
五、須博通已往人事經驗，此屬歷史與地理。
六、須兼知四圍物質功能，此屬數理與化學。

凡屬人生經驗之最普遍而根本者，又其最緊要而精采者，必當從此認取，而人生可能之理想與進步，亦必從此培育。人生由此流出者，將為「智慧」與「事業」，而非智識與職業。智慧與智識異；事業與職業異。前者乃屬眞人生，而後者則嚴格言之，不得謂之人生，只是人生經歷中所凝成所僵化之一種格套與局面。人生當為活的、自由的、進取的，而此種格套與局面則為死的、限制的、保守的。前者可以謂之屬於人生中之性情部分，後者則只是人生中之命運部分而已。性情本之內發，故曰眞人生。命運成於外爍，故不得謂眞人生。

教育所重，應屬前者，卽人之智慧與事業部分；而非後者，卽人之智識與職業部分。而大學教育乃教育之最後最高階段，則尤應注重於此。此乃人生經驗中之最普遍而最基本者，亦卽人生經驗中之最精采與最緊要者，實應盡人而習之，盡人而曉之，而尤貴其能繼續研求繼續闡發。此等教育，實應為一種致廣大而極悠久之努力，決不如職業教育與智識教育之與時推遷，常在變動搖移中。

## 五

若如上論，則理想中之大學校，實應以略相當於今日之所謂文理學院者為主幹為中心。其次不妨有各種有關於職業之專門學院以為之輔。而職業學院又當分為兩類。一者為對物的，一則為對人的。前者如工、農、商、礦、漁、牧諸學院，後者則如政治、法律、教育、醫學諸學院。當知後者之為業，其性質與影響，與前者絕不同。就前業者，僅使其人等於一機械一工具，有時亦可勝任而愉快。就後業者，決非機械與工具之所能勝其任，抑且其為弊害有不可勝言者。故以急切近利之眼光論之，第一種職業學院，不妨暫使其與大學主幹卽文理學院相平行，而第二種職業學院，務必以超乎大學主幹卽文理普通學院之上為原則。換言之，卽非已畢業於大學普通文理學院者，卽不得入第二種職業學院肄業。其各部門專門智識之研求，亦當列於大學普通文理學院之後。今試列表明之。

一、大學普通學院卽文理學院→研究院，卽文理各科之專門研究。

二、大學普通學院→第二種職業學院，卽政法學院教育學院與醫學院等。非先畢業普通文理各科，不得躐等修習。

三、大學普通學院→研究院→第二種職業學院。此為第二式之變通。

四、大學普通學院→第一種職業學院卽工、農、商、礦、漁、牧諸專門學院，其年限或可較第二種職業學院短，然亦必先修大學普通科，再習專門，此在原理上應爾。

五、大學預科卽大學普通文理學院之縮短年限→第一種職業學校。此為第四式之變通。

如此修習，庶可使學者皆得廣泛通曉人生基本而緊要之已往經驗，以長養其智慧，培育其理想，而不僅僅於謀一職業，求一智識，自成為一部門之機件與工具，以供現實社會之應用而止。而凡受此等教育者，庶使可以各本其智慧，發為事業，以運用社會，而使人生獲得更理想之進步。

## 六

抑又有進者，大學教育，既為人生最高經驗之傳授，與人生最高理想之培育，故大學教育之更可貴者，尤在於大學環境內部實際全生活之陶冶，而課業之研修與講堂之傳習為之次。今日大學教育之目的，卽偏重於職業與智識，其流弊，遂專重講堂授課，而大學內部全生活之陶冶轉忽焉。明言之，不啻講堂有教育而學校無教育。學校精神僅在講堂，偏狹已甚，而講堂之所授又不勝其偏與狹，因此學校之內有自由而講堂之內無自由，學校之對青年幾於放縱其身心而錮塞其智慧，此又烏而可者。

故居今日而言理想大學，正當反今之道以為教。課業講授，務求閎通，使學者心神有自由徊翔之餘地，而關於學校內部全生活之訓練則須嚴格。換言之，學校生活應求其為羣眾的，而講堂課業則不妨一任個性之自由發展。一方面提倡團體規律生活，衣、食、住、行日常活動，皆以養成其羣眾興趣與羣眾制限為歸趨。

學校內部既有全體性的嚴格訓練，又當提倡各種學會組織與團體活動，相為調劑。而講堂課程則不妨減輕，凡屬基本技能方面之科業，如文學數學等列為共同必修課，當增其分量，逐年研修。其餘選修課程，則一任學者之自由聽習，課程皆宜儘量縮短，應為一種較長期之系統講演。每一講演，為期不必逾兩月或三月，講者提綱絜領，要言不煩，聽者則求其能增加自讀與自由探討之時間。如此則除圖書館之利用外，尤貴於有親師取友之風。當略仿英國牛津、劍橋體制，推行導師制與小學院制，使學者各就其小團體之內，有師友長日相處觀摩切磋之樂。而今日大學厲行之學系劃分與學分考覈諸制，則大體逕可取消。

要言之，生活務求適於羣體與規律，不妨注重嚴格之訓練。學業務求適於個性與自由，則以閎通寬博為主。此為大學校應有之理想教育。否則生活既漫無準則，人盡喪其羣居之德，學業又各走偏狹，相互一無會通之趣，此等教育日益擴展，社會必將受其深害。今日弊端已見，奈之何而尚不速為之謀。

（民國三十二年三月思想與時代第二十期）

# 三　北大四十五週年紀念辭

我們要衡量一個大學校的地位和貢獻，我想應該首先注意到下面的幾點。

第一：看他能不能形成一種獨特的風氣，在此風氣內陶鑄出一些人才來。此處所謂人才，並不全指直接親炙於此學校內的生徒，間接為此學校風氣所感靡薰染的亦都包括在內。

第二：我們要看這一學校所形成的風尚與其陶鑄的人才，是否能上面承接那國家民族文化的大傳統，而同時繼往又能開來，要看他能不能針對現時代有一種新的激發與創闢。

第三：我們再要看，那種風氣與人才，足以能繼往開來的，是否有他活潑眞常的泉源。換言之，這一種風氣與人才之來路，是否從一種自由精神所發動。只有自由精神，才是我們理想上所謂風氣與人才之眞血路。沒有自由精神，便絕對不會有眞風氣，亦絕對不會有眞人才。

我們若把上述的三個觀點來看最近幾十年來中國的大學校，只有北京大學，有此資格。北京大學是中國近代新教育史上最老的一個大學，他今年已有四十五年的壽命了。只有北京大學可說有他自創的一種獨特的風格，在此風格上，校內校外確已陶鑄了不少的人才。北京大學的獨特風格，是最老而同時又最新的，算他最能承繼中國的舊傳統，但同時又最能適會於當代的新局面。而那種風氣之形成，又並不由於校內或校外某一人或某一派的特別力量所驅駕。北京大學的風氣，比較是自由生長與自由成熟的。自由精神可説便是北京大學的精神。

自從對日抗戰以來，北京大學流離播遷，現在是在昆明成為國立西南聯合大學的一部分。我們不知道在北京大學那一年的生辰，再回復他舊有北京大學之原況。但是北大的精神則並不隨學校之播遷流離而喪失的。回顧此四十五年的經過，北京大學對於近代中國之地位、貢獻，總是值得鄭重提及的。凡屬與北京大學四十五年來的歷史有關的人們，都應該對他的以往作一番珍重的回憶，把他獨特的風格與精神，釋回而增美，發揚而光大之，這是我們今天特地要來紀念這一個生辰的意義。

（民國三十二年成都中央日報北大成立四十五週年紀念特刊）

# 四　理想的大學教育

中國近六十年來的國家社會種種部門、種種方面的一切頓挫與失敗的歷史，一言以蔽之，可以說是一部「教育失敗史」。更要的，是「大學教育」的失敗史。任何一個國家，所以能存在而達於興盛，必然有它一段立國精神。那一種立國精神之培養保持與宣傳，則必待於國家之教育，而大學教育，則尤是這一種精神之發源地與司令臺。所以一國的大學教育，乃是這一國家文教大業之所寄。由文教而培植出士風。士風所播，乃在全國政治社會各部門各方面發生一種領導力量。無形中，它是這一個國家的立國精神之中心集散點。必得明白了這一層，乃算明白了大學教育在整個國家中的眞任務。

# 一

明清之際的遺老們，算是完成了中國學術思想史上最後一次的結集。不幸而這一期的學術精神，並不能在中國政治社會各方面發生應有的積極光輝的功能。清代自雍乾以下，滿洲部族政權不斷摧壓，晚明諸遺老的理想，不能形成為國家文教精神之準則。乾嘉時代對於古經籍之考據訓詁，雖盛極一時，亦只在向故紙堆中圖躲避。道咸以下，流弊瀑著。接著是近代新教育開始。那時如張之洞梁啓超一輩人，提出「中學為體、西學為用」的口號。但那時又那裡有所謂中學呢？科舉八股可勿論，即就乾嘉經學說，也夠不上為中學建體。那時經學已走上末路，支離破碎，遠不是乾嘉之舊規模。那時的中國，正已學絕道喪，奄奄一息。國家文教精神掃地無餘，士風極度敗壞，政治社會各部門各方面，無領導，無支撐。正如一隻無舵之船，隨風飄盪，又值驚濤駭浪，相襲而來，顛覆沉沒，隨時可遇。那時的中國人，雖高呼「教育救國」，其實所謂近代新教育開始，只在國民教育普及通俗方面，稍稍有些成績。這是無本源無目標的。由小學中學歷級而上，一到大學階段，便顯見得無主張，無把握。大學教育只成為留學教育之一種過渡與預備。整個國家，根本沒有一個提綱絜領，由源竟委的學術中心與最高學府作領導。試問那裡談得上所謂文教精神？若說有，那是在國外，不在國內。精神上，國家的領導權，茫無所歸，向外尋求，乞討徬徨。試問這樣一個國家，如何談得上建國？如何談得上政治社會各部門各方面之邁進？

然而大學教育對於整個國家政治社會各部門、各方面的眞切使命，縱不能得國人透徹的瞭解，也終將為國人朦朧中所憧憬。於是民初以來，五四運動前後的北京大學，這是當時國內惟一僅有之大學，遂隱然出來擔任這一個領導的工作。然而當時北京大學內部所有的學術空氣，依然沒有深厚的文化淵源。他們所認為的一些中國學術，依然是前清道咸以下支離破碎，途窮路絕的舊經學與舊文學。抱殘守缺，孤芳自賞，全不能與時代相啣接。而他們那時所想像為新文化之前景，也依然是依樣葫蘆，如法泡製的，向外襲取，徬徨乞討。最多是想左右采獲，見其標末，不見其根柢，挹其涓滴，未逢其源泉的零星雜亂的一些西洋貨。他們只把當時已在中小學設施見效的普及與通俗的傳布與排斥，移用到大學最高學府中來，便認為是正對著中國傳統文化的摧陷廓淸，便認為已盡了傳布新文化移植新學風的最大能事。他們一時的風起雲湧，高呼打倒孔家店，改造漢字，並至於進而坦率述說：除卻太監、姨太太、女子纏小脚、馬雀牌、鴉片煙等之外，中國文化一無所有。於是遂寄託他們對於整個國家政治社會種種方面之惟一希望於「全盤西化」。而他們所認識的西方文化，則列舉為兩大綱：曰「科學方法」、「民主精神」。暫不論他們理論之是非，認識之深淺，要之這一次的文化運動，卻完全十足表現了以前中國新教育之兩大病徵：

第一是整個教育精神並不由大學教育之高深研究推衍到中小學，而只把中小學的普及與通俗教育的作風搬移到大學最高學府來。

第二是對整個國家政治社會各部門各方面的最後領導權，轉讓於國外，在國內則並沒有生根，並沒有通氣。

## 二

五四運動命定的不能完成立國精神的培養保持與宣傳的應有的大學教育之功能，於是乃有「黨化教育」之繼起。在國民政府時代的黨化教育，只是在各級學校加進每星期一次的紀念週，以及幾點鐘三民主義的課程。國民黨的黨義，自身未臻於深度的學術化，於是乃僅有黨化教育之名，而並無黨化教育之實。最近所謂中共人民政府，乃始徹頭徹尾，立意推行從前國民黨所有志未竟的黨化教育。所謂黨化教育之主要意識，不外是強迫全國學術文化教育事業向某一政黨投遞無條件的忠誠降表。教育事業既不能善盡其對整個國家政治社會各部門各方面的領導作用，而整個國家的政治社會各部門各方面到底不能沒有一個領導的中心與力量。於是這一個領導全國的中心力量不得不別有寄託，而遂移轉到某一政黨之掌握。

今試問這一政黨又憑藉著何種力量來做全國政治社會各部門各方面的領導呢？順著上述中國近六

十年來學術文化教育之大趨勢，這一個政黨，自然也只有向外襲取，徬徨乞討。晚清時期的教育理想，是學習德意志與日本。民國以來，乃至於五四運動之後，由學習德日轉變成學習英美。今天的中共，由學習英美再轉成學習蘇俄。中國傳統文化，既然一無所有，則終極所趨，只有全盤西化。但西方文化並不是道一風同，只此一家的。我們又用什麼標準，什麼資格，來調和折衷取捨從違呢？我們若果是一個一無所有的淺演落後的民族，自然也沒資格沒能力來簡別、衡量、調和、取捨。則順理成章的，最好莫如擇一而從。

現在的中共，繼承著中國近六十年來學德日、學英美，學不成一個花樣之後，決心掉頭來學蘇俄。中國傳統文化根本要不得，或許根本無所謂中國文化，則痛快從馬、恩、列、史開始，來從新建設新中國的新文化。而這一使命，正是中國共產黨的惟一大使命。則中國國內的大學教育，宜乎其依然還得如小學中學般，只要盡量把馬恩列史的主義與理論來普及，來通俗。只是從前允許全國學人自由向外國學，現在是全國學人只許向政府學。從前是散漫自由的，現在則集合統制著，在國內總算要努力建立起一個領導中心，只是這一個中心，不是學術的、文化的、教育的，而僅是政黨的。而這一個領導中心，其自身也還在被領導；領導著它的依然不在國內，而仍還在國外。

明白言之，今天以後，中國民族的立國文教精神在蘇俄。中國民族的文化淵源，應重新溯源於馬恩列史。中國民族的新文化，乃蘇俄人所指示的文化。中國新文化運動的最後目標所謂全盤西化者，則指定為全盤蘇俄化。中國共產黨所積極主張的黨化教育，依然是中國六十年來所謂新教育的一貫精神。其最高領導權，始終寄放在國外。國內教育，始終是一套普及與通俗的教育。連大學教育在內，也不能例外。則試問古今中外歷史上，又那裡有這樣一種的立國精神呢？若果由這樣一種的立國精神來建立起的國家，自然不能是他本國，而只是他所刻意學習的那一國。

## 三

固然，近代一兩百年來的世界變動，其主要動力並不發生在中國。西方人在這一兩百年內發生了一種新力量，把整個世界變了。中國依然在舊世界的邊沿，一旦和此新世界接觸，中國也不得不變。但這一個變，並不是中國內部本身自己在變，而是在外面有一種新力量來逼著中國人變。中國人要追上現時代，它的問題應在如何把它原有文化打開一條生路，使和現時代接氣；又如何把西方現代的新文化，打開一條通路，使它和中國原有的舊文化接氣。這是現代中國人所特有的問題。

凡屬變，定是主動的，定是在其內部自身的。近代西方，正是在其內部自身發生了一種變，而其力量影響及於它四圍。現代中國之變，其最先動因雖是外來的，被動的，是四圍的力量在迫得中國變。但中國若果眞能變，其最後必然得轉為內在的，自主的。卽是說由舊中國變成新中國，只是將自己的舊變成自己的新，決不是全部割捨了自家，來另外換一個別人。世界沒有一個外在現成的新，可以換去你本身原有之舊。問題在如何把此原有之舊，自身變成新。

不幸自道咸以來的中國學者，他們早已在學絕道喪之餘，只知抱殘守缺，孤芳自賞，只能頑固地把自己隔離在世界大變的新潮流之外，無法把中國的舊學術舊文化，打開一條生路，來與外面新變化鬥榫，使其血脈相通，靈氣相接。而高唱全盤西化論的新文化運動的志士，連今天的中國共產黨在內，他們也並不能把外面世界新潮流打開一條通路，使它澆灌到我們原有的舊園地上來。他們似乎只想把自己舊的全部割捨，來另換別人家的一番新的，而不幸這是人類文化進程中所萬不可能的必然的悲劇。沒有一個固定的立場，決不能有一番清楚的認識。隨著走馬燈而轉，決然看不眞走馬燈之如何轉；抹去了自己，便無從學習得他人。不站在中國原有文化立場上，也將看不出現代西方新文化之眞意義與眞姿態。

世界不能有「無主觀的純客觀」，也不能有「無本身的變」。中國固有文化，是現代中國人求認識西方新文化的一個獨特自有的立場。中國固有文化，是現代中國求變中唯一能變之自身。現代西方，惟其是他們本身內部主動的變，因而他們的學術文化，雖有古今之異，卻沒有古今之隔閡。他們並不要打倒古代希臘、羅馬，才始能有現代的意、法、英、美與德、蘇。惟其他們之變，是一種本身內部主動的變，因而他們源一流分，各變成一個局面，一個樣子，各有各的獨創，各有各的立國精神。

今天中國一般人心理，似乎在想，不打倒自己的已往，便變不像別人的新；似乎又在想，只可能學成別人家的某一種新，卻萬不能創出自己的另一種新。於是，是今則非古，入主則出奴。自己的根深柢固，一時恨打不倒，外面的五光十色，一時又恨學不像。這上面，我們需要一種「通學」，來融通古今，融通彼我。好把我們固有之舊，與他們現有之新，鬥接起來，溝通一氣，好讓自己本身變出一個自己的新來。這一番責任，仍然應該寄放在從事學術文化高深研討的最高學府，即大學教育的肩膀上，卻不能寄放在以爭取當前現實政權為主要目標的一個政黨集團上。

## 四

中國近代大學教育，只為留學教育作準備，作過渡。這一層，中國學者間最近也曾感到不滿，於是有學術獨立的新口號。但所謂學術獨立，不過在求中國自設研究院，招請西方學術專家來中國設講座。把此手續，來代替派留學生，好讓中國國內大學漸漸與國外大學爭取學術水準上的平等地位。窺他們的立論意向，實也未能觸及學術獨立更真更深的義蘊。

自然科學無國界，本無所謂獨立。不能有英國的物理學，法國的數學，德國的天文學，一類的鴻溝。自然科學既不需，也不能，有某一國家之獨立性。只有人文科學，關於某一國家之立國精神與其文化精神者，乃始有各自獨立之需要。今天中國大學教育所最感缺乏獨立精神者，其實並不在自然科

學理工學院一面，而在人文科學文法學院的一面。尤其是法學院。中國大學的法學院，只有講述西洋各國的政治制度社會經濟法律等各課程，中國已往的一概不提。好像中國已往一向無政治、無制度、無社會、無法律。縱使有課程，也無教師。有了教師，也無精采。只是姑備一格。若使有一位地球以外的學者，來此地球參觀各國大學教育，他能猜正任何一國的法學院之國別性，但卻決猜不正中國現有的法學院是那一國家的法學院。這才眞是中國大學教育沒有獨立性的最嚴重病症。

法學院必應植基於文學院，文學院一應課程，如哲學、文學、史學之類，在中國大學裡一樣沒有獨立性，多半是一些抱殘自賞者在支撐門面。他們都已失卻在現時代的領導作用。文學院打不出一條生路，法學院必然隨著打不出一條生路，因而國家政治社會各部門、各方面都失卻了獨立性，必然要偏倚在一邊，必然要一面倒。那種偏倚和一面倒，根本也不由中主，不由內發，只如風吹草偃，東風吹來西面倒，西風吹來東面倒。

學術不獨立，影響到政治不獨立。政治不獨立，影響到國家民族不獨立。不能獨立，那裡會自由？所以說，中國近六十年來國家社會種種頓挫失敗，一言蔽之，是教育的失敗，尤其是大學教育之失敗。這一個癥結，更應著眼在中國目前大學文科教育的一方面。

# 五

這一個病痛，最大關鍵在打不通。我們該把自己以往舊傳統，從頭體認，統體研討，再把世界新的，也兼陳諸異，博觀會通，把舊傳統與新潮流打通一氣，那時中國學術文化界，纔始能再抬起頭來，有新精神，新理想。隔離新的，固是打不通。切斷舊的，一樣是打不通。學英美，打不通蘇俄。學蘇俄，又打不通英美。全盤西化，又打不通中國的已往。這樣的學術教育，影響到整個政治社會，六十年來，只聽到一片「打倒」聲。不幸是打倒又打倒，革命永不見成功，建設則擱棄在一邊。若要建設，只有向外學習，又只有一面倒，其苦處仍在打不通。如此循環，其大病根只在六十年來的教育學術界，不能有一番獨立精神。要求學術獨立，並不是深閉固拒，其首先要務必在提倡「通學」。而不幸自五四運動以來的大學教育，又專偏向在學術之專門化。

學術專門化，也是中國近代教育盲目西化之一要點。西方學術界自有淵源，自本自根，遞衍遞分，枝葉雖繁，不害其同發於一本。流派雖別，不害其同出於一源。我們只外襲而取，但見枝葉，不見根本。只沿流派，不尋源頭。只看見別人家之專精，卻忽略了別人家之會通。別人家也是先由通學而漸趨於專精的，我們則學步人家之專精，而昧失其通學。如是則將永遠隨人腳跟轉。即就自然科學言，也將永遠無獨立自通之一日。

中國最近大學教育分院分系分科之支離破碎，國人也知厭倦，目之為鑽牛角尖。其病已見於自然科學的一面，而尤以在人文科學方面者為甚。照生物學言，應該有了人纔始有耳目口鼻，並不是有了耳目口鼻，纔始拼湊得一個人。照建築學言，是有了房屋纔始有門窗戶壁，並不是有了門窗戶壁，纔始拼湊得一間屋。同樣道理，先有政府，纔始有文武百官，並不是先有了文武百官，纔始拼湊成一個政府。所謂「通學」，即是從文化大原來辨認學術分野。並不是在學術分野中割據一方，所能通透得文化大原的。人的聰明，只看其如何用。你若專看五指，將看不見一掌。你若轉眼看掌，看掌也如看指般，仍只是一看，並沒有特別的困難。

今天中國的大學教育，高抬著科學家專精的好聽口號，只許人看指，不許人看掌。人的聰明，全化在看指上，結果只知有五指，不知有一掌。如此學風，應該不能有通學；應該不能達成如我上述現代中國大學教育應負之使命。

近代中國大學教育過分提倡學術專門化的更嚴重的流弊，是太注重在每一門的學科上，而忽略了整個如何「做人」的大體系。教育職責，本應該把陶冶做人為其主要目標的。人必先做得一個人，纔始可以做學術家、政治家、宗教家、軍事家、外交家等等角色。昧卻如何做人，而徑自各務專門，只想做成一個學術家、政治家、宗教家、軍事家、外交家等等角色，則必然會出大毛病。

所謂如何做人，並不指做一個自然人，而指如何做一個「文化人」。人生自始只是一個自然人，必待人文教育之陶冶，而始成為一個文化人。學術、政治、宗教、軍事、外交種種職務，種種活動，在其外形上，似乎各各分離，互不相關，但在其背後，有一個共通深厚的文化領域。文化並不能憑空形成，必得落實在人身上。人必得是完整的一個人，不能把人專門化，只變成學術家、政治家、宗教家等等角色。

若昧卻如何做一完整的人，專門教導他如何做一學術家、政治家、宗教家等等角色，這便最多把人當成一件物，必然陷於個人功利的觀點下，使他只知有個人，不知有大羣。相反的流弊，又將陷於社會功利的觀點下，使人只知有大羣，不知有私人。在各個私人方面，把社會大羣當作完成他私人功利的一個對象，一項工具，一種物件。在社會大羣方面，也同樣把各個私人當作完成大羣功利的一個對象，一項工具，一種物件。於是文化境界必然陷落在經濟的現實局面中，不能超越。人生境界，也必然再墮退到自然人生的領域中，不能躍起。偏向私人，其極將如狼如虎；偏向大羣，其極將如蜂如蟻。完全只知有物質、經濟、自然、生存，而再沒有超乎物質經濟自然生存以上的文化意識。

人類文化，無疑的必然建基於物質經濟自然生存的種種條件上，然不只限於物質經濟自然生存的種種條件內。一切學術分野，必從人類文化大原從頭認識，纔始瞭解得一切學術，全是文化領域中之一部門一機構；在文化大領域中纔始有其眞實的地位與價值。瞭解得文化意義，纔始瞭解得人生意義。瞭解得人生意義，纔始瞭解得一切學術分野，一切知識，乃及一切活動的眞實意義。自然科學也只是人類文化領域中一機構。游離了整個人類文化大領域，將不會有自然科學。自然科學之一切觀點，一切辨認，全站在人類文化大領域的基點上而產生。在虎狼蜂蟻的生活中，決不能產出如人類般的自然觀念。科學眞理，也必建基於人類自身的文化眞理上。並不能游離人類自身之文化眞理，而獨立尋求出一種純自然的科學眞理。所謂自然科學的客觀眞理，依然附隨於人類文化之主觀眞理的基點上，而始發現成立。昧失了人類文化大原，游離了人類文化領域，一切自然科學的種種眞理將全不存在，至少將全部變質，變到與人類文化不相關。而且不僅於此，勢將變到對人類文化有害而無利。把末梢神經與中樞神經割斷，便不成其為末梢神經。把一切學術分野與文化大原相切斷，也將不成其為學術分野。學術專門化，若沒有一個總樞紐，把來綜結起，便成為學術之唯物化，學術之功利化，這卽是學術之解體，卽是文化之墮落，人生之倒退。

## 六

最近中國大學教育之偏重學術專門化，也是追隨西方的。但在西方，這一趨勢的流弊，並沒有像在中國般嚴重。這也有緣因。近代世界變動，本由西方所引起。在西方，由其本身內部文化新生而發展出種種的新事態，大學教育只是種種新事態中之一。在西方，尚有並未完全失效的宗教，尚有能納入於軌道的一套完整的法律，尚有社會間互相配合的種種風尚與習俗。整個西方文化，無形中在陶冶西方的整個人生。大學教育只是近代西方文化中一部門一機構。他們的大學教育，即使偏重在智識傳授，偏重在學術之專門化，在西方尚有全社會的文化潛力在指導着人生的嚮往。不比中國，自前清道咸以來，舊有的文化大體系，已在逐步的腐爛而解體。全社會的各部門，已在逐步的崩潰而墮落。整個人生失卻信仰，失卻領導，國家的法律，社會的風習，家庭的傳統，舊禮教的各方面，均已失卻了精神與力量。在中國的大學教育，其所應負的使命，顯然不能如西方近代的大學教育般，也只偏重在智識的傳授上。

即就智識傳授一項而論，近代西方科學興起，為時亦不過二百年。他們各項科學智識之演進，還是由完整的全體而逐步趨向分化的，還是有一個大總綱而逐步分演為許多專門的。他們在學術進展的階段上，還是典型未遠，並沒有昧失本原。他們許多大師，雖在大學裏設立着專門講座，他們的學術素養，依然對學術源頭的大總綱先受了一番洗禮，依然是未失榘矱，由本及末，由原竟委的。若論中國學術界，在道咸以來，即就中國學問的本身流變説，乾嘉經學的舊規模，早已墜地而盡。支離破碎的學風，早已使人見樹不見林。當時的學者，早已不知有所謂學術之大體。一批批年輕的留學生，一到西方，在短短的時間內，所接受的只是西方學術界的枝節與散末，並未能深入他們的堂奥。在智識上，已經是只知有一技一能之專長，不知有大本大原之閎通，更不論除卻智識以外的大體系，大領域。既沒有接觸到西方國家社會各部門各方面整個配合互相融通的文化大體與其領域，而在西方大學中所選習專攻的幾門學程，也並沒有接觸到他們兩百年來學術界之由整到散，由大總綱到各細目的通體演進之大路。這固不是盡人皆然，而多數則確不能例外。以這樣的胸襟，這樣的局度，回國來主持現代中國大學教育所應負之新使命，其不堪勝任愉快，是該原諒的。若使中國近代大學教育，眞能模倣西洋得其精意，至少應該模倣一百年來英德法諸國大學的種種規模與氣象。現在則只知道模倣美國。

美國式的大學，在西方最後起，最新，卻並不卽是最好，在中國也並不卽是最適合。這一點，正可明白說明，分門別類專精一科目，他所習得的知識，只可供作社會一工具，一物件，為社會所使用，卻並不能指導你怎樣完整地做一個人。在其本身，已並沒有懂得怎樣完整地做一個人，又如何能指導別人來完整地做一個人？旣不能指導人完整地做一人，卽已失卻在教育上最理想的應負之使命與應盡之功能。

所以在近代中國，可以有擅長專門智識之學者，卻不能有我們所熱切盼望的合理想的大師與教育家。他們自身早已是工具化、物化了。在西方，尚有完整的文化體系，完整的社會組織，這一擅有專長的學者，可以等待社會利用他。在中國，正當文化腐敗，社會崩潰的當口，他將有抱才不遇之感。最近的西方留學生，大體上都有此種感觸。他們一回國便感到，學無所施，技無所展，所學非所用，懷才不得舒。這是應有的，也是必然的。但他們卻回頭來咒詛中國文化，吐罵中國社會。那仍只可說是中國近六十年來一種教育之失敗，一種以留學教育為終極教育之大失敗。

在前清末期民國初年的中國人，無不抱有教育救國的理想，無不信仰教育救國的口號。但自五四運動以後，這一理想，這一信仰，卽逐漸衰退，逐漸萎弱。一輩青年逐步轉換，走上革命救國的新路向，改抱革命救國的新偉願。這也是事勢所逼的。但建國必先建人，興國必先興才，這仍是一條顛撲不破的大原則。先救學術，先救人才，然後始能救國家。沒有學術，沒有人才的國家，到底將不得救。如何救學術，救人才，我們該轉換我們六十年來教育界上已告失敗的努力，我們該注重會通的學風，該注重完整的人格。這兩件事，只是一件事。有會通的學風，自能培養出完整的人格。我們該把「人文主義」的教育來糾正唯物的、功利的教育。我們該從文化大原、學術大總綱處著眼下手。我們該提倡做通學，我們纔能期望有宏才。這是我們現代大學教育所應負的新使命。

## 七

在整個人生領域中，太看重了智識。在整個智識領域中，又太看重了對於自然科學方面的智識。在整個自然科學智識的領域中，又太看重了繁細的分門的專精的智識。這一趨向，也可說是近代西方文化的大趨向。然而這一趨向，卽在西方，也已有它的流弊。這一流弊，已在上文説過，容易使人陷入「唯物」「功利」的觀點。

唯物功利觀點之流弊，卽在對智識的對象，全看作一種物。對智識之自身，全看作一種工具。循而久之，不特人亦當一物，看待人亦當作一工具。這不僅馬克思一派「唯物史觀」的哲學，乃至在蘇維埃現行的共產主義，有如此的流弊。即在美國的個人自由主義，只要為資本主義所裹脅，何嘗不是一種「唯物」的？何嘗不把人當工具看？只要是功利主義的，必然是唯物的；只要是唯物的，必然是功利主義的。只要把全部人生偏傾在智識方面，把智識對象偏傾在自然科學方面的種種智識，逐步分割，逐步專精，其勢非走入唯物的功利觀點不止。只要走入唯物的功利觀點，則其勢非走入連人類自身也當作物與工具不止。連人類自身也當作物與工具，則不問其是主張個人自由，抑是集體統制，總之是人類文化本身之墮落。要藥救這種墮落趨向，則非重張「人文主義」的旗幟不可。

近代西方文化，推動了整個世界之大變局。當人們開始從中古時期上帝信仰的宗教束縛中解放出來的時候，已開始有人文主義的呼聲。但經歷了這五六個世紀之長期演變，人類從宗教中解放出來，又投身到物質經濟自然生活的束縛裏去。最近期間的美蘇對立，正是指出了近代西方文化重入歧途之病態的一體之兩面。這不是誰是誰非，誰勝誰敗的問題，只要西方現代文化沒有一條新出路，不能脫出物質經濟之嚴重壓迫，則此對立局面，終將無法消融。正如人之患病，忽冷忽熱，冷熱雖異，實只一病。病去了，人體恢復正常，不發熱，同時也便不發冷。那時自見有正常的溫度。

人類文化的正常狀態，應該由學術文化來領導政治，再由政治來領導經濟。經濟只是一種無意志的自然物質的現實局面。這一種局面，消極的，可以限制人類的活動；積極的，卻並不足以決定人類之嚮往。人類就此現實的物質局面之限制下，抉擇了某一種可能的途徑，面對此局面打開一新出路，領導創闢一新局面，則正是政治的功能。政治活動是有意志，有理想的。只要在經濟環境之許可下，它有抉擇之自由，奮進之努力。

但一般政治意志，自身也該是被領導的，它該是發源於人類整個學術文化的客觀的理性要求之下而產生而形成。若政治意志脫卻文化學術之領導，則必陷入於霸力的，權謀的，為個人與黨派之私利而鬥爭。若政治意志被決定於經濟局面，則仍必陷入於霸力的，權謀的，為個人與黨派間之私利而鬥爭。

近代西方文化，已走上了由經濟來壓迫政治，再由政治來壓迫學術文化的途徑。近代的西方文化，已陷入此一重圍中，除非重來一次新的人文主義的教育精神，不足以資解救。中國近六十年來的教育，永遠追隨西方的腳跟轉。中國在六十年前，早已在文化腐敗社會崩潰的歷程中，自身本已拖着一重病，再跟着別人的腳跟轉，舊病之外，增加新病，病情愈複雜，病勢愈沈重。除非自己有一套嶄新的人文主義的教育精神，解救不了這兩重的病勢。而這一套新人文主義的教育精神，必得自本自根，把自己傳統文化，打開一條新出路，來接上時代潮流，又必把時代潮流打開一條新通道，來接通中國傳統文化。這一個責任，根本便不是政治性的，而必是學術性的。

新中國的政治家，若明白得這一番理論，他應該儘量容讓學術之自由，應該隨時接受學術界指導，這纔是政治的出路，也纔是中國之出路。至於今天中國的學術界，不足以擔負此一重任，則實是中國近六十年來一切病之最後病根；然而政治家終是無法越俎代庖，來肩挑這一個重任的。

## 八

從中國歷史教訓看，從中國最近的現實狀況看，要求新中國之新出路，只有「文化積極」「政治消極」的一條路，可以走得通。政治家應該明白自己之功能與範圍。政治不外是一種人事，人事必得人來幹。沒有好人才，再也幹不出好政治。中國是一個農業國，農民安常習故，喜舊不喜新，好靜不好動。若非政治走上絕頂貪污，絕頂無能，普遍貪污，普遍無能，廣大而散漫的農村，不易有絕大的波動。中國在六十年前，政治早已無生命，但農村老百姓，還是容忍，還是安靜。直自嘉道以來，川楚教匪，太平天國，接連着辛亥革命，國民革命北伐，以及最近國共鬥爭，社會始終安頓不下，騷亂逐步擴大，逐步展延，這正足證明中國近代政治之始終無出路，無辦法。

政治不是一個法的問題，不是一個制度問題。探源究本，更要的，還是「人才」問題。「其人存，則其政舉；其人亡，則其政熄」，這雖是兩千年前的老話，但兩千年來，依然有它的眞實性。只要沒有人，一切好法良規，還是要變質，要腐敗。只要有人，不一定要有理想的好法良規，還是勉強可支撑。而且中國的政治規制，又是平鋪的。中央腐敗，只要地方過得去，也不至於大動亂。

中國歷史上，每逢一次大動亂，便是告訴你，這一時代普遍缺乏了人才。否則中國人才常是大部幹政治，非人才破產，政治極端腐敗黑暗，這樣一個廣大的農業國，遍地是散漫安靜的小農村，也掀不起大亂子。必得全國人才枯竭，才始有廣泛的大動亂。在大動亂後，人才更枯竭，未必能急速產生大批的新人。以中國之廣大性，難驟亂，亦難驟治。難驟動，亦難驟定。這只是同一原因，其關鍵全在人，不在法。因此中國歷史在大動亂之後，必得與民休息，清靜無為。政治只採消極方式，不求有功，但求無過。過一些時，社會漸安寧，元氣漸恢復，新人才興起。到那時，纔再是文物光昌，從頭整頓的時代。

二千年來的中國史，永遠遵循這一個旋律。西方聖人，不一定瞭解中國情節。「孔子為漢制法」，那是漢儒的託辭。今天的中國，只求澄清吏治，安定民生，政治家的任務，達成此兩點已不易。興學興才，最少也是十年二十年的事，那是整個學術教育界的事。那是大業，馬上得之，不能馬上治之。三要打勝仗，必先練兵。建設開創，千頭萬緒，細針密縷，更不比推翻打倒，可以利用對方的弱點。三年五年的大學教育，便能急速造成一大批建國人才，這是誰也不會信的事。我們要學習，也得眞學習。天不愛才，古今中外聖人賢哲，並不只出了一個或兩個。我們應該取精用宏。國家民族之前途，也決非兒戲。六十年來的向外竊取，如法泡製，依樣葫蘆，把別人家的一分，照樣抄襲到中國來，這斷斷要不得。六十年來的教育誤國，這已是極眞確明白的公開史實。我們今天已學遍了人，我們所一心嚮往的，現在他們也已是病象褟著。世界大動亂的景象，昭彰難掩。途窮思返，正該是時候了。中國的學術界，再也不該逃避這一個重任。這纔是新中國未來的大學教育所應負的新使命。

若說我言迂遠，三年之病，求七年之艾，這也沒奈何。文化積極，急切不易有速效，因而政治只得是消極。消極政治中含有無限積極的用心。眞夠得上政治家的，必能明白政治功能之局限，必能接受文化學術上一切經驗之教訓。根據上述旨趣，中國未來的大學教育，應該怎麼辦，筆者有暇，願再更端以畢吾言。

（一九五〇年一月香港民主評論一卷十五期）

# 五　一所理想的中文大學

一所理想的大學，同時該具備兩項性質，一是其「共通性」，另一是其「特殊性」。所謂共通性者，亦可說是「世界性」；所謂特殊性者，亦可說是其「地域性」。

今天的世界，就物質生活、商業經濟交通等方面言，可說世界已是一個，不容再分割。但就民族文化、歷史傳統、宗教信仰、語言文字、社會風俗習慣等而言，則此世界仍是四分五裂，暫時無法融成為一個。

一所理想的大學，應該面對着此項現實來發揮完成大學教育所應具的理想與功能。

關於自然科學理、工、醫、農種種方面，原理原則全是共通的，科學無國界，但一所理想的大學，應該就於此等共通的知識而應用到各別的地區上，發展出各別的，因地制宜的，各種不同的實際應用來。

若使一所大學，關於理、工、醫、農種種自然科學方面，僅能追隨着世界共同水準，而沒有注意到各地的特殊需要與其特殊發展之可能性，則此一所大學，依然有其不夠理想之所在。

關於人文科學文學、藝術、歷史、哲學、政治、社會、法律、經濟等等科目，其內容遠與自物科學方面者不同。各民族各地區，相互間各有相異之傳統，甚至互不相曉，互不相習。因此，在今天的世界，關於此一方面之知識傳授，與夫人文陶冶，很難有一種共通的尺度與共通的規範。而且也不應該有一種共通的尺度與共通的規範的。

每一個民族，各有他們特殊的語言文字，各有他們特殊的文學藝術之愛好，各有他們的宗教信仰、與夫哲學觀點，各有他們的思想方法，各有他們的歷史傳統、人生習慣，與夫政治社會種種不同的現實情況。一所理想的大學，正貴在此方面具備他的深厚的特殊性。

但世界已然是一個不可分割的同一的世界了，人類在其本源上，及其性質上，也本是同一的人類。人與人之間，有其同通性，將來的世界，正該在此共通性上努力發展。一所理想的大學，在此方面，正負有其更重大的意義與使命，正該在人文科學方面，大量發揮此項重大的教育功能，使全世界各民族，各文化傳統，能日趨調和合一，民族與民族間不再有隔閡，文化與文化間不再有衝突。一所理想的大學，正貴由其特殊性的人文教育，而到達一種共通性的世界精神與世界理想，這毋寧是今天的大學教育所應負起的一個更偉大更重要的責任。

在人文教育的立場上，我們再不應該只顧到各自的民族性和地域性，來加深各民族之隔閡，和各地區之分離，而該朝向一個世界之共通性上去發展，此種需要與趨勢，誰也不該否認。但就教育功能言，必然將注重其特殊性，才能到達一種共通性。換言之，只有在個別的教育上，才能到達一種共通的理想。若我們抹殺了此一特殊性之重要，單獨舉出某一種尺度和規範來施教，來求此項共通要求之到達，則在人文教育方面必然會失敗。

舉例言之，如把教育英國人的尺度和規範來教育中國人，定要中國人去專一學習英國的語言文字，去愛好英國的文學藝術，去依循英國的哲學觀點和人生理想，去熟誦英國的歷史傳統，去模倣英國的政治制度，如是等等，當然是違背着教育方法的，因而也不能期望其有應有的教育功能之收穫。

因而一所理想的大學，在自然科學方面，應該具備世界性的共同水準，而又該注意到個別的應用上。在人文科學方面，應該保持個別性的特殊內容，而又該注意到世界性的共同理想。

我們根據上述的這一個觀點，而來討論到一所理想的中文大學，則下述諸點，自值得特別注重。

關於自然科學屬共通性方面的，此處不擬詳論。關於人文科學屬特殊性方面的，在我認為，一所理想的中文大學，若眞能完成其使命，實對於當前的大學教育所當擔負的世界性的共通理想，可能有其更特殊的貢獻之所在。

不僅中國文化有其悠久的傳統，有其深厚的個性，在將來多采多姿的世界人類一個共通的新理想新文化之產生與完成上，一定有其偉大之貢獻；尤要者，在於中國的文化傳統及其教育理想，自始卽深蘊有一種共通的世界性之存在。

中國古書中大學一篇，在修身、齊家、治國之目標之上，早已舉出「平天下」一個更高的目標，可見中國人理想上的大學教育，自始卽着眼到世界之「共通性」。

我們可以說：直到現在，世界各民族的教育目標，依然多注重在個人觀點，乃及國家民族觀點上，只有宗教教育，比較能有一種以全世界全人類為其教育對象之抱負與精神。所不幸的，世界各大宗教，因其許多附加上的東西，如宗教儀式與教會組織之類，而使宗教與宗教間的隔閡，更勝過於國家民族間的隔閡。似乎國家與民族之間，有時尚可因於實際的利害關係而調和，而結合。而宗教與宗教之間，則一時更不見有融和與結合之功能。

只有中國的文化傳統，其看重人文教育之功能，更勝於其看重宗教教育。而其人文教育之傳統理想，一向希望能把個人與國家民族，此兩觀點，調和融化在天下觀點之下，而期求以全世界全人類之共通理想為其教育理想之對象。因此，只有在中國社會，一向主張以人文教育來代替宗教教育之功能。而同時，也只有在中國社會，對於宗教信仰之容受量也是最寬大，可以有許多種不同信仰的宗教同時存在，而不見有衝突。遠從一千四五百年以前，佛教傳入中國，此後有回教、有耶教，相繼傳入到中國社會，直到最近，此諸宗教，並不曾與中國自己傳統的人文教育精神有過嚴重而不能相處的衝突。而此諸宗教，在中國社會上，亦各有其信徒與地位，在其相互間，亦不曾有過不能相處的嚴重衝突，此乃是一種歷史的現實。

中國這一個國家，其土地之廣大，人口之眾多，在幾個世紀以前，現代科學尚未發展，因於地理交通之種種阻礙與不便，在中國人想來，中國一國，已經占有了這個世界上主要的絕大部分。因此在中國人的觀念中，國家和天下是兩個相距不太遠的觀念，由國家觀念稍稍向前展擴，便是天下觀念。

而且中國人還相信，天下不平，斯國亦不治不安。中國人之所以能長久維持此一廣土眾民之大國之存在，亦可謂即基於其傳統的人文教育，其理想的對象自始即能注意到人類世界之「共通性」這一面。

因此，中國人的教育理想，由個人到家庭，到國家，到天下，由此以上，則是天與人的關係了。在這中間，中國人卻恰恰不太看重到民族的一觀念。似乎從中國人的理想看來，民族相異是可以把文化和教育的功能來使之融和合一的。在世界全人類之上，在中國人觀念中，還保留着有一個「天」。中國人的終極理想，則是「天下太平」，「世界大同」，而達於「天人合一」。因此，在中國人的想像中，民族界線，不該是一條不可泯滅的界線；而信仰衝突，亦不是一種不可解消的衝突。

由於上述這一觀點，在我認為，一所理想的中文大學，如能在人文學科一方面，儘量發展其固有的特殊性，卻可同時到達現在世界的大學教育所應到達的，在此一方面的共同理想與共同責任之新需要。再換言之，中國已往傳統的那一套人文教育的理想，在我認為，是有許多重要之點可與此後世界新教育所應追求的共同理想，有其遙相符合之點的。

當然，如我上述之一觀點，非從中國文化之全體系中來詳細闡發，非從中國的哲學思想、人生觀點、與夫教育理論之各方面來詳細闡發，而單單如我上文之所述，或許不易得別人之信服與瞭解。而且近百年來的中國，因於西方新教育思潮之湧進，也從未曾對其自己傳統的教育精神與教育理想有所注意。在中、小學方面，一意灌輸國家思想與民族觀念；在大學方面，則個人主義的色彩極濃重，雖對自然科學方面，有意追隨世界水準，但亦忽略了因地制宜的特殊應用。至於人文學科方面，則完全失去了應有的個別性與獨立性。

但無論如何，將來眞有一所理想的中文大學出現，應該能對符合世界理想的一種人文教育方面有特殊的貢獻，則是必然的，而且也是相宜的。

（約一九六三年為香港即將成立中文大學作）

# 六　改革中等教育議

## 一

鄙人前撰改革大學制度議，粗陳涯略，間滋誤會。或疑鄙意菲薄實科與專業，此在原文中説已明，無煩辨解。或疑鄙意提倡通學，有減低大學程度之嫌，則由時賢夙習，尊專業，蔑通學，故云爾。鄙文特主教育旨趣轉換一方向，並與程度高下無涉。

昔人論學，每言「博約」。博不即是通，必博而有統類而能歸於約之謂通。專不即是約，約如程不識將兵，有部勒約束。又如滿地散錢，以一貫串之。故約以博為本。而今之專業，則偏尋孤搜，或不待於博。就此言之，倡導通學，無寧是提高程度。

或主中學教育應主通，大學教育應主專，此亦不瞭通學難企，誤謂略具常識即為通，是又淺之乎視通矣。

且學校教育與私人學問，判屬兩事。私人學問當各就性業，畢生從事；學校教育則為青年壯年人樹立一共同基礎，俾可由此上進。今謂中學修其通，大學務其專，是欲以學校教育包辦私人學問，代大匠斲，希不傷手。

時論既多主提高中學程度以為大學專精之階梯，爰草此文，再獻芻蕘。

## 二

各階段之教育，本各有獨特之任務，中學校非專為投考大學之預備而設。目前各中學程度，難免低落，此乃一時現象。若就民十七至民二十七，此十年間江浙平津一帶而論，則中學校課程，已不嫌其過鬆，而嫌其過緊。專就學業知識論，似乎所望於中學生者，已嫌其過高，而不嫌其過淺。中等教育本與大學有別。知識學業之傳授，並不當佔最高之地位。青年期之教育，大要言之，應以「鍛鍊體魄」、「陶冶意志」、「培養情操」、「開發智慧」為主，而傳授知識與技能次之。

今日國內有一至可悲觀之現象，厥為知識份子體魄與精力之不夠標格。一二十歲上下之中學畢業生，已漸具書生氣，精神意識已嫌早熟。至大學畢業，年未壯立，而少年英銳之氣已銷磨殆盡，非老成，即頹唐。社會政、軍、商、學各界領袖，大體年齡，較之歐美各國，比數相差幾有二十至三十年之鉅。中國各界主持活動之強固中心人物，率在四十前後，而歐美各邦，則六十七十不為老。大抵中國人一過三十，便無勇猛精進可言。一過五十，便無強立不返可言。精神意氣早熟早衰，社會活力日以淪澌。儻更不於當前青年教育加意矯挽，國族前途，復何期望？

更論中國知識份子之畢生生活，大體自家庭入學校，自學校入社會，而此社會又大體以都市為限。莫非一溫煖狹隘之境，不啻在花房中玻璃陽光下所煦育之一種盆景花卉也。其自少而壯，自壯而老，常纏綿於閨房之內，流連於城市之間。濈濈濕濕，蟻附蚋集，既以喪其邁往之韻，復以斲其敦厖之質。深山窮谷，驚浪駭濤，心魂既所不接，神情為之噩眙。筋骨柔脆，意興卑近。當其在學校，非不言衛生，而衛生特享受之別名。非不言運動，而運動僅遊戲之餘事。其體魄之完固，精力之瀰滿，姑勿與並世歐美相較，回視百年前吾儕所最鄙視之八股時代，蓋猶有遜色焉。彼時一秀才，赴鄉會試，三年一度，以交通之不便，近者數百里，遠者數千里，經月累時，猶得以跋涉山川，冒歷風霜，識天地之高厚，親民物之繁變。其所以強身體而壯精神之道，有非今日學校青年所能夢想。今則掩目於書本文字之中，放膽於朋偶謦咳之側，體魄衰而精力糜，意志不堅強，情操不高潔，智慧不開敏，而嫥嫥焉惟知從事於知識技能之傳習，造詣有限，運用無力，根本已撥，妄希花果，亦多見其不知務矣。

竊謂今日中學教育，當痛懲舊病，一變往昔偏重書本之積染，而首先加意及於青年之體魄與精力。當盡量減少講堂、自修室、圖書館工作時間，而積極領導青年為戶外之活動。自操場進至於田野，自田野益進至於山林，常使與自然界清新空氣接觸。自然啓示之偉大，其為效較之書本言說，什百倍蓰，未可衡量。昔德人於前次大戰失敗後，即主以山林自然生活恢復其青年之内心活力。吾國近百年來，全國上下，麻醉於罌粟、沉酣於麻雀，精神意趣，束縛於門庭廛邑之間。毒霧瀰漫，未有所廓清。非大加蕩滌，振奮無由。當使學校一切田野化，山林化，使青年一入學校，恍然於一種新生命新境界之降臨。庶足以掃除國人宴安於闉門迷戀於都市之沉痼，而後身體精神知識事業始有可商。

## 三

夫教育精神，貴能因時設施，非有成局定格可以永遵勿渝。今國民黨人常言「忠實同志」，此言最堪味。今國人所缺，正在「忠實」，而所騖則為聰明。聰明日增，忠實日減。聰明即闤房城市之習，忠實則田野山林之氣。抑聰明者尚知，忠實者尚行。孫中山先生領導革命，深感時弊，而唱「知難行易」之教。其用意在勵國人之起而行，非奬國人之坐而知。乃今國人羣相曲解，謂惟其知難，故當勉於求知。不知尊所聞則高明矣，行所知則廣大矣。一國事業，知者居其一，行者居其百。今日國人大病，不在知之不足，而在行之無實。國家社會各方面所要之人才，非患其不聰明，而患其不忠實。非患其無知，而患其不行。今日之病，非白癡，非狂惑，乃癱瘓之與萎縮也。而今日國家教育，姑以最好評語加之，則一種徹頭徹尾之「尚知教育」。此正如以水救水，以火救火，其何能濟？

抑又有進者。知貴乎個別之鑽研，行貴乎共同之協調。故務知者其羣渙，勵行者其體凝。務知，故各以空言爭領導。勵行，故互以實踐期成績。吾國自民四、五提倡「新文化運動」以來，承學之士，莫不曰「自由」，曰「解放」。以個性伸展為旗幟，目禮教為吃人之工具。以大羣為小我之桎梏，以衝決網羅打破枷鎖為鬥士之光輝。而流弊所屆，特立孤詣之士未見其多，泛駕逸軌之象則層出無已。今日對症發藥，固當裁抑小我，獎進羣育，納之軌物，宏以大道矣。

然尚知尚行，特教育精神畸輕畸重之間，非謂其截然劃然如鴻溝之不可踰越。以舊教育擬之，尚知乃「詩書」之教，尚行則「禮樂」之教。儒者謂「禮樂不可斯須去身」，以今日學校課程言，體操、唱歌卽猶禮樂。衡以儒家理論，此兩科當為學校教育之最高科目。日日必修，不可或缺。師生並習，無分上下。大抵初級中學應以樂為主而禮副之。高級中學則以禮為主而樂副之。初級唱歌，宜多製發揚蹈厲之辭，繼以宏大和平之旨。以大羣合唱為主，以舞蹈進行為助。務求活潑動盪，開拓其情趣，暢悅其胸襟。而又輔之以晨夕之勞作，健身之遊戲，以及郊外之遠足。至高中則以嚴格之軍事訓練與大規模之山林眺覽夾輔並進，而以競技運動與莊嚴肅穆之歌曲輔之。其他如童子軍、青年營等訓練，皆當切實重視，不得目為課業餘暇之消遣與點綴。凡學校師生生活，皆當以禮樂為中心，以鍛鍊體魄，陶冶意志，培養情操，開發智慧為目的。而知識技能之傳習，則降而次之。孔子曰：「行有餘力，則以學文。」子路謂：「何必讀書，然後為學。」皆此意。

或疑若是則學業將有益降愈下之弊。不知苟其人體魄完固，精神充健，意志定而情趣卓，則智慧自開敏，知識技能雖粗引其緒，他日置身社會，自能得路尋向上去。孔子所謂「吾見其進，未見其止也。」苟既體弱而神荼，志搖而情卑，智慧昏惑，不得安寧，而徒皇皇汲汲於知識之灌輸，技能之修習，今日學校青年之徬徨歧途，煩悶苦惱，激而横潰，疲而半廢，前車之覆，正復可鑒。抑學校課程，果能改絃易轍，則別自有取精用宏事半功倍之道。程度之提高，不在於繁其課目，多其鐘點，而在乎門類與內容之精選及教法之嚴格。竊謂今日學校課程，以別擇不精，濫雜鋪張，而浪費精力者，居三之一。以教法不嚴，鹵莽滅裂，而塗塞聰明者，又居三之一。若能刪其蕪穢，抉其菁華，專力并赴，則課程雖簡，而學業自進。合之上文所論，正可收相得益彰之效。

## 四

嘗試追求今日學校課程病根，蓋亦自新文化運動以來。一則高唱重新估定一切價值，而結果則支離破碎，漫無準繩。一則提倡科學教育而未得其方，大學專門化之風氣，寖尋波及於中學。一切課目，皆趨於形式僵化，未能提其精英，活潑運用。前者之弊，其著在文科。後者之弊，其著在理科。一則古今中外，淺深雅俗，樊然雜陳，如百衲之衣，天吳紫鳳、破布敗絮，捃摭拼凑，陸離光怪，而不問其何以被於體。一則聲光熱力動植生礦，上自天文，下至地質，山珍海錯，食前方丈，而不問其何以納諸胃。前者病在駁而不純，後者病在積而不化。一則沙石俱下，無益營衛。一則醲肥太過，徒增鬱悶。

今日中學課程之改進，惟有二道：曰「精」，曰「簡」。庶使學者精力充沛，神智自生。否則買菜求多，學海深廣，青年力弱，終有沒溺之患。

又近制中學分高、初兩級，課程多一周環。初中學齡僅當十二三歲，即須離家外宿。學校既護育難周，稚年身心，受損匪細。謂宜仍舊貫，後期小學增一年，而高初中並合為五年制。又宜多設各項補習學校，職業學校，專修學校等，與普通中學並行，一如大學之例。

上之所陳，頗多乖背時風。如課程之改訂，師資之培養，皆非倉促可希。苟非其人，雖有良法，亦莫所施。徒更規章，轉滋擾動。惟事關國家民族復興百年大計，心之所蓄，終不敢默。非敢故標高論，輕求更張。尚望公私賢達，詳賜考慮。儻得於大、中兩級，妙選人才，各辦試驗學校一二所，俟成效確著，再謀推布，或亦穩健之一法。

（民國三十年四月二十日大公報星期論文）

# 七　從整個國家教育之革新來談中等教育

## 一

中國創辦新教育，自前清同治初元迄今八十年，始終不脫兩大病。一曰實利主義，一曰模倣主義。實利主義之病，在乎眼光短淺，不從本源處下手。模倣主義之病，則在依樣葫蘆，不能對症發藥。其實二病仍一病。病在始終缺一全盤計劃與根本精神。我所謂全盤計劃與根本精神之教育，當名之曰「國家教育」。而前清以來八十年之教育，則殊與國家教育無涉。當其最先所設學校，只限於廣方言館、水陸師學堂乃至格致書院之類，充其量，不過欲造就少許繙譯人才、軍事人才與製造機械之人才而止。學外國語言文字，根本只為外交作翻譯之用。學格致，根本只為軍事上種種機械製造之用。自始便無一段精神認識到國家教育之深處。此由一種短淺的實利主義作祟，而模倣主義亦自依隨而起。

此一病直到民國初年，科舉既廢，政體既改，國人漸漸覺悟教育不僅為繙譯與製造。一時目光，漸漸從軍事與外交轉移到政治、法律、經濟諸部門，又更進而推及於文哲、歷史、藝術各類。當時乃有所謂「新文化運動」，而溯源尋根，仍還自前清同光以來之思想一氣呵成。所異者，前一期乃實利主義為主而模倣主義副之，此一期則模倣主義為主而實利主義副之。而緊接新文化運動之後者，乃為科學救國與科學教育之呼聲。其所謂科學教育者，依然缺乏一根本精神，無當於國家教育之深旨。就其實，仍以實利主義與模倣主義為支撑。不過又復以實利主義為主而模倣主義為副，「實利」與「模倣」二者之間，稍有畸輕畸重之轉變而已。此乃民十八以來之大體情形。

風尚所趨，近幾年來各大學新生投考，報工學院者異常擁擠，而理學院則寥寥。文法學院獨一經濟學系最盛，而經濟系的課程，亦只偏向於銀行簿計會計管理之類，絕少對經濟學原理有興趣者。哲學系最不受人注意，而五人中至少四人學西洋哲學，至多一人學中國哲學。文學方面則十人中至少八人學西洋文學，至多兩人學中國文學。此乃當面之事實，事實後面透露出一種心理。此種心理之傾向，便足表示一時代之風尚。而此輩中學青年投考大學時之心理傾向及其風尚之來源，則不得不說是教育精神所感召。

此種教育精神，直從前清同光以來，一路從源頭上看，又從當前實際情形看，不能不說其仍只為實利主義與模倣主義之作祟。若非為實利主義，何以羣趨工科而不習理科？若非為模倣主義，何以羣習西洋文學哲學而鄙棄本國文哲？所以民國三十年來之新教育，似乎依然擺脫不掉模倣與實利。實利是其目的，模倣是其手段。實利非不該講，模倣非不該有，然若僅以模倣希冀實利之心理與見解為國家教育之重心，則實利既不可得，而模倣亦且不可能。我們的教育精神與教育理論，實有再反省與再討論之必要。

## 二

今當針對時弊，提出兩口號。

一曰「文化教育」。

一曰「人才教育」。

此兩口號亦互為表裏，乃主以國家民族傳統文化來陶冶真切愛護國家民族及能真切為國家民族服務之人才。文化教育可以糾正新文化運動以來之一味模倣，人才教育可以包括時下科學教育專重實利主義之偏狹。所謂人才教育者，不僅限於自然科學之一面，而政法、經濟、文哲、歷史、藝術諸門亦已兼容并包。此種人才，求其能真切愛護國家民族，求其能真切為國家民族服務，則必以國家民族自本自根之傳統文化為陶冶，否則若其人對英國文學哲學、英國歷史藝術乃至英國一切政法經濟之本末源委知之甚悉，而對吾本國之此諸項目一無所知，則其人中心愛護英國之真誠必較其愛護本國者為更深更切。而其人之服務於本國社會，勢必多所扞格，多所膈膜，不能為本國國家民族所理想要求之人才。此理至為顯明。

科學可以無國界，政法、經濟、文、哲、史、藝諸科不能無國界。科學人才雖可由留學教育而造就，政法、經濟、文、哲、史、藝諸科之人才，則必自本自根由自己傳統文化為陶冶，非外國教育所能代勞。若國內政法經濟乃至文、哲、史、藝諸門皆無人才，皆無出路，則縱有外國教育所代勞而造就之科學人才，亦將感英雄無用武之地之苦痛。故科學教育僅當為人才教育之一部門，當於國家教育之全盤計劃下有其地位與效用。而國家教育之全盤計劃，則必於國家民族自本自根之傳統文化有較深之認識與重視。故講求國家教育之全盤計劃與根本精神，實捨文化教育與人才教育莫能當。

中等教育為國家教育之一環，故中等教育亦當以文化教育與人才教育為主體。若根據此項意見，則當前之中等教育實有多需改正之處。目前中等教育第一大病，在僅以中等教育為升入大學教育之中段預備教育。而大學教育之終極目標，則為出洋留學。換言之，出洋留學，乃不啻為吾國家教育之最高階層。故國內各大學各科教科書，幾乎十之七八以採用西洋原本為原則。大學新生，以先通一種外國文為及格標準。而進入大學以後，則以徑讀西洋原本教科書及進而選修第二外國語為普通之常例。通常所謂第一外國語者，大體乃為英文。故中學教育之中心責任，乃不啻為投考大學之英文補習學校。學生在各科學程上所化之精力，幾乎強半為修習英語之時間。然若此學生將來並無升入大學之機會，則其研習英語之工夫亦強半等於白費。

欲矯此弊，首宜釐革大學課程。尤要者，莫如一切教科書均以用本國文字為原則。中國興學八十年，自有國立大學亦逾四十年。前清光緒二十四年舉辦國立京師大學籌備章程有「於上海設編譯局，各學科除外國文外，均讀編譯課本」一條。乃至今逾四十年，國立大學各學科仍無編譯完備之課本，仍要借用外國原本教讀。抑且一般見解，不以此為可羞，轉以此為可誇。此實四十年來國家教育之失敗，亦四十年來留學教育疲緩不濟事之奇恥大辱。不僅大學各學科教本必需用本國文字編譯者為原則，卽各學科基本參考用書，亦當由國立編譯機關作大量有計劃之繙譯。庶使學者省其攻讀外國語文之精力，以從事於學科本身之精研與深究。

尤要者，國家必設法提高本國大學之地位，勿再以出洋留學為國家教育之最高階層。苟使此兩事辦有成績，則庶乎可以走上文化教育、人才教育之趨嚮。否則全國青年，當其有志嚮學，卽日夕孜孜於外國語言文字之攻讀。及其成學有立之最高階段，又全付其責任於外國人之手。如是而言文化教育、人才教育，眞所謂南轅北轍，將愈趨而愈遠。更不如緣木求魚之僅止於不可得而已。

國家教育若誠有意於文化教育與人才教育之兩目標，則又有一事必當注意者，卽國立大學當以文理學院為首腦，為中心。其他特殊專門學科如醫、工、農、礦、漁、牧諸類，不妨因地制宜，多設獨立學院，與大學中心理工學院分道揚鑣。蓋前者為文化人才教育而設，後者則為養成職業技術之專門人才而設。兩者旨趣不同，分之則兩美，混之則兩損。若大學有此分設之規定，則中學問題亦迎刃而解。中學亦應分普通中學與職業中學兩類。普通中學為文化人才之教育而設，職業中學則為養成職業技術之專門人才而設，性質亦復不同。凡受普通中學之教育者，主旨與大學中心文理學院之教育同，皆以國家民族傳統文化陶冶眞切愛護國家民族與能眞切為國家民族服務之人才為主。是為國家教育之骨幹。而各項中學職業學校與各項專門獨立學院則如枝葉之附麗。其設科施教，不妨偏於實用，不妨模倣外國之成規，然皆非所語於國家教育之主幹。

## 三

若如上論，普通中等教育之主要任務，實當以文化教育為手段，以人才教育為目標。換辭言之，卽注重於國家民族傳統文化之陶冶。經此一番陶冶而出者，則當期其為國家民族所理想要求之人才。本此旨趣，中學教育之中心課務，實當以本國語言文字之傳習為主。夫科學知識可以分門別類，而人生所需要之知識，實不盡於科學知識。因此有許多知識雖為吾人所必需，而往往無門類之可分。因此學校教育若以科學教育為中心，必將遺漏好許為人生所必要之知識。若以文化教育為中心，則此病可免。而文化教育之最重要者，則首推文字教育。

一國之文字，卽此國家民族傳統文化之記錄之寶庫。若使青年能讀一部論語，讀一部莊子，讀一部史記，讀一部陶淵明詩，彼之所得，有助於其情感之陶冶，意志之鍛鍊，趣味之提高，胸襟之開廣，以至傳統文化之認識，與自己人格之養成，種種效益，與上一堂化學聽一課礦物所得者殊不同。然不得謂其於教育意義上無裨補。抑且無甯謂教育之甚深意義，實在此而不在彼。今日中國學校中對於本國文字之教育，我無以名之，名之曰「遷就之教育」。夫教育宗旨本在懸一高深之標格，使低淺者有所嚮往而赴。遷就教育則不然，教育者自身無標格，乃遷就被教者之興趣與程度以為施教之標格。

夫學問有階級，不可躐等，此義盡人皆知。然文字教育則有時貴乎投入親驗，使之當面覿體，沉潛玩索之久，而恍然有悟，豁然有解。此所謂欣賞，而階級之制限有時為不適用。今國人每議本國文字為深玄難解，不知此當投入親驗。惟讀莊子可解莊子，惟讀史記可解史記，若先斥莊子、史記為難讀，先讀其淺者易者，而文字文學之階層亦重重無盡，若取遷就主義，則更有其尤淺尤易者。日親淺易之讀物，永不能達高深之了解。施教之標格日遷就，受教者之智慧日窒塞。此如希臘神話亞俠兒（Achilles）與烏龜賽跑，亞雖善走，將永遠趕不上烏龜。何者，亞之腳步如必依照烏龜前行之距離為比例，而不許其痛快大踏步前進，則勢惟裹足不前，而乃永無追出烏龜之望。今日中國中小學本國文字文學之課程，皆烏龜也。此種遷就主義，不知埋沒冤屈了幾許英才。

今日中國一中學畢業生，彼乃無自己閱讀本國古書之能力。彼乃不啻生在一無文化傳統之國家。彼心神之所接觸者，僅限於眼前數十年間之思想事物而止。彼之情感何從潛深？意志何從超拔？趣味何從豐博？胸襟何從豁朗？此等教育，大率為目前計，不為文化之傳統計。此等教育所造就之人才，除卻所謂科學知識外將一無所得。

而今日中國中學大學中之教授外國文，則精神意趣，與前所云云者大異。彼尚不失有一標格，而強人以必赴。故卽在中學生已有讀莎士比亞之戲劇，雪萊之詩歌者。二十年來，各大學中學學生之晨夕孜孜披一卷而高聲朗誦者，百分之百皆誦英文，絕無一人焉讀本國文學者。若有之，其人必為儕偶所腹誹，所目笑，而彼亦將引為奇恥大辱。然此數十年來，試問國內造就幾許眞懂莎士比亞、雪萊之文學者乎？以中國之大，有千人萬人熟讀莎士比亞、雪萊不為多。獨怪以中國之大，乃漸漸有尋不到能讀本國文學本國古書之青年之情形。彼輩在中學校畢業，既未具備自己閱讀本國文學本國古書之能力，彼之全部精力乃全費於研讀外國書之準備。及其畢業以後，所入者乃中國社會，絕少繼續研讀外國書之機會，而中國文學中國古書雖日觸於眼簾，彼固無此能力，亦無此信仰，併無此興趣。彼乃不得不與學術界文化界相隔絕。卽自大學畢業者，亦何獨不然。彼輩大率能讀外國書，而未必常有外國書可讀。彼輩大率不能讀中國文學古書，而彼輩終不能耐無書可讀之苦。則一般閱讀興趣，乃不得不集中於時下新起之新文藝與宣傳小册，以為消遣。

故今日中國國內之學術空氣，僅能存在於學校之內部，絕無法推廣及於社會。而所謂學校內部之學術空氣，又常汲源於外洋，非植根於本土。今日中國國家教育，乃盡力自掘傳統文化之根，又盡力為移花接木之試驗，而二三十年來之成效，則已大可見。若曰推行科學教育，則科學應重事物實驗，不應白費學者心血於外國文字文學之研習。若曰推行文化教育，則中國自有傳統文化。謂中國無有科學則可，謂中國無文、哲、史、藝諸學則絕不可。謂中國政、法、經濟諸學須參考外國新學則可，謂研究政、法、經濟者可絕不理會中國已往自己傳統則絕不可。若曰必全盤西化，則專通英文，決非全盤西化。若强中國人必兼通英、法、德、俄各國文字，其事既難。若亦窮本竟源，先修希臘拉丁文，再從之自創一新式西化之中國文，一若彼中英、法、德、俄諸邦之自十四世紀以下之各自創其新文字然，此又不可能之事。然則中國學校何以必以研習英文為首務，我無以名之，名之曰「模倣之教育」。夫亦曰英國人讀莎士比亞，我亦讀莎士比亞而已。英國人讀雪萊，我亦讀雪萊而已。又知英國人嘗捨棄希臘文拉丁文之研習而自創新英文，我亦捨棄我之古書古文而已。謂之模倣教育，誰曰不宜。

曰模倣教育，猶遜辭。刻實言之，則乃一種次殖民地之教育。故今日中國國家教育之惟一出路，端在轉移此種模倣教育之積習。若使中等學校之青年，於晨光曦微，晚燈煜燁之下，手一卷而高聲朗誦者，非莎士比亞與雪萊，而為論語、莊子、史記、陶淵明，則具體而微矣。

## 四

今日學校教育有一絕大困難問題曰「訓育」，而中等學校尤甚。夫「訓」「教」一貫，本非離教而別有所謂訓。今離教而求訓，訓必無效。教者非以己教，乃以己之所學教。己之所學在論語孔子，己之所教亦為論語孔子。所教非我之言，乃論語孔子之言。學者非欲其尊信我，乃欲其尊信論語孔子。由尊信論語孔子，乃亦尊信及於我。古語云「師嚴而道尊」，然亦以道之尊而後師可嚴。又曰「尊師而崇道」，其實亦以道之崇而後師始尊。今學校以訓育問題而牽連及於導師制度，深苦導師之不勝任而難其選。

夫師之地位在其所教。若求導師，則中國往古聖哲豪傑，如孔子、孟子、老聃、莊周以來，何啻數千百萬，皆導師也。使學者讀其書，想見其為人；誦其文，若聆其言，不啻耳提而面命。潛移而默化，心領而神會，則既有教而訓隨之。今乃一切捨棄，曰此已死之陳人，已死之陳言，不足以為教，然則又孰足以為教？

昔日小學校兒童所聽古事如孔融讓梨，如司馬光剝胡桃，凡其所學，即可為訓。今日小學校所學，大率乃一隻狐狸三個小仙女之類。昔日中學生國文課頗讀史記項羽本紀之類，今日中學生則只讀魯迅之阿Q正傳。昔日青年入學校，其背後尚有家庭父兄之教督。今日則全國家庭父兄皆已自承頑固，再不敢教督其子弟，轉望子弟自學校携返新教訓以煥發其家庭。

故今日之青年，就文化傳統言之，彼乃上無千古，下無百世，彼乃一無承續無蘄嚮之可憐蟲。徒日嬲其旁曰「革新」，曰「創造」，曰「獨立」，曰「自由」。則無怪其日趨於獷獟而無文，桀黠而難教。故今日之教者惟有兩途：一則曰「為公民當云云」，一則曰「西洋人云云」而已。夫公民僅限於奉公守法，僅限於政治之一角落，固未能滲透及於人生之全部。西洋人云云非不可教，然道聽而塗說，隔靴而搔癢，實不能深切著明也。今欲指導其成一理想的中國人，苟捨此二者，而為師者自以己意為教，曰我欲云云，則學生羣起而鬨之。

然則將何以為教？曰「必本於自己國家民族之傳統文化以為教」。教育卽文化之一部分，今既剷截數千年傳統文化，只許就目前當今以為教，是則教育脫離文化而成為無文化之教育，故其教育之收效也特難。青年在學校，已感其無可教，而謂一出學校，便可為國家民族理想需要之人才，此又必不可得之數。

## 五

故今日之國家教育，誠以「人才教育」為正宗，則文字文學之教育實至重要。而文字文學之教育，又必以本國之文字文學為主，此則無煩詳論。學校教育不過一引端，學者在學校，既有修習文字文學之基礎，及其出學校而入社會，自可繼續與書本相接觸。而其國家民族已往文、哲、史、藝乃至政、法、經濟諸部門文獻成績之積累，始可與現時代國民發生一種親切而深厚之關係。而後其現時代之國民，亦始可承續其國家民族已往傳統文化之大源而繼續有所衍進。夫是之謂人才教育，亦夫是之謂文化教育。曠觀世界各國之國家教育，亦何莫不然。

然則今日國人之主張模倣教育者，夫亦只模倣其外皮耳。英國學校決不以教授德文為主課，德國學校決不以教授英文為主課，英、德學校皆各以教授其本國文字文學為主課，何以中國學校獨必以教授英德文為主課乎？德文有名著，英國人必加繙譯。英文有名著，德國人亦必加翻譯。然則何以中國人必以直接能讀英德文原本為條件耶？此非其理論之荒唐，即其意境之懶散。中國厲行留學教育已八十年矣，而今日之中國人，仍無大量翻譯書本可讀，學校仍以教讀外國文為主課，仍以用外國原本教科書為標準。此卽留學教育無當於人才教育、文化教育之明徵。

故必有留學教育之終止，始可謂是留學教育之成功。若永遠以留學教育為國家教育之最高階層，此卽不啻宣告留學教育之最大失敗。必以繙譯事業代替留學教育，必以重新提高本國古書古文之教育價值為國家文化教育人才教育之基礎，亦必有此先事，而後中等教育始有刷新之希望。

今再概括言之，則本於國家文化教育、人才教育之旨趣，一普通中學生，必以能自己閱讀本國已往古書古文為其畢業之起碼標準。再本此標準而約略設計普通中學之課程，則關於各項自然科學社會科學知識之傳授，其課程地位最多不當超過文字文學研習課程之一倍以上。而對於外國文字文學研習之課程與時間，最多亦不當超過對於本國文字文學研習時間之三分之一。

猶不盡於此，一面尚當於大學校先培植能勝任愉快之中學國文教師，一面又當自小學校起再厲行改變國文國語遷就教育之通病，而後此新標準始有到達之希望。

若論科學教育，則本不必多量注重於文字之研修。今既於普通中學外儘量多設各種獨立學院，又國家設立大規模編譯館，儘量繙譯外國各部門之重要書籍，而學者中之聰明特秀者，仍得於大學文理學院中精研外國文而為中外兼通之人才。此固於時下所主吸收西洋文學及提倡科學教育兩無妨礙。必有此調整，而後中等教育乃有徹底更新之可能。否則就中學而言中學，縛手縛腳，左支右絀，殊無自由發展之餘地。

（民國三十一年一月為四川省教育廳中等教育季刊撰，是年二月重慶大公報刊載。）

# 八　革命教育與國史教育

## 一

承主席命鄙人臨時隨便説幾句話。上午適讀本届會議參考材料第一號，民國二十七年八月蔣總裁訓詞「革命的教育」，深受感動。本會的意義與使命，已在總裁訓詞裏深切指示，我們只須眞實認識眞實推動，更不必再多説話。

總裁訓詞裏説，「我們今後教育目的，要造就實實在在能承擔建設國家復興民族責任的人才。而此項人才，簡單説一句，先要造就他們成為一個眞正的中國人。」這是一個萬分痛切的教訓。要做一個眞正的中國人，我想惟一的起碼條件，他應該誠心愛護中國。所謂誠心愛護，卻不是空空洞洞的愛，他應該對中國國家民族傳統精神、傳統文化有所認識瞭解。譬如愛父母的兒子，他必先對其父母認識瞭解一般。這便是史地教育最大的任務。

一部二十四史從何說起。國史浩繁，前人早已深感其苦。何況身當我們革命的大時代，在一切從新估價的呼聲之下，更覺國史傳統之不易把捉。但是愈是新的改進，卻愈需要舊的認識。過去和現在，絕不能判然劃分。因此在我們愈覺得國史難理的時候，卻愈感國史待理之必要。

我常細聽和細讀近人的言論和文字，凡是有關主張改革現實的，幾乎無一不牽涉到歷史問題上去，這已充分證明了新的改進，不能不有舊的認識。只可惜他們所牽涉到的歷史問題，又幾乎無一不陷於空洞淺薄乃至於荒謬的境界。這是事實告訴我們，我們這一時代，是極需要歷史知識的時代，而又不幸是極缺乏歷史知識的時代。

## 二

讓我略舉數例以資說明。我常聽人說，「中國自秦以來二千年的政體，是一個君主專制黑暗的政體」。這明明是一句歷史的敍述，但卻絕不是歷史的眞相。

中國自秦以下二千年，只可說是一個君主一統的政府，卻絕不是一個君主專制的政府。就政府組織政權分配的大體上說，只有明太祖廢止宰相以下最近明清兩代六百年，似乎迹近君主專制，但尚絕對說不上黑暗。人才的選拔，官吏的升降，賦稅的徵收，刑罰的處決，依然都有法制的規定，絕非帝王私意所能輕易搖動。如此般的政權，豈可斷言其是君主專制。只緣前清末年人，熟於西洋十八世紀時代如法儒孟德斯鳩輩的政論，他們以為國體有君主、民主，政體有專制、立憲，中國有君主而無國會，無憲法，便認是君主專制。不知中國政體，如禮部之科舉，與吏部之詮選，已奠定了政府組織的基礎。不必有國會，而政權自有寄託。如有名的唐六典，大體為宋代以來所依照，極精密極完整的政權分配，使全國政府的行政機關各有依循，更不必有憲法，而政權自有節限。而況明代以前，宰相為政府領袖，與王室儼成敵體。帝王詔命，非經宰相副署，即不生效。

現在我們一口抹殺，說二千年來之中國政體，只是一個專制黑暗的政體，非得徹底翻新不可。其實政治只是社會各項事業中的一項，而又是較重要的一項，政治理論全部變了，則牽連而及於社會其他各項事務之理論，亦必隨而變。牽一髮，動全身，因而搖動及於全部的人生理論精神教育以及整個文化傳統。若果中國傳統政治及其背後的理論，需要全部翻新，徹底改造，以前種種譬如昨日死，一刀兩截，亦自痛快，然而以後種種從何產生，卻成了一絕大的問題。

因此，在革命共和的初期，便已有英國制與美國制的爭論。而隨著上次歐洲大戰後的新變動，國內又產生蘇維埃共產政治與德意獨裁政治的鼓吹與活動。試問一個國家的政治理論及其趨向，這是何等一件有關於全民族的事，若果把它的重心全部安放在異邦外國人身邊，這又是如何一件可詫異而可驚駭的事。只有孫總理的「三民主義」，努力要把中國將來的新政治和已往歷史傳統，連根接脈。而可惜他的意見，尚不為一般國人所接受。一般國人只還是說，中國自秦以下二千年政治，只是專制黑暗，而今全都要不得。他們援據的是歷史，可惜是他們並不是眞知道歷史。因於不知道，故而不愛護，但求一變故常以為快。

再舉一例。我又常聽人說，「中國人二千年來閉關自守，不與外來民族相接觸，因而養成文化上自傲自大深閉固拒的態度」。這又是一句歷史的敍述，只可惜仍不是歷史的眞相。秦以前暫不論，我們姑就秦以下言之。自東漢初葉，中經魏晉南北朝，下迄隋唐，大體上超過六百年的長時期，那是一段中國人接觸吸收印度佛教文化的時期。印度可說是中國的近西。自隋唐以下迄於宋元，大體上又有六百年的長時期，可說是中國人接觸吸收阿剌伯回教文化的時期。阿剌伯波斯可說是中國的遠西。中國自秦漢以下的一千三四百年間，西北陸路、西南海路的對西交通，從未斷絕，中國人何嘗閉關自守？今佛教不啻為中華民族普遍流行的一種宗教，而回教之在中國，亦得自由傳布。漢、滿、蒙、回、藏，民國以來合稱「五族」。中華文化吸收印度佛教之影響，已是盡人皆知。而唐以下中華文明所受阿剌伯波斯回教東來之波動，現在尚需歷史文化學者詳細闡發。中國人何嘗自傲自大，而又深閉固拒，於外來文化絕無接納？六朝隋唐中國高僧西行求法的熱忱，以及唐以下中國對波斯大食商人的坦白寬大的態度，只廣州一埠，在唐末便有大食波斯商人十萬之譜。而其時大食波斯商人之足跡，實亦普遍於中國之內地。從此便夠證明上述中國人文化自傲對外深閉固拒的評狀，全無根據。此等語，只是近代西洋教士與其商人的讕言，並非歷史眞相的敍述。

西洋中古時期的耶穌教，本已包攬著許多政治社會上的塵世俗務。海通以還的耶穌教士，更形變質，幾乎成為帝國主義資本主義之前驅。他們把到非洲與北美洲的經驗與態度來到中國，他們不僅來宣傳教理，卻往往干涉中國之內政，激起中國之民變，與往古印度高僧純以宗教眞理來相感召之精神顯有差別。而西洋商人之牟利政策，如鴉片強賣等，更招中國人之惡感。近世中西交通史上，鴉片戰爭前後，不斷的教案，以及連續的強佔土地強索賠款等事項，其是非曲直，大可待有志研究全世界人類文化史而抱有明通觀點者之公平判斷。

中國史上之東西交接，至少已經三期。第一步是近西的中印接觸，第二步是遠西的中回接觸，第三步才是更遠西的中歐接觸。前兩步各自經歷六七百年的長期間，而始完成中華民族吸收外來異文化之大業。現在的中歐接觸，自明以來，為期只三百年，雖則西洋以其過強之勢力壓迫於我，但我們誠心接納吸收異文化之熱度，仍是與前一般。若以前兩步的成績來推論，再歷三百年，中華民族一定完成吸收融和我更遠西的歐洲文化之能事。但是要吸收外面的養料，卻不該先破壞自己的胃口。

近代的中國人，也有笑林文忠為頑固糊塗，反而高捧耆善、伊里布等為漂亮識大體的外交家。這無異站在外國人立場，代外國人說話。中國人自己不知道中國事，如何能愛中國？不愛中國的人，如何算得是一個眞正的中國人？事實上是一個眞正的中國人，而理論上卻又絕不能算他是一個眞正的中國人，如此般的人，到處皆是，豈不可痛，豈不可驚？

# 三

上述兩例，一面使中國人感覺中國已往一切要不得，一面使中國人不敢批評外國人一句不是，不是的只在自己一邊。這種關係，何等重大。他們都根據著歷史敍述，但決不是歷史眞相。他們無意中已把中國人立足所在的重心遷移依靠在非中國人的腳邊，這樣將使中國人永遠不能自立。現在請再舉一個更明顯的例，而又是有關於地理問題的。

遼河流域在中國史上深遠的關係，早已發生在秦漢之前。直到明代，建州衞崛起，只是吉林長白山外一小部落。遼河兩岸，全屬明代疆土。滿清入關，包藏禍心，不許漢人出山海關，要把關外作他們的退步。但是那時只稱遼、吉、黑作關東三省，絕不叫他是滿洲。日本人又進一步，把清代所稱關東三省逕呼「滿洲」，又常以「滿鮮」「滿蒙」並稱。中國人不知其用意，自己亦稱關東三省作滿洲。直到偽滿洲國成立，世界上不瞭眞相的人，還以為滿洲人在其本土滿洲自立一國。這是外國人有意歪曲中國歷史來欺侮中國人之一例。

我們並不想歪曲自己歷史來利用它做一時代的宣傳，但是我們應該澄清我們目下流行的一套空洞淺薄乃至於荒謬的一切歷史敍述。我們應該設法叫我們中國人知道自己眞正的中國史，好讓他們眞正的知道了而發生眞正的感情。這樣才算是一個眞正的中國人。這一個責任，自然要落在史地教育者的身上。

## 四

現在再説到中國傳統文化之價值問題，這本可不證而自明。中國文化是世界上綿延最久展擴最廣的文化。只以五千年來不斷綿延不斷展擴之歷史事實，便足證明中國文化優異之價值。

近百年來的中國，不幸而走上一個病態的階段。這本是任何民族文化展演中所難免的一種頓挫。又不幸而中國史上之一段頓挫時期，卻正與歐美人的一段極盛時期相遭逢而平行。國內一般知識分子，激於愛國憂國的熱忱，震驚於西洋勢力之咄咄可畏，不免對其本國傳統文化發生懷疑，乃至於輕蔑，而漸及於詛罵。因此種種空洞淺薄乃至於荒謬的國史觀念，乃獲不脛而走，深入一時之人心。然而此種現象，亦依然還是一時的病態，並沒有搖動到中國傳統文化之根柢。只看此次全國抗戰精神之所表現，便是其明證。試問若非我民族傳統文化蘊蓄深厚，我們更用何種力量團結此四萬萬五千萬民眾對此強寇作殊死的抵抗？

當知無文化，便無歷史；無歷史，便無民族；無民族，便無力量；無力量，便無存在。所謂

「民族爭存」，底裏便是一種「文化爭存」。所謂「民族力量」，底裏便是一種「文化力量」。若使我們空喊一個民族，而不知道作為民族生命淵源的文化，則皮之不存，毛將焉附。目前的抗戰，便是我民族文化的潛在力量依然旺盛的表現。只在一輩知識分子，雖有非薄民族文化乃至於加以唾棄的，而在全國廣大民眾，則依然沉浸在傳統文化的大洪流裏，所以寧出於九死一生之途以為捍衛。

由此言之，今日史地教育更重要的責任，卻不盡在國史知識之推廣與普及，而尤要則更在於國史知識之提高與加深。易辭言之，不在於對依然知道愛好國家民族的民眾作宣傳，而在於對近百年來知識界一般空洞淺薄乃至於荒謬的國史觀念作糾彈。更要的，尤在於對全國民眾依然寢饋於斯的傳統文化，能重新加以一番認識與發揮。在此革命建國時代，又值全世界大動搖之際，若非將我民族傳統文化作更深的研尋與更高的提倡，而仍是空洞淺薄或仍不免於荒謬的，只利用一種歪曲不眞實的歷史批評來對民眾暫時作一種愛國的宣傳，依然一樣的無濟於事。

說到這裏，史地教育界所負責任之艱鉅，更可想見。此在全國史地教育界同人，固當益自奮勵，肩此重擄。而在提倡史地教育的行政長官，以及關心此問題的愛國人士，則希望能不斷的與我們以鼓勵與助力，乃至於與我們以寬容與期待。莫要把此事業看輕易了。今天所說的直率粗疏處，還望到會諸先生原諒與指正。

（民國三十年七月教育部史地教育委員會第二屆開會演說辭，刊載是年九月七日重慶大公報。）

# 九　中等學校國文教授之討論

我草此論，先有主意三條：

一、文者，以辭而達意。決不當偏重辭而害意，亦不可偏重意而略辭。必不得而兩兼，則毋寧偏重「意」勿偏重辭。

二、文者，貫古而通今。中學生為進入大學之預備，固不可不略探國故；而一方面為投身社會之需要，尤不可不深識時務。必不得而兩兼，則毋寧偏重「今」勿偏重古。

三、教學文字，一方面為意境之感化，為修養的；一方面為藝術之練習，為運用的。必不得而兩兼，毋寧偏重「修養」勿偏重運用。

據此三層而開下論。

我論略分三部：先述自來文體變遷之大勢，中講教授材料之範圍，後論練習運用之方法。

## 第一部　述自來文體變遷之大勢

此下所述為省頭緒而便達詣，專屬散駢體文，而詩歌詞曲等均從略。

我國學術，自老子以降，乃傳播民間，①而文字之用途廣。茲自老子以上略勿論，以下分四期。

第一期：自老子迄西漢司馬遷，大體為「著述文」，盡事達理為本。老子、易繫傳、論語、墨子、孟、莊、荀、韓、呂氏春秋、淮南子、國策、太史公書等為其代表。

第二期：自司馬相如以下迄初唐，大體為「藻飾文」。極絢染堆砌之能，初為干乞，後主夸炫。文選可以代表。

第三期：自韓愈以下迄清末張裕釗、吳汝綸諸人，大體為「格調文」。以寄託感慨擅場，大率皆私人情事。古文辭類纂可為代表。

---

① 編者按：本文作於民國九年，先生尚任教小學；此以老子在最先，乃從舊説。民十二年任教無錫師範，始治先秦諸子，草創先秦諸子繫年，自後明確主張老子不惟不在孔子之先，抑且當在莊子之後。幸讀者注意。又，本文作於民九年，下一文作於民十四年，當時先生對於中等學校國文教學之意見如此。越後似稍有轉變。二文得於先生逝世之後，先生未再寓目。并請讀者注意。

第四期：最近之「歐化文」。方屬始萌，發皇生長，未有艾也。茲我欲為證說，則念繁委而屬旁枝，不如逕申下講，從亦並見我意。

## 第二部　講教授材料之選擇

據我上述第一主意——關於辭意者，則第二期文字乃無選擇之價值。何者？為此期文字多屬無意而尚浮辭，否則亦以淫辭而害本意。武帝好相如子虛，乃賦上林，其意不在文，乃在迎合富利。臨了引之節儉，不得已而為之辭，非眞情為譎諫也。枚皋、子雲，皆以辭賦比俳倡，誠為確語。漢人惟賈生為賦，能兼荀屈之長，情、義與文辭並美。平子十年一賦，徒多奇字，究有何意？庾信哀江南，哀乃不敵夸炫。必如淵明歸去來辭，直是不多。近來選文，亦少及此類，可勿詳論。

至於第三期文字，則為近時教授材料大部分所取資。此派文字，亦以排斥浮淫，載道達意，高自標置。然我謂此中有不可不明辨者。我非謂此派文字犯以辭害意之病，而謂其眞實重病，乃在以意害辭。以意害辭云者，與辭不達意不同，乃謂其含有不便直達之意，而顧跳躍隱掩其辭以達之。其意病在不高潔，其辭病在不坦白。據我上述第三主意——關於修養與運用者，則此期文字，亦殊無可選之價值。茲請舉實例以證我說。

此期文字，開山宗祖厥推韓、柳。韓柳集中，大率私人憤慨寄託之言。今且舉論辯類，曾國藩有言：「古文無施不宜，只不可說理耳。」此自是甘苦中來，則試問除說理外，尚論辯些什麼？今讀韓集五原，最樸實有理莫過原毀，到底「吾嘗試之矣」一蹴，忽乃大發牢騷，然後知其全篇眞意，不過為「事修謗興」、「德高毀來」之兩語；觀其結句「將有作於上者」云云，鋒稜所射，不言可喻。使此與三上宰相書、與陳給事書、釋言諸篇並讀，則作者心事昭然。余有隨筆一則，錄下可參觀。

「謗言也，皆緣類而作，倚事而興，加其似者也。誰謂華岱之不高，江漢之不長歟？君子修德，亦高而長之，將何患矣！」此徐子中論之言也。「事修而謗興，德高而毀來，士之處此世，而望名譽之光，道德之行，難矣！」此韓子原毀之言也。其高下相去得失為何如？有志者不可不辨。（八年十月五日）

此非迂闊之論也。文字之感人至速，又況此類隱躍宛轉，鼓盪興發，至為深濃，使高潔坦白之青年朝夕諷誦，其人格內容必有感化，可無疑者。則文字選擇之材料，又烏可不謹之又謹耶？師說亦有好議論，然臨了仍是私人感慨。其外如雜說馬、龍。獲麟解之類，皆以自喻。近時多以入教材者，我不謂其文字之不妙，乃謂不當以此意境感激其學生。他若柳文六逆論、守原議等，亦均有感之言也。

要之感慨憤激，於韓柳集中論辯、書牘、辭賦三類，可以隨緇而隨得。我非謂文字不當用以表情，我乃謂表情於私人利祿地位之文字，不可以入教育之範圍也。韓柳之感慨憤激，既多半為私人之利祿地位而發，後人好其文，循誦沈潛，不得不化其情。故第三期文常帶有私人利祿地位之臭味。

至於熙甫才弱，一變感慨憤激而為陰鬱清淡，然其内容乃出一本，讀其文使人短氣。後所謂桐城派者，大率陰鬱清淡，一嘆之後，又加一折，再復一嘆，能事畢矣。此曾滌生所譏為「浮芥舟以縱送於蹄涔之水，不復憶天下有曰海濤」者也。

一言蔽之，自韓柳以下，其文字與司馬相如不同，然其欲以文字取在上者之顧盼，而得祿利之心則大率同。韓柳皆深選學，以文辭得官之心浸潤於不自覺，故韓文「矜貴」，柳文「雕琢」，各得選學之一弊。宋人「空疎」，於選學尠用力。後曾國藩好文選，故其文亦有矜貴氣。此我所以謂重修養毋重運用，則此種材料在所決棄也。

此期文字，除感慨私人地位而外，乃復有虛張衛道之旗而作其聲勢，則如韓歐闢佛，歸方傳節孝、姚曾闢漢學。

又次則矜貴，如韓碑誌最甚，其字句間皆有富貴驕汰之氣。南海、淮西、烏氏、袁氏諸碑，暨李臯、韓弘、馬繼祖諸誌最甚。後人推尊而不能學，曾國藩時得一二。又次則弄巧，如韓送人諸序，無意思而故作狡詭，千曲百折，而其實明白一言可以道盡。最甚如送廖道士。歐釋秘演、釋維儼兩序，深得韓文「弄巧」之訣。又次則掉虛，如歐蘇諸記，豐樂、有美、超然、快哉等。趕趁題字，最為後來八股家崇拜，及今猶盛。又次則論古，此由宋時以策論取士，遂相習為之，三蘇尤多。今與趕趁題字派並盛。復次則酬俗，最惡如歸之壽序，至今益下。

由是而得綜説，第三期文可分八類：

一、發憤。韓柳。

二、寄慨。歐歸。此陰陽剛柔之別也，實則一本。

三、衞道。

四、矜貴。韓之「諛墓」就事實言，此乃就文字本體言。

五、弄巧。

六、掉虛。

七、論古。此指空論史籍陳賬而言。

八、酬俗。

而復並則得兩證：

一、祿利。

二、空疎。

祿利言為文之情，空疎言成文之實。茲再節錄余隨筆兩則。

唐以來所謂古文多空疎，而其所謂陰柔之美者尤見。為古文已拘於格律、體勢，而陰柔者又自

限於才氣，則烏得而不空疎？上如歐，中如歸，下如姚，皆然。（七年十月廿六日）

歐陽論多空疎可笑。如謂「動物有知，則水亦動物何以無知」，以謂不可窮詰；又謂「人獸生而有知，死則無知；蓍龜生而無知，死乃有知」。皆可笑。正統論、春秋論等，多拘淺，讀者震其名，不敢議耳。今按：荆公集有實學，柳州貞符、封建論、送薛存義諸篇有精思，疑是居夷之悟。（七年十月廿九日）

討尋根柢，發於一本，曰「自私的動機」，對於個人地位意見別人亦指在內。歐文最善為友人抱不平。的表示。

一部古文辭類纂所選自韓柳以下，除我八類、兩證、一本以外，猶有幾何？則復拘於格律，限於體勢，而時移勢遷，所言與今多不合，則其無選擇之價值可見。

曾選較姚佳，然不免上列諸弊。至若古文翼、眉詮、觀止諸選，卑不足論。今學校教師自集材料，約有二病：

一、蕪雜：無系統的精神。曾見某校選本，以太史公書、八家、閱微草堂筆記、聊齋、湖樓隨筆、嚴譯天演論等雜列。

二、猥瑣：無高尚的旨趣。所選多如魏禧大鐵椎傳、王祐定湯琵琶傳之類。此種文字，一時風行，然不識好處何在？何以開濬智理，發皇志氣，而感興性情耶？

依據上說，則選擇材料，當惟最近期文與上述第一期文兩種。從第二主意，則最近期文尤占重要。茲先討論。

竊謂最近期文所當充分選擇，而不幸可納選擇之範圍者亦不多，一時不能徧論，略指大要，如：嚴譯諸書故走僻澀，一不宜。章太炎文亦有之。全部首尾一貫之著述，割裂一兩節難允愜，二不宜。如蔡譯倫理學原理等。如梁任公文多空套，太冗長，三不宜。報章雜誌此病多有之。最近新文體中嘲笑謾罵，意主爭論，以應教授文學之選擇，四不宜。因時因人立論之文，事過境遷，以入選材，恐滋誤會，五不宜。淺顯平常之作可以瀏覽，以入教材，六不宜。此其大端。或兼細故，則最近期文雖充分選擇，而決不能供中學四年之時期，而不能不別選第一期文以為之補充。則試論第一期文究有入選之價值否？

普通對於此問題之懷疑，必謂：「第一期文或太高深，不切時用，不合程度」。余則毅然應之曰：「否，否。不然，決無之。」請言第一期文之特徵。

一曰直捷。舉例：

人之所不學而能者，其良能也。所不慮而知者，其良知也。親親，仁也。敬長，義也。無他，

達之天下也。（孟子盡心上）

如此等文，何等直捷？

二曰爽快。舉例：

故嘗試論之，自三代以下者天下，（「者」通作「之」字。）莫不以物易其性矣。小人則以身殉利，士則以身殉名，大夫則以身殉家，聖人則以身殉天下。天下盡殉也，彼其所殉仁義也，則俗謂之君子。其所殉貨財也，則俗謂之小人。其殉一也，又惡取君子小人於其間哉？（莊子駢拇）

如此等文，又何等爽快？

三曰明白。舉例：

蘇子自燕之齊，見於章華南門。齊王曰：「秦使魏冉致帝，子以為何如？」對曰：「秦稱之，天下聽之，王亦稱之，先後之事，帝名為無傷也。秦稱之，而天下不聽，王因勿稱，以收天下，此大資也。」（齊策四）

老子「持後」之義揮發無遺，後來又何有此等明白文字耶？

四曰潔淨。舉例：

莊子釣於濮水，楚王使二大夫往先焉，曰：「願以境內累矣。」莊子持竿不顧，曰：「吾聞楚有神龜，死已三千歲矣，王巾笥而藏之廟堂之上。此龜者，寧其死為留骨而貴乎？寧其生而曳尾於塗中乎？」二大夫曰：「寧生而曳尾塗中。」莊子曰：「往矣！吾將曳尾於塗中。」（莊子秋水）

一結真如神龜之曳尾塗中矣。茲再錄余隨筆一則。

後人文字，所以不逮古人，正為限於小篇幅强作首尾起訖，不若古人縱筆作稱心文字，此正格律之害。蓋後人運述作於應酬，然後文字之用濫，而文字之品下。韓王墓誌文儘工，然出之左史，只一二語可了。前後稱諱、官歷、祖某、父某、幾子、幾孫，復何為者？然捨此便不成體段，完不得一篇首尾文字也。使左史出，惟有擱筆不作，使作之，決無以異於韓王，此則文家之所謂格律是已。韓文極欲擺脫，不受束縛，觀其應科目時與人書，誠已兀傲有睥睨古人之心，（按：此專指文字言。）然較之莊生神龜枯魚，意境遠遜。孟子子濯孺子一段尤佳。（八年三月七日）

嘗一臠，知鼎味。舉此四例，可以尋證余試以第一期文教高小學生，已歷三年，絕無高深之苦，敢決中學之可無疑也。

推尋原由，蓋因第一期文有一意，發一辭，絕少第二第三期中以辭害意、傷雕琢。以意害辭、述私人憤慨，筆下便紆鬱，不直爽。及無意強作夸炫、應酬兩派多有。之病，又無格律體勢之束縛，故得自由抒寫，而其「語序」乃與今人白話大致無甚懸別。惟左傳於此期文字中特為紆曲不類，常疑多漢人羼贋。太史公作史記，乃不見左傳，亦可思。然亦誠有費力研考之處：「誤字」、「誤句」，經清代小學家之校正，十之七八已可證解。「錯節」如荀子最多，然分節選，無大妨。「偽篇」如莊子中尤多，然大致係第一期文，辨正偽係編哲學史事，教授文字亦無大礙。如管子、列子等其偽與人皆見，亦無妨其可入選擇之範圍也。

觀此則第一期文，貫古之外，實足通今，於上述第二主意並無妨礙；諸子成家之學，於第一主意亦合。論其文境，若老子之高玄，論語之純淨，墨子之樸實，孟之浩瀚，莊之奇逸，荀之駿厲，韓之峭刻，國策之雋味，太史公之奇氣，於高尚人格之感化，較之後代文字，遠踰等倫；則於第三主意亦頗相當，而可免猥瑣之病。至於系統，則各家本有各家精神，依書選讀，自不致於蕪雜；否則作橫面之排列，如「論性」則以孟子告子諸章，與莊子馬蹄、荀子性惡等並列；「論戰爭」則以墨子非攻、孟子宋牼章、良臣章等、荀子議兵篇、正論駁子宋子諸節、莊子蠻觸之喻、呂氏春秋順説惠盎諫宋康王等篇並列；「論命」則以墨子非命、列子力命、莊子大宗師、荀子天論篇等並列；又或於各家中各尋頭緒，如前人所輯論語論仁、孟子論仁、孟子要略之類，則莊子齊物可與秋水並讀，養生主可與達生並讀，人間世可與山木並讀；各家類莫不有兩三種主要之論點，聚出而全書大意如指掌矣，此亦一法也。

今試預擬高小畢業生升入中學初年，於新舊文體各有粗淺之門逕，則中學一二年時當充量教授第四期文，而第一期文則選其短淺敍述之作；於此最合者厥為國策。茲又錄隨筆一則。

戰國策士游説，其言皆有根據，大率深於老學者為多：范雎「神叢」、齊客「海大魚」、江一「狐」「狗」，「利器」之喻也。張丐之請魯中立，齊一。蘇秦之説齊後帝、衛新婦之失言，衛策。「動善時」之説也。陳軫蛇足之喻，外黃徐子百戰百勝之術，宋策。「持盈」之智也。蘇秦之説齊閔王，「以道佐人主不以兵强天下」之論也。魯連論物長短，齊三。（貫珠者亦有此見解。）深得老「救人」莊「齊物」之意。夏侯章之言，齊三。即老子「不善人者善人之資」之義也。顏斶蓋深治老學者，顏斶、王斗之言，皆「大國小國相資」之變也。淳于之受璧馬、公孫之受寶劍，皆「既以與人己愈有」之辯也。李疵料中山，中山策。「不尚賢」之旨也。趙恢論除患，燕二。「為之於未有」之見也，其他不遑舉。（八年十二月六日）

以之教授，皆有甚深興味，亦可以樹學者之哲理思想。（惟「詭詐」一端如「東周欲為稻，西周不下水」之類須避。）至其文字之直爽明潔，卽如今之語體行文亦有不逮。次為史記。學者欲善敍事理，描寫社會較高深複雜之現狀，卽不可不一究此書也。（兩漢書三國志等亦多可選。）三四兩年，卽可盡量多授第一期文，先自歸納的序述文，如莊子達生、山木等凡外雜篇多半屬之，又如韓非內外儲說、說林等，呂氏春秋尤多此類；再及演繹的論辯文，如墨子、荀子書中多屬之；最後以莊子天下篇、韓非顯學篇等為總束，則學者可得古代學術思想之大要。至於第二第三期文，亦不必盡斥，如西漢奏議、（晁、賈、趙、賈讓等。）魏晉書牘、宋明理學、（若王荆公集、蘇東坡集、晦庵集、象山集、陽明集等均多可採。）清儒漢學、（如錢大昕潛研堂集大學論、中庸論，戴東原集讀易繫辭論性、讀孟子論性，阮元揅經室集論語一貫說，大學格物說之類，皆總絜綱領，篤實宏大，未必盡如曾國藩所譏「繁稱旁證，蕪雜寡要」云云也。）以及釋典文字，亦似可採，以未博涉，未敢妄指。如此則學者於揅文之餘，並可略明古今學術遞變之跡，則卽在桐城派文字中亦自有可取處也。詩歌韻文，亦備一格，以資興會。我對於中學國文教材之選擇意見具如上述。

因思關於此問題之需要，當有網羅上下、貫串古今之新理想化的模範文選出現，以資一般教授者得所取材而省冥搜，而惜乎其無之也！近見北大出版部有程選模範文。竊擬於此稍加評論，則又嫌我言過冗；且當緩及，而論下部。

# 第三部　論練習運用之法

上來所述，係屬教授之主旨及其範圍。二者既定，則方法在人活用，學者之所以為學，其勢常隨教者之所以為教，則此部似無討論之必需。今為余所特欲提出者，厥為限題作文之一事。文以達意，原不需有題目；卽有之，亦作者自抉文中要點，標為題目，以便讀者之尋繹。卽由別人出題，亦應題中確含待申事理，令彼得照題發揮，或是序述；不應於題中隱藏文法上之關係，令學者為猜謎之遊戲，而束縛限制，使無自由之發展。此是八股餘習，而近來猶為多人所遵行，故自不得不辯。

此派好做題目上工夫者，每樂稱道柳宗元始得西山晏遊記，以為楷模；不知此是柳州一時興到，偶爾自造題目，故能如此。試繙柳集，如此題目，共有幾個？豈能以偶然的自發的興趣，作為常然的強制的機械。我謂欲考究題目，不如由教者指定一事，如某次運動會、某次旅行等，由學者於此範圍，各從觀察思考興趣各異之點，隨意抒寫；然後自標一題，令與文字相配；不當專以教師一人之觀察思想興趣製出題目，令學者必從此處發生文字。

「史論」可以不做，卽偶然做，亦應由學者於讀史後自表見解，不得強無見解者作史論，又如

「雜記」一類，趕趁題字，尤為惡習，此多出一時勉強應酬，不當奉為圭臬令人模倣。

再如「各述經歷」「各記家庭狀況」等題目，一時以謂新式，實則仍不脫歸派遺毒。學生無須發憤寄慨，此等題目，便覺乏味。

復有「教室坐位記」等，此種題目，竟不知何從下手。即如薛福成曾文正幕府賓僚記亦是一時興到，儻令曾氏幕僚擅文學者同時並作，必有擱筆而興嘆者，如「教室坐位記」等題乾枯乏味，即令教師作亦難出色，況欲強一級數十學生齊作，奈何不見而頭痛？

要之，無觀察，無思考，無興趣，即無文字。同一事實，而其觀察思考興趣既異，則其文字內容亦必異。故不當以同一題目限制學生。教者之於學者，僅當指其材料範圍，而使自為尋索。如先期教師說明下一期作文材料指定限學校附近社會之狀況，然後由學生充分尋索線路，自為觀察、思考，而各由其興趣點表出文字；或講公眾衛生，或論交通道路，或講通俗教育，或述生計現狀，或究風俗改良，以及其他種種，一由學生自標題目而為文字。又由教師指定下一期作文限本月內之時事，令學生自為搜集；於是或序最近學潮，或紀日俄交涉，或載絲業情況，或詳杜威行跡；廣攄資料，而為撮序，隨表意見；無論序事議論，各相文字而標題目。如是類推。

此外則令作講堂筆記。此於教學兩方，均有大益。又如讀書筆記，或撮主要，或記心得，或發批評；或由教師指閱何書而作筆記，或由學生自為瀏覽。或習繙繹。或錄古書一節而令開釋大義，如王注老，郭注莊。或由教師懸一問題令相口辯，而後援筆論定。或隨意到而作文字。

總以解束縛而伸自由，破機械而養興趣，避指令而導搜索，為外面之解放；變寄托而為發表，斥應酬而重著述，尊公理而排私情，為內部之改造。本此而文字之革新可望。至於專斤斤於「之、的、者、這」之間，我以謂猶其末耳。

九年四月廿八日

（民國九年教育雜誌十二卷第六號）

# 一〇　編纂中等學校國文科公用教本之意見

一

年來對於中等學校之國文教學，既為一般所重視，而關於此問題之討論，其雜見於各雜誌報章者，亦不為不多。然默察情實，則一國之內，省自為政；一省之內，校自為風；一校之內，人自為主；而一人之先後，亦類無一貫之主張。

大抵各科教學，惟國文為最混沌，此自無庸諱飾。狀態之混沌，足以召起言論之紛歧；而紛歧之言論，重新促成混沌之狀態；二者相引為長。要而言之，則今日中等學校之國文教育，殆可謂尚未得一穩定之基礎，震盪搖撼，迄無重心。竊謂其病根所在，厥為「制度之未立」，「設備之未周」。自今以往，設不於此二端，加意改進，則縱有崇論閎議，高世駭俗，而按之事實，扞格難通，徒供談資，亦復何益？

以余觀察所及，今日中等學校國文教育之混亂狀態，決非由於吾儕身膺教職者，各有主張，互不相下，遂致如此。其實則徬徨瞻顧，莫識所從，厥為吾儕之大苦。苟使有明定之標準，顯別之程序，使吾儕得所遵循；而復有較完之設備，使得運用此標準程序而無所窒礙；則風會所趨，人自樂從。一俟內部情形漸成一致，然後既上軌道，可謀進趨；利弊昭顯，則議論亦有依據；循此改進，乃有蒸蒸日上之勢。否則人標一理，校樹一說；日新而月異，甲別而乙不同；人孰不樂易簡之逕，亦自各趨其所便，豈復有基礎穩定之一日？基礎之未定，又遑論乎改進？

## 二

夫討論學校國文教學，大抵不出三途：

一、課程。

二、教材。

三、教授與指導學習之方法。

最後方法一層，似無取一致步調之必要。且課程未立，教材未定，空論教法，所謂「皮之不存，毛將焉附」，亦非根本之圖。姑暫捨勿論。

課程一項，比較易趨於一致。然於同一之課程下，儘得容各異之教材；教材既已各別，縱存一空洞之課程，其實已貌合而神離。今無論其已往或將來，中等學校之國文教學，苟僅僅從事於製定一空洞之課程而止，則各校表面上何嘗不易於遵守？而教材之取捨，則從來混沌淆亂之狀態，既與人以共見；而此後之混沌淆亂，將亦永不異於今日之情形。故我謂今日中等學校國文教育基礎未定由於制度之不立者在此。良以徒守課程，終不足以表見課程內含之眞精神。

今試一究今日中等學校國文教材，所以成此混沌淆亂之現象，而推尋其癥結之所在，其故當有可言者。然而茲事體大，非余淺見所能勝任。自念年來亦濫竽中等學校國文講席，余不敢自隱飾，當明白為吾一己懺悔；且當謹代吾良師益友同事相知者懺悔。吾儕初何嘗有十分堅定之主張？吾儕取材之來源，夫亦曰案頭之所有，手頭之所便，則入吾選；案頭之所無，手頭之所不便，則不入吾選。凡吾儕之所有所便，不能盡同，則吾儕之取材，宜其各異。吾儕縱不敢自滿，日求改進，然使案頭之所有，手頭之所便者，其情形仍如故，則吾儕努力之得效，亦且如故。此誠吾儕之所苦。默念人情不甚相遠，慮必有與吾儕抱同病之苦者。此雖不足以說明今日中學國文教材混亂現象之來源，而至少亦足成為混亂之一因。此余所謂今日中學國文教育基礎未定由於設備之未周者在此。主張雖力，使設備無當，則主張實施之程度亦從而減阻，此則謀改進今日中學國文教育者所尤不可不加意者。

讀者疑吾言乎？則請更質直言之！日者梁任公胡適之兩先生，曾為學者開列最低限度之國學入門書目，顧其間乃多不經見書。余嘗戲語朋好；「梁胡為並世大師，其言當信；余輩靦顏為中學國文教師，其實於最低限之國學，猶未入門，思之慚赧。」亦有某學生明白為文，刊諸報端，云：「梁胡所開書目，今日身任中學國學教師者，猶多未寓目，奈何以繩學者？」此亦自情實之論。余又見各雜誌報章，屢有開寫中學生國文科應讀書目者，此亦自胡君發端；然余嘗默自檢諸案頭，時有未備；察諸各校圖書館，以余所知，亦每有所闕。無論上所云云，其所開書目是否適當，然而學者之主張與實際之情況不能相副，此自是實事。惟此等寒儉之談，播之口舌，形之筆札，斯為高明者所不樂為。

若論今日各中等學校國文教材之來源，雖不能盡歸一例；然大概言之，則採自通行之選本者十踰七八，別自檢擇於各家專集及全書者十無二三。以余耳目所及，似率如此。然試問此項選本，自昭明文選，姚氏古文辭類纂，曾氏經史百家雜鈔及古文眉詮，古文觀止等等；以及今各書肆所出各種中學國文國語教科書，及各種評註讀本、菁華錄等等；其時代既先後懸殊，其意趣亦彼我迥別。即以應時之教科書論，是否切合於今日中學國文教育之需要？而吾儕身任教職者，既限於課務之忙迫，又苦於架笥之未富，更加之以言論之紛歧，潮流之鼓盪；徘徊瞻顧，將一一加之以審擇，則不勝其審擇之勞；求信守於一是，又未見足堅其信守之資；於是不得不出於各趨所便之途，而成此混亂之狀態。夫亦豈無賢者，卓爾不羣？然而余茲所陳，必有與之同情者。夫以全國中等學校之國文教材，而僅惟仰賴於一二陳舊之選本，與夫書肆應時之出版物，其道固為不智，其事亦至可憐。反而言之，以全國中等學校之國文教材，而一一憑各教師之意見，朝秦而暮楚，彼矛而此盾；在教師言之，則既屬過勞；而自國文教育之前途言之，亦甚為可危。如此而不為之計，其他復何言者？區區之意，竊謂今日中學國文教育之最先急務，厥為一種公用教本之編訂。

三

余既略陳今日中等學校國文課需要公用教本之理由如上述，則請逆揣讀者懷疑諸點而釋之如次。

或疑此項教本之產生，未必保有十分完美之成績。余謂此項公用教本之最初，自不能即有十分完美之成績；然其先本係試驗之性質，儘可以有逐步之改良。要知今日各學校所用各種各色之教本，誰何人自認其已臻完善之境者？此項公用教本，與現行各本比較，縱不能希望其居最優之地位；然既經多數人之考慮而完成，則集長去短，亦決不至於過分下劣。只使此項公用教本之內容能在現行各本平均中線以上，則已利多而害少。使各校棄其現行本而試用公用教本，決無不利之處。

或疑此項教本之產生，將使學校國文教育流於拘束固定，無活動之餘地者。余謂此亦過慮之言。鄙意此項公用教本，其所選材料，不妨超出於本課程所定分量以上。大抵課程應授之分量，占其全本十分之六，其他尚餘十分之四。在教授者既可以有相當去取之活動，而其餘亦足以供學者課外自修之用。此其不致有拘束固定之流弊者一。

且此項公用教本，既經公共之試驗，於逐年教學實況，利弊得失所在，易得比較具體而客觀之意見，可供依據以資改進。此其不致有拘束固定之流弊者二。

又此項公用教本之採用，並不取強逼之手段。如有教師別有一種深切之研究與試驗，或某學校根據其歷史或環境上之關係而不願採用公用教本者，儘得自由。且得請其陳述所以不願採用公用教本之意見，以為此項公用教本採納改進之一種依據。即不然，亦得參考其自定教本之內容而待公用教本盡量容納其優點。此其不致有拘束固定之流弊者三。

或疑此項公用教本，既一任各校之自由採用，則與坊間所出國語國文教科書豈不一例？是亦不然。坊本出諸一二人之意見，公用本成自身膺教職者共同之討慮，此其性質不同者一。坊本改訂之權，操諸書肆，公用本則以採用者自身多數之意見而時得改進，此其性質不同者二。坊本難免雜有牟利之私，而公用本則純為教育上一種計劃與試驗之實現，此其性質不同者三。要之二者性質迥殊，無煩覼縷。

## 四

今請繼言此項公用教本產生之手續。

此項公用教本之產生，當先由教育社團以及學校或個人間之交換意見，組織編纂公用教本委員會，分類編出綱要及細目之草案，再徵求公眾之討論，或特請專門學者之審訂而定稿。其有個人自編之教本，亦得由委員會之認可而採用為公用本。

次言公用教本之種類。

下列各種，依需要之緩急為其先後之次序：

一、模範文選，為講堂教授用。

二、古今書自修讀本甲，為高級中學國文選科用。

三、古今書自修讀本乙，為指導課外閱讀用。

四、各種國文科選科講義，為高級中學選科用。

上列四項之最先急需，厥為第一項之模範文選，推行有效，依次及於下列之各種。

再次言公用教本之印刷。

此項公用教本之出版，當由採用各學校共同組織一教育印刷所印行之，或由書肆特約印行。紙張裝潢，不求華美，不求精良，務以最低廉之價值印成。每篇文字均加新式標點符號，分段提行，並酌量為簡要之注釋；於人名地名歷史故實，尤當一一注明，以便教師之參考及學生之自習。

余關於編纂中學校國文科公用教本之意見，所能言者僅止於此。諸君子，與吾身膺教職諸同人，謂其言有十一二可取，羣策羣力，同謀進行，則中學國文教育之前途，實利賴之。余茲所言，僅述所苦，與其私願，未敢卽以為可行。因亦不復喋喋，以待賢者之考詳焉。

（民國十四年四月《新教育》第十九卷第三期）

# 一一　復興文化運動與中小學國語國文之教材問題

邇來國內社會響應文化復興運動，情況熱烈，誠為民國肇建五十五年來之第一次，國家民族光明前途，其將於茲胚胎，內心鼓舞，喜不可言。此事尤要者，在能有具體辦法，更要則在教育方面，尤其在中小學教育，而國語、公民、國文科之教材及教法，更屬要中之要。今日報載中國文字學會提出關於此問題之討論。穆私衷贊成，惟在小節上，有未敢苟同之點，謹此提出，供文字學會諸先生再作研討，並望社會賢達關心此問題者，多多參加討論，俾此問題，能獲得一共同之意見。此次文字學會主張「應將中國『正統』思想納入各級學校教材」，竊恐此一名詞易於啓爭，孰為正統思想，孰非正統思想？實難由少數人於短時間所能指定。竊謂中小學國語國文公民教材，應多側重有關人生意義，為青少年時期身心修養所需，而又為青少年時期之心靈所易接受，能感興趣而易資啓發者為主。如此規定，庶較妥當。

文字學會提出國民學校國語公民教材，應選讀論語、孝經，此一節恐難適應時代實情。猶憶幼年時在私塾讀論語、孟子，僅能背誦。師長既不講解，其實並無所得。即使兼以講解，亦恐非當時所能接受。今日之國民學校學生，慮其多數之中材，亦未必遽能多勝於如穆之當年，選論語作教材，實非妥當辦法。至於孝經，則更非所急。「提倡孝道」與誦讀孝經，乃屬兩事。舉孝經作為學校教材，穆則期期以為不可。

猶憶穆幼年由私塾轉入初等國民學校，其時尚在前清光緒時代，其教科書乃由上海商務印書館張元濟、高夢旦諸人所編。教材多方採集，其中有歷史名人故事，有寓言小説短品，文字上似略有節改，使易少年誦習。有許多課文，深入腦中，久而不忘。稍後漸知讀書，乃知往年某一課文出戰國策，某一課文出劉向新語，或出東漢書，或出宋人筆記等。每讀一書，如還故家，如晤親友，乃知小學教科書之重要，其影響人生有如此。然在當時，亦未特別留心此問題。及「五四運動」以後，國文新教科書出現，自「人手足刀尺」以至「小貓三隻四隻」、「白布五匹六匹」，乃至「三個小仙女」之類，始大悟，以為此等教材乃視兒童為白癡，否則限於教導學生為一庸碌人，又否則為一心理不正常之人。除卻教其認識字義之外，實無其他教育意義存在。然直至現在，社會並無公開嚴肅之討論，教育界亦不聞有要求革新之動議。穆於最近國民學校教本，恨未寓目，不知究已作如何改進否？然即有改進，仍不妨續求進步，此乃一至關重大之基本問題，培養國民，作育人才，胥所憑賴，豈容忽視？今幸文字學會提出此層，竊謂宜廣集眾議，切實商討，作一徹底之改革。當前復興文化運動，宜以此作為一首先注意之事項，則不勝欣盼之至。

其次，中等學校國文教材，文字學會提議應讀四書並選讀禮記，此層穆亦未敢苟同。猶憶在民國十二年之秋，始任教於無錫第三師範。此校極重視國文一科。任教者自第一年至第四年，遞升負責，並規定於普通國文外，第一年另開「文字學大綱」一科。第二年「論語」，第三年「孟子」，第四年「國學概論」，均由同一國文教師講授。穆因此編有四份講義。其論語要略、孟子要略、國學概論三種，均由商務印書館出版，刻尚流傳。惟第一種文字學因篇幅不多，擬再擴充，始予付印，而竟未如願，茲則原稿亦已失去。當時一般學校程度，單就國文國學言，較之今日，超過甚遠。然論、孟兩種，在當時尚屬選讀，未能合授。教育當為大多數中材著想，少數傑出優秀者，固可例外，然不能以之律中下。八百年前朱子規定四書，首大學，次論孟，最後中庸，本為成年學者而設。其先尚有小學一階段。而中庸尤難讀。朱子戒學者須通透論孟，始及中庸。今之中小學似應相當於朱子時之小學階段。決不能以今日之中等學校，與八百年前古人所意想中之大學階段相擬，最多將論孟選擇極少一部分，納入國文課本，萬不宜希望今日之中學生能全讀四書，至於禮記更不宜用作今日中學生教材。此事恕不在此詳論。

其三、師範學校國文教材應加強選讀經籍，此一層穆亦反對。朱子規定四書本欲轉移學者治經功力，以四書作替代。五經乃二千年前漢代太學生之教本，然當時亦以專治一經為主，極少能兼通五經者。朱子則明白教人治經在所宜緩，此刻提倡復興中國文化，並不需要提倡讀經，更於提倡復古不同。復八百年前朱子時代之古已不易，更何論復兩千年前之古。此層言之甚長，恕不多及。

其四、大專學校國文系應講授五經，國文研究所應讀十三經、四史，穆此篇之特所注意者，乃在中小學。大學及研究所，未敢輕率置言。惟大學講授五經，在穆私衷甚難贊同。其理由已在前節略及。至於研究所點讀十三經、四史，此事亦可商榷。所為要點讀者，為求其能精讀。果將十三經、四史通體流覽一過，已屬曠年費日。強其點讀，則不免於自欺欺人。求治學入門，斷不在此。昔有友人某君，留學美國還來，任清華大學國文系教授，發意點讀十三經，穆曾婉戒，而某君不聽。某君此後對國學實無成就，以其入門已誤。某君出國前，中文根底已不差，其人穎慧特達，又精心果力，在當時國內，乃一知名之士，而入門已誤，甚為可惜。故不得不在此附帶述及。

提案中又云：其他院系科，應講授有關中國典籍，所有各校其他課程，並應全盤檢討改進。在原則上，穆於此層無反對。惟茲事體大。凡事豫則立，此刻尚未見豫者何在，恕不詳論。

其五、文字學會提議，中小學國文教師應利用假期講習國文國學，此層則為穆所極端贊同者。各學校之教材運用，重要在教師。縱使教材規定未當，能有好教師，其事尚有補救。教師不勝任，則規定教材亦屬空談。教材程度當有限量，教師程度則可無限量。教師於該項學問愈深入，則聽受者愈得益。深入可以淺出。又其事可立刻施行，較之改進教材須鄭重考慮商榷者不同。甚望此事能由「教育部」教育廳負實際教育行政責任者，立刻召集一專家會議，制定方案，從速見之實行。

其六、請「教育部」檢討規定學制，以為切合復興中國文化的國策。此層亦屬重要，而未可草率從事。美成在久，速成不及改。此乃有關全國學制之重大問題，似宜先由社會隨時提供具體意見，俟意見積多，始可憑以討論。否則空洞不著邊際，築室道謀，殊未易收預期之效。竊謂今日提倡文化復興，端宜上下一心，合力宣揚，漸成風氣，以期可久。若遽爾多所興革，欲速不達，所當深戒。區區之意，質之國内熱心此一運動之人士不識亦以為然否。

以上特就文字學會提出各節，略抒鄙見，甚望熱心文化復興運動及注意教育問題者均能踴躍參加討論，集思廣益，以備政府之採納。而鄙文則決非為對文字學會諸公持異議而發，此層尤希見諒。

（一九六六年十一月二十八日大華晚報，十二月中國一週八六七期，一九六七年一月教育與文化三四九期。）

# 一二　中國傳統文化與中國之師道

中國文化傳統中，並未產生有宗教，而教育則為中國人一向所重視。我們亦可說，中國社會之有學校，即已代替了其他民族之教會，而中國社會之師道，也已兼盡了教會中神父與牧師的職責。

中國古諺相傳，「天、地、君、親、師」，「師」與天、地、君、親並列而為五，可見中國人對師道之重視。無天、地、君、親，人不會出生。無師，人不會完成。「尊師重道」，乃中國傳統文化中一特有精神。而中國社會，亦以師道為中心而維繫。所以說「作之君，作之師」。但君主政統，師主道統，政統不容不變，道統不容中絕。因此，在中國人傳統觀念中，毋寧是道統更重於政統。因此孔子弟子，也要說「夫子賢於堯舜」了。

孔子可謂是中國文化傳統中最具代表性的第一人，因此孔子最受中國人尊敬，而孔子亦被稱為「至聖先師」。正為孔子乃為中國社會首唱「師道」。孔子是一個師，而同時又是一聖人，中國人理想中的「聖」，同時便該是個「師」。而為師者，在理想上也該是個聖。這是中國文化傳統中最著精神之點，正好把孔子來代表。

唐代韓文公作師說：曰：「師者，所以傳道、授業、解惑也。」這三項，實已包括盡了為師之三大任務。「道」有「天道」「人道」之分。人道亦從天道來，人固不能違逆或超越天道，而自有其所謂道。但在天地之中而生有人類，在人類自身應該自有人類的一番道。因此，為師者之最高理想，必能學究天人，通天人之際，守先待後，把此道來永遠傳遞給後代人。用現代語講，為師者，應懂得宇宙原理與人生原理，並應懂得此兩項原理之相通相合處。這就包括了宗教信仰和倫理哲學，和科學智識之三方面。纔能完成其為師傳道之大責任。

其次是「授業」，此「業」字，並非如現代人想像，專用來作個人謀生的職業解。此業字，應該指的是「學業、事業」。人生在世，各應經過一番學問，再把他學問所得來貢獻於斯世，這即是事業。因此，學業乃事業之體，事業乃學業之用。此二者，仍只是一業。此一業，實為人生本職，因此亦可稱「職業」。中國俗話又稱有「行業」。各種行為，各種職守，都應由各種學問，而成為各種事業。師道相傳，並非空洞的傳那道。在道之中，便包有各種業，因此中國人亦稱為「道業」；亦可稱「道行」。道業有大小，道行有高低。總之是全靠為師者傳授。梓匠、輪輿全是業，梓匠、輪輿各業中亦全有道，因此，梓匠、輪輿也各有師。

再次講到「解惑」。人類歷史不斷地在變，社會情況，時代背景，各有不同。人之才性與遭遇，也是千差萬異。於是該守何業，該遵何道，在此上易生惑。生乎今之世，未必能行古之道，禹、稷、顏回亦不同道。所以孔子教人，於學外兼重「思」。遇惑故須思。師道又重在能為人解惑。孔子曰：

「溫故而知新，可以為師矣。」若僅溫故、不知新，便不能盡為人解惑的責任。

由上說來，師道至高，試問誰人能盡得此師職？因此，孟子說：「人之患在好為人師。」孔子也只說：「我學不厭而教不倦。」因人道絕對需有師，而師道難盡。故卽在孔子，也只有一面教，一面學，中國古人又說：「教學相長」，便是這道理。

但師道雖如此般重大高深，我們也可從其最切近處講，師道最切近處，只在教人如何好好地做一人。孔子曰：「吾道一以貫之。」曾子曰：「夫子之道，忠恕而已矣。」只要我自己誠懇、忠實、想好好地做一人，孟子曰：「子歸而求之，有餘師。」孔子曰：「三人行，必有吾師焉。」那叫做「能自得師」。他既能自得師，自能懂得推己及人，如何去引導人，勸戒人，教人好好地做一人。因此師道卻又是人人皆能，只需有一個起碼條件，而此起碼條件，卻同時已是為師之道之最崇高的目標了。

中庸上也說：「執柯以伐柯，其則不遠。」又說：「道不遠人，人之為道而遠人，終不可以為道。」人道既不遠人，師道也自不遠人，只要自己先辦一個「必得好好地做一人」的誠心和定意，從來也沒有先學養子而後嫁的，那他算已是具備了一個為人師的資格了。

然而此事又是說來容易做來難，其實社會上絕大多數人，都是有誠心想好好地做一人，但不知，他這一番誠心便已具備了為人師的資格，因此說：「人莫不飲食，鮮能知味也。」有些人，刻意求之太遠，卽就中國史來講，孔子以後，百家爭鳴，在他們，莫不有一番絕高的大理論，像莊、老，像申、韓，豈不都是嗎？但若眞想要拿他們這一番道理來教人，尤其是教育青年們，那就毛病百出了。

試問如莊、老，議論儘高，但如何好把來眞個教青年們照此道理去做人？從前秦始皇帝最佩服韓非，因此趙高便拿韓非講的道理來教始皇愛子胡亥。胡亥一腦子只懂得這般人便該黥，這般人便該劓，這般人便該具五刑，甚至夷三族，結果秦朝便亡在胡亥手裡。因此理論儘高，知識儘專門，但有時僅止於此，卻不得為人師，這便是所謂「賢者過之」了。卽如莊、老、申、韓，也不該一定說他們不賢，但他們到底是不該為人師。

到了漢朝，漸漸懂得這道理，他們便專拿孔子之道來教人。但孔子之道雖記錄在書本上，嚴格言之，書本上所記錄的，卻並不便是道，最多只好當是一些道的影子。若論道的本身，則該在人身上，該在師身上，所以說「師嚴而道尊」。又說：「道不虛行，存乎人。」若移開了師和人的本身，而專指著書本上的影子來教人，便易於糢糊影響了。漢代許多經師，有些專講經書裡的訓詁和章句，他們不免把道的本眞忽忘了。因此，遂有人說：「經師易得，人師難求。」其實經師須是一專家，非皓首窮經不易到，而人師則只須樸實頭地，略通經書大義，以身作則來教導後進便得了。可見所難者並不在此而在彼。

此後，師道更見黯昧，於是佛教遂傳入中國，大受一般社會之歡迎。這可以說宗教代替了教育。下到唐代，以詩賦取士，詩賦也沒有教育意義。因此遂逼出韓文公來盛唱中國傳統之師道。下到宋代理學家們，遂開書院講學之風。於是中國傳統師道，重見光昌，而釋、老、功利、辭章，都不被認為是師道之正宗。

又下，由明入清，清政權是異族入主，他們只希望中國人全做順民，全做守法遵令的老百姓，卻不喜歡大家認眞好好地做個人。一般學者受政權壓迫，埋頭到故紙堆中去，他們只想學漢代的經師們。中國傳統師道，在此兩百幾十年內，可說又重告衰微。

這下面要講到近代，清政權推翻了，西方社會的一切傳入了中國。在西方，本來是宗教代替了教育的。直到現代國家興起，他們才把教育權從教會手裡拿過來，轉移到政府手裡，便有他們所謂的國民學校。至於西方的大學，則專重在各種專門知識之傳授，亦與中國傳統教育理想不盡同。此項教育制度傳入中國，以前在大陸，中小學教育，是有一些成績的。但中小學的教育宗旨，只在教育國家公民，其次是傳授智識，練習技能，好為青年們預備將來謀職業。青年們進學校，漸漸只注意在為他們各自的將來打算條出路。而教師呢？在社會觀念上，也漸變成一種職業，也只是中年以上人謀生的一條出路而已。因此，教師只成為一稗販智識者，他教的是書本，或技能；學生呢，也只是在書本上技能上學，教師與學生雙方，在其人與人之間的關係上卻日見生疏。於是，師與道，便顯然地劃開，成為有師而無道。換言之，是只賸了教育方法，而沒有教育精神。

而且中國從前的師，大多是開門授徒，私家講學的，民國以來，教師全受公家給養，論職受薪，與政府公務員並列，成為所謂的公教人員。換言之，教育也從社會移轉到政府手裡去，教師既是政府任用的一人員，自不能再有所謂「天地君親師」的地位。又因於政治不上軌道，戰亂日興，再經國外侵略，公教人員薪給日薄，教師既僅是一職業，而此職又所得極微，教師的心情日見低落，教師的生活日陷困窘，而教師的地位也日受人輕視。這一個大轉變，較之前清時代更形不如，這卻值得我們驚心動魄，深切注意的。

現在説到香港。香港處境，又與大陸不同，但香港畢竟仍是一個中國社會，我們仍該把中國的文化傳統來卜測香港社會之前途，這是絕對無疑的。縱説在香港的青年們，都是急於謀生業，爭出路，但教他們如何好好地做一個人，也不會妨礙了他們的生業和職業。當知任何一種職業，都得由人去做。若使整個社會，一般青年，都不懂得如何去做人，那如何能叫他善盡其職？而此一社會之前途，也就不問可知。而且在香港的每一家庭，為父母的，又誰不希望他們的子女，能懂得好好地做人呢？問題是沒有這樣一套教育。教師受人輕視，只是不得已而為之，一有辦法，便不肯幹此勾當。社會不懂得尊師，為師的也打不起精神，於是師道日消沈。而社會因亦更不懂得師之該尊。如此輾轉互為因果，每下愈況，受損害者，則是青年們，是我們的社會前途了。如何來解開此連環結？就中國傳統師道言，師道之自覺與自尊，實該由教師方面自動警策。

教育本是一種精神事業，上承往世，下啓後代，不僅青年們的前途，操在教師手上，大而言之，文化傳統，民族命運，亦胥賴教育界之維繫與光宣。今天是一個大變動的時代，香港又是處在極特殊的環境中，我們教育界該如何自尊自重，如何自奮自發，對教育事業抱信心，對青年前途抱熱忱，在於此種信心與熱忱中，自會激發出一種快樂的責任感。而此種快樂，則決非金錢和其他種種物質報酬所能換取。而且教師們自身人格之提高，更已是在其本身有了一種無上之收穫。當知作育人材，光宣文化，此是何等偉大的使命？而願意來擔負此項使命的，同時其本身即成為偉大。一切的一切，都不應也無從把外面的物質條件來衡量。而且此種精神一經興起，如響斯應，中國社會上尊師重道的舊傳統，與舊觀念，必然會迅速復活。這裡面的轉捩點，則只在為師者之一念改變上。

救救我們的兒童吧！救救我們的青年吧！救救我們的社會，來重新光輝我們的文化傳統吧！師道、師道，願我們羣策羣力，一心一意，先把那中國傳統師道來重新建立起。

（一九五七年，香港市區教師講習班秋季進修會演講，原題為「中國之師道」。一九五八年三月修定為本稿，並改今題。一九七〇年九月教師節香港人生雜誌三十四卷一、二合期重載。）

# 一三　中國之師道

中國文化有一特質，即在其無自創之宗教。亦可謂在中國文化體系之內，宗教並未獲得一種圓滿之發展。此因中國文化傳統極重視教育，教育善盡其功能，則宗教自無發展之機緣與必要。因重教育，故重師。中國第一大聖人孔子即是一位大教育家，後代稱之曰「至聖先師」。

孔子是魯國人，在今山東曲阜，但孔子學生則來自四方，有從齊國來的，有從衞、晉、宋、吳其他各國來的。孔子只是私人授徒，自由講學；但孔子弟子這一集團，在當時卻是國際性的，也可稱是世界性的，由中國古話說來，乃是「天下性」的。而且孔子門徒，有貴族、有平民，無身分之別，並有父子同在孔子門下受學的。在那時，孔子並未特創一學校，也未特定某幾種科程，只能說有此一集團，但此一集團，也只能說是一教育集團，決不是宗教集團。

孔子當時，已備受各國敬禮，不僅在魯國，孔子周遊天下，所到各國，如齊景公、衞靈公皆對孔子敬禮有加。我們只可說，孔子乃是以一教育家身分而受各國君主貴族乃及全社會敬禮者。故中國人尊師之風，乃自孔子而開始。

迨孔子死了，那時孔門弟子，羣議如何來為其師行喪禮。中國人一向重禮，在家庭，在社會皆有禮。如父子之禮，夫婦之禮，兄弟長幼之禮，君臣之禮，朋友之禮，人與人相處相交接則必各有禮，但師弟子之關係，其獲得重視，則由孔子始。故孔子之卒，乃無一項師弟子間之喪禮可資遵行。孔門弟子乃依照喪親之禮來喪其師，當時並無此禮，而孔門弟子具有此心，故稱之曰「心喪」。大家在孔子墳上，蓋草室住下，此之謂「廬墓」，廬墓三年，乃是喪親大禮，弟子們各在孔子墳上草室中住了三年，此實是一種大禮，但亦是一種非禮之禮。

三年滿了，大家各自回去，只有子貢在孔子墳上又繼續住下三年。這大概因當時弟子們心不忍去，而又不得不去，子貢年輩較長，他經濟情形亦好，所以由他來代表弟子們再住三年。臨去的都向子貢流涕揖別，讓子貢獨自留下。

當時來孔子墳上的，各自隨身携帶其本鄉特產樹木一種，栽在墳上，留作紀念，遂有所謂孔林。年代久了，那些樹木相繼萎枯，但仍不斷有人接種，因此兩千五百年來，孔林葱鬱如舊。相傳有子貢手植檜一支，則歷久尚存，今孔林尚有一石碑標明此樹。

我們當知，今世界各大宗教教主遺蹟，大體上都由後來教徒創立，只有孔林，乃由孔子身後直接遺傳，其親切而自然，其莊嚴醇樸，亦可謂世界各大宗教乃無出其右者。要講中國文化傳統下尊師之風之原始，則我們必從孔林講起。

但此所謂「廬墓心喪」之制，也只有孔子一人如此，此下尊師之風相傳無替，而心喪廬墓則絕少奉行。此因孔子大聖，後之為師者固不敢自比孔子，為弟子者亦不敢尊其師上擬孔子。然教育事業則終自與宗教不同。孔子雖為中國後代一大宗師，但決非中國社會一大教主，此層亦當明辨。

孔子以後，其弟子講學四方，亦備受尊禮，如子夏為魏文侯師，而子夏弟子田子方，魏文侯亦仍以師禮事之。及至孟子，後車數十乘，從者數百人，傳食諸侯，當時大國顯君，如梁惠王、齊宣王，他們尊禮孟子，其實亦只是一種尊師之變相。在戰國時，各國君王貴族尊賢下士之風，實也是由尊師之禮遞變而來。當時百家爭鳴，而各家大師俱受社會上下尊禮，此等亦皆是尊師。故戰國時代，亦可稱為師道大行，尊師之風達於極盛之時代。

下則楚漢相爭，在兵荒馬亂中，漢高祖路過曲阜，那時在曲阜孔家，還是有許多學者羣集講禮，漢高祖本是一粗人，心下有感，親到孔林祭拜，那時距孔子之卒已快近三百年，而孔門乃成為世代相傳一講學之地，故孔家子孫，直從春秋末到漢初，世系傳襲，他們的名字和生卒年壽等，皆一一明白可考。此非孔家一家之事，乃是其時學術界羣力所致。自此歷代相傳，直至目前，孔家世系，還是緜延不輟。單據此一點論，全世界亦再沒有第二人可和孔子相比。換言之，亦見中國社會之尊師，在全世界，亦更無其他民族可比。

自漢以下，不僅曲阜孔林屹然常在，而且全中國，每一行政區域，每一地方政府所在地，必有一孔廟，奉祠孔子。在清代，孔廟前必有一碑，上鐫「文武官員軍民人等到此下馬」字樣。不知此制起於何時，要之尊孔卽代表著「尊師」，而中國社會上下尊師之禮歷久勿替，亦卽此可見。

歷代帝王，除祭祖先外，尚有兩大祭，一是祭天地，一是祭孔子。我們也可說，中國文化系統中有「三大統」並受重視。一是「血統」，此是家屬倫理，凡子女必祭其祖先。一是「政統」，尊君卽所以重政統。一是「道統」，或稱學統，尊師卽所以重道統。此三大統又向上綰結於「天」之一大統。中國社會天、地、君、親、師五者並重，其意義卽在此。此乃中國文化傳統精神所寄，中國文化傳流之得以一脈相承，數千年傳遞不絕，此是一大關鍵。

中國歷代帝王，主政統者，亦必知尊道統。王子貴冑們必受教育，而以王太子為尤然。漢高祖以下，如惠帝、文帝、景帝以至武帝，在其未卽王位前，皆必拜師受教。武帝師趙綰卽是一儒家，崇奉孔子之道者，武帝十六歲卽位，趙綰及其同學王臧卽在朝用事，又召其師申公來，故武帝初卽位卽崇儒，此乃其幼年教育之影響。

及後設太學，此乃中國有國立大學之始。漢光武乃是王莽時代一太學生，故東漢中興，光武卽特別重視教育。其子明帝、孫章帝皆在宮中受極嚴格之師教。光武在大學中習尚書，故明、章兩代皆受尚書。章帝師張酺為東郡太守，章帝東巡泰山，過東郡，張酺謁見，章帝先備師弟子之禮，令酺講尚書一篇，酺上坐，帝下坐聽講。然後再修君臣之禮，帝上坐，酺下坐白事，此在中國歷史上，永傳為帝王尊師之一段嘉話。

政統本該與道統相一致，而師弟子亦相成為一體。若無師，安得有弟子；若無弟子，亦安得有師。在西漢時，朝廷有大政事，太學博士均得出席廷議。博士卽如今之大學教授，雖不任官職，但朝廷大政亦備諮詢，可自由表達意見。到東漢章帝後，太學愈盛，太學生多至三萬人。那時太學，並無如近代大學分院分系之詳，學生多了，博士無可傳授，只有倚席不講。但一輩太學生聚集中央政府下，漸漸養成一種清談之風，論學論政，他們由弟子替代了師，亦獲得當時政府和社會之重視。

下到三國兩晉以下，師道凌替，雖有太學，形同虛設，教育退縮到門第中去。而其時印度佛教傳入，於是遂有宗教師之出現。此等宗教師，國外來的如佛圖澄、鳩摩羅什，國中自興起的如道安、慧遠等，皆受政府及社會之尊禮。大體上分別而言，如佛圖澄、鳩摩羅什，因其是胡人，更受北方五胡君主崇奉。而中國僧人則在社會上受重視。尤其如道安，他先居河北，後投襄陽，終赴長安，所到都隨帶大批僧徒，受人供養，大有孟子氣派。慧遠則仍居廬山，與社會不多接觸，當亦隱然為一時之重鎮。我們當知，佛教在當時所以暢遂流行，中國社會上下自古相傳那一種尊師之風，實亦為其重要一契機。北周武帝滅北齊，下馬即去拜訪北齊名儒熊安生，熊安生亦早先料到，命其家人掃門以待。可見尊師之風，那時還依然存在。

下到唐代，凡僧必稱師，朝廷亦奉僧人為國師。儒學則日見衰替，獨有一韓昌黎挺身闢佛，他著有原道與師説兩篇大文，要重振儒道，則必重唱師道。但那時亦只有韓昌黎，敢於自為人師，同時如柳宗元，他拒絕人稱他為師，有「蜀犬吠日」之喻，説他不敢效韓昌黎，若亦自居為師，豈不將招惹舉世笑駡。但韓昌黎雖竭力闢佛，在他文章中，遇僧人亦必稱師，此乃社會習俗已成，亦是無可如何，而韓昌黎在當時，實亦沒有發生大影響。

宋代始是師道復興。胡瑗在蘇湖講學，朝廷禮聘他去太學，並依照蘇湖成法制為太學制度。又在各州郡大興學校，但當時人看重師資，更重於看課程，若無師資良選，學校寧願不辦。因此各地地方學興廢不常，而私家講學，則代之而興。當時的理學家則必然以師自居，與普通學者文人不同。如謝良佐宰應城縣，胡安國以典學使者行部，不敢問以職事，卻修後進禮進見，並向之問學，亦傳為理學中一嘉話。

在此值得一提者，在宋代，不僅皇太子須入學，卽皇帝亦置講官及聽講。神宗時王安石為講官，爭天子須立聽，講官須坐講。謂講官不尊於天子，但所講者道，天子尊道，則當立而聽。講官坐講，非以自尊，乃以尊道。其後程頤為哲宗侍講，亦爭坐講之禮，惟司馬光主尊君，乞仍立講，而皇帝坐聽。其實王程兩人所爭，卽是中國傳統文化中尊師大道所係。如漢章帝對張酺，亦是師弟子之禮與君臣之禮分別而行。佛教徒亦有「沙門不拜王者論」，亦是說道統不當屈服於政統。但宋代講官又稱「經筵」，其實經筵一辭原起唐代，僧人設座講經稱經筵，宋廷講儒家經典，而仍誤用佛家名辭於不自覺，到明代，則更正式用「經筵」為官名了。

現在我們說宋代為中國社會師道復興時期，大體應是不差，此於當時理學興起有大關係。元代社會，理學已普遍受尊重，其時書院特盛。地方官新上任，必先拜謁書院老師，又必赴書院聽講，書院的教授老師們遇地方官來聽講，必舉地方利病以及從政要道為講題，這一點也是值得提及。

明清兩代尊師風氣，大率承之宋代，卽如王陽明，身居巡撫要職，在軍務倥傯之際，也常有一輩學者弟子們相隨講學。曾文正在晚清，膺戡平洪楊之重任，在其軍中，幕府賓僚一時稱盛。但此輩賓僚中，亦有大部分，只是來相從講學，不負責實際任務。在中國社會上下心理上之所反映，似乎做大官還不如當大師更受重視。

又如晚明東林黨，本只是十幾個書生在一地方性書院中相聚講學，但風聲所播，震撼朝廷，中央大吏亦紛起響應，激動了政治上絕大浪潮，直至滿清入關，此風還是延續，尚有學者們在都講學，不少達官貴人前往聽講。當知此等風氣，亦是從尊師傳統下遞禪演變而來。

上所述說，其可指出中國社會之尊師傳統，在中國整個文化傳統中所占之地位。但同時亦可說明，苟非中國文化傳統整個存在，此項尊師傳統亦難單獨保留。今再申說，中國社會尊師傳統之特殊意義，為並世其他民族所無，而卓然成其為獨出之所在。一則曰師與君並尊，故曰「作之君，作之師」。二則曰師與親並尊，故師卒有「心喪」。三則曰師之主要責任在傳道，故曰「師嚴而道尊」，又曰「尊師重道」。而道統之在中國傳統文化中，實占最重要之地位。實則古人言道統，即猶今人言文化傳統。辭雖異而實則一。政統數百年必變，道統則與民族而並存。

就宗教言，佛有三寶，曰佛、法、僧。中國文化中之師，即猶如各大宗教之有僧侶。換言之，師即是道之代表與傳遞人，亦即是文化傳統之代表與傳遞人。故中國人又曰：「經師易得，人師難求。」經籍所講，雖亦是古聖人所說之道，但若只保有三藏十二部經，而無說法人，又若人說法而無以身作則之名德高僧依法修行，此將不成為一名符其實的僧院與佛寺。中國社會一向所期望於師者，實乃如各大宗教之期望於僧侶，無論是幼學啓蒙之師，乃至講學論道之師，要之師之為業，必當明道作人，擔負起人生中最偉大最崇高之職務。

此一百年來，中國社會正在極度激盪震撼中，首先是大家對自己民族文化傳統失去了信心。因此歷史上是否眞有此一套道統，而此一套道統又是否值得保留與發揚，亦已在人人心上生起了問題。而且此一百年來，教育制度，正在逐步革新，智識傳授，成為惟一目標，德育羣育，退處不重要之地位。大前提在變，則所謂師道之內涵意義自亦隨而變。今日學校中教師，則成為純職業性的自謀生活，社會亦以此來衡量教師之地位。為父母者，孰不對其子女抱有遠大之希望，然所希望者，只在獲得學校一張文憑上。只重視子女能入學，卻並不連帶重視到學校中之師，此已成為普遍現象。在此時期而來談文化舊傳統下之師道，亦如白頭宮女，閒話天寶遺事而止。

此下的中國，是否眞要全部的捨其舊而新是謀，抑或還是要回過頭來，復興文化以為立國之要圖，抑或折衷於二者之間？必將有一選擇。不論選擇那一邊，要到達目標，則仍必以教育為首務。要教育善盡其職，則仍必要復興師道。學校教育決不能像今天般只是一職業預備所，只是一知識販賣場。學校該能做人明道則仍是中國自古相傳師道之重任所在。目前社會縱不尊師，為師者應先自尊自重，互尊互重，中國古人所謂敬業、樂羣，為師者，大家自應敬此師業，樂此師羣，而後師道乃可以復興。

今再綜述要旨，要復興文化，必當復興師道。縱説要捨舊謀新，盡量破棄舊傳統，建立新風氣，但此一期望，仍必要仰仗教育，尊重師道。換言之，則仍必要復興中國文化傳統之此一部分，乃始有基址可立，道路可循。若如今天般，師道掃地，使下一代只知獲得些知識，謀求一職業，則師道盡而人道亦盡，到頭只是一場空。我輩擔任師職者，對此不應不特加警惕。

（一九六九年九月二十八日教師節中央日報專刊，教育與文化三八一—二合期，十一月教師之友十卷九期。一九七〇年九月教師節香港人生雜誌三十四卷一、二合期重載。）

# 一四　教師節感言

天、地、君、親、師五字並稱，始見於荀子之書。普遍流行於中國全社會，迄今已達兩千年之久。竊謂此五字實可表示中國傳統文化特殊精神之所在。

中國文化體系中，不如其他民族有宗教之創建。頭上有天，人所共尊；腳下有地，人各有親，在人生外圍環境中，公有所尊，私有所親，天地並稱，天尊地卑，尊卑平等，公私兼顧，可尊、可親，合成一「和」。人生幸福莫大於是矣。較之西方宗教單獨一上帝高出萬類，尊而不親，因起爭端。雙方相比，其異顯然。

中國乃廣土眾民大一統的國家，遠自黃帝堯舜以來，其先為封建制，繼之為郡縣制。歷世緜延，四五千年，共尊一君。「君者羣也」。惟在羣中有所共尊，乃使其羣凝聚團結，日益擴大，永不分散。古人言，「天生民而立之君」，君因民而立，君民一體，猶之天人一體。惟羣中之民，既當有所公尊，亦當有所私親。人各生於天，而養於地，父母雙親亦即人之天地。天尊地卑，一尊一親，父嚴母慈，父尊而母親。昧者不察，以為中國家庭父尊母卑，男女不平等。不知尊卑一體，尊之中亦見親，而親之中亦見尊。地雖卑與天同尊，天雖尊而亦與地同親。一家中有父母，猶宇宙之有天地。人在天地中，知尊天而親地，則亦與天地為同體。子女在家中，能尊父而親母，則亦與父母為一體。於不分別中見有分別，於有分別中見無分別，天人仍屬一體。則父母子女又烏有分別乎！

專就人羣言，共尊一君而各私其親。人孰不有父母，雖公有所尊，不害其私有所親。不能因尊君而不私其所親，亦不能私有所親而不尊其共同之君。一國一天下之君，較之一家之父母，尊卑豈不顯然。然尊其尊而親其親，則公私兼顧，尊卑一體，羣之與己，惟見其有和，不見其有爭矣。

故在中國文化體系中，為道有四：曰天道、曰地道、曰君道、曰父道，而四道實一道。天、地、君、親四道，又可分為「羣」「己」二道，而羣己實亦一道。無己何有羣，無羣亦何有己。羣己一切道又可分別為兩道，曰尊曰親，而此兩道實亦一道。若無可尊又烏見有可親，若無可親又烏得有可尊。尊之與親，實只在己之一「心」，只在己心中之一「情」。若其無心，其心無情，則亦不見可尊，不見可親。而所尊所親則不在己，而在己之外，在人在羣，在天在地，即在可見與不可見之萬物中。人之生不能有內而無外。己之內有心有情，己之外有天、有地、有物、有羣。而羣之中則有君有親。要之，皆有所當「尊」，所當「親」。而尊與親實即一己之心情，非在己之外，仍在己之內。此之謂「一天人」，「合內外」，而人生大道畢是矣。

此一人生大道何由覺知，何由宣揚，何由輔導，何由教誨？則曰「師」。古人易子而教，受教者自稱弟子，師之死，心喪三年，則事師當如事父。又曰「作之君，作之師。」然能為之師，亦可為之君。而為君不必能為師。故師道高於君道，道統尊於法統。太子繼承君位，則必有師。為君者亦必有師。宋代王荊公程伊川爭為師者當坐而講，為君者當立而聽。當時為君者亦從之。則事師亦當如事君。

在中國文化傳統中，人羣有「三尊」，曰父、曰君、曰師。而師可兼君父之尊，君父則不得兼師之尊。中國師道創自孔子，後世尊孔子曰「至聖先師」。自孔子以下師道不絕者兩千年。歷代帝王廟寢墳墓易代則廢，惟曲阜孔廟孔林則兩千年來不廢。孔廟並遍及於全國，兩千五百年來中國人所長期共尊者惟一孔子。尊孔即以尊師。故師道之在中國文化中，有其特殊地位，並世其他民族難相比倫。

自清末民初以來一百年，全國上下競慕西化，非孔批孔，孔子成為中國學術界爭論之惟一對象。今日大陸又在修孔廟孔林，然亦僅保存一古蹟。學校教育無論其外形以及其內容，已全臻西化。孔道不明，斯師道亦絕。余在清末，乃一幼童，曾受私塾教育，即知尊師之禮。及進入小學中學新式學校，其時學生及社會尚均知尊師。民國元年，余年十八，即為鄉村小學教師，亦尚受學生及社會之尊事。民國十一年，任教中學，薪額增，位望高，而自問為人師的意義與價值，則遠遜於在小學時。民國十九年，任教大學，薪額益增，位望益高，而為人師之意義與價值則益不如前。換言之，時代變，文化傳統亦隨而變。而昔之所謂師道，則日趨淪喪，已不絕如一縷。及至今日，則師道掃地已盡。今日在大、中、小各學校教讀為生者，當正名定義稱之曰「教員」，不得冒舊名仍稱為「師」。此乃余八十年來自始受教至於親任教之親身經歷，深感其如此，而並可具體舉例以奉告於國人。

中國非一耶教國家，然耶穌新約則尊稱「聖經」，耶穌誕辰稱「聖誕」。耶穌門人亦稱聖，如聖保羅、聖約翰；耶穌母稱「聖母」。即如今日奧林必克運動會，傳遞火把，亦稱「聖火」。「聖」字已奉讓於西方。孔子誕辰則稱孔誕，不稱聖誕。孔子僅為中國古代一哲學家，如希臘之有蘇格拉底。猶有人爭論語不得視為一哲學書。抑且亞里斯多德有言：「我愛吾師，我尤愛眞理。」而孔子則曰：「述而不作，信而好古。」孔子僅稱述前言往行，而不自創作開新。以西方哲學相繩，孔子自不得為理想上第一等的哲學家。孔子地位變，已不得為至聖，則其先師之地位亦變，而師道自當隨而變，此乃一至明顯之事。

韓愈師說曰：「師者，所以傳道授業解惑也。」韓愈以古文名家，乃曰：「好古之文，乃好古之道。」而韓愈又稱：「並世無孔子，不當在弟子之列。」宋代蘇軾則稱其：「以匹夫而為百世師。文起八代之衰，而道濟天下之溺。」故中國人言師，必上及孔子，又必兼及於道，即在文學界亦無不然。曾國藩平洪楊之亂，為晚清一代鉅公，然其自居則僅願為一文學家。又曰：「國藩之粗解文章，自姚先生啓之。」則亦必自言師承，而上溯之於桐城之姚氏。此乃百年前中國人之舊風氣。

今日則國人風氣已變。言文學，則增一新字，稱曰「新文學」，以示別於百年前之舊文學。其對舊文學能不加批評不加反駁，已為難能。言及文化，亦必增一新字，稱此下曰「新文化」，表示其以前為舊文化。能不加批評不加反駁，則已為心平而氣和，仁至而義盡。民初新文化運動，即提出兩口號，一曰「賽先生」即科學，一曰「德先生」即民主。直至今日，大體猶然。「科學」限於種種知識與技能，今日尤偏重科技。「民主」則重自由平等，尤重在人權。人各有權，求富求貴。故在下則為自由資本主義之社會；在上則為分黨競選之民主政治。求富求貴既盡屬各人之自由，為之限者，則為法律。故今日國人言民主，又必兼言「法治」。至於教育，則在教導人求富求貴之種種可能之知識與技能，而惟附益以不犯法，如是而已。故今之為師不傳道，僅授業，解惑亦僅在業不在道。中國今日雖仍沿用舊名一「師」字，而意義則大變。亦當稱「新師」，以示別於舊師乃為得之。

孔子曰：「富而可求也，雖執鞭之士，吾亦為之。如不可求，從吾所好。」今日乃一新時代，有新風氣。人人求富求貴，如不犯法，復何不可。惜乎孔子不復生，已無人可以解孔子之惑，而亦竟無人能闡申孔子之意，以解今人之惑者。諺語曰，「十隻黃貓九隻雄，十個教師九個窮。」在當前自由資本主義之社會中，窮教師自不易見重。其人既不見重，欲參加政治活動以求貴，事亦不易。故今日之為師者，惟有在法律上按其本身之學歷經歷，在某等學校獲得一教職，受一份薪俸待遇，到達某一年齡而退休，又何從而與天、地、君、親同占一社會崇高之地位。其實為師者亦何必自慚自怍。中國傳統文化重人羣大道，故每一人在其大羣中，必知對他人有所尊有所親。今天所風行之文化，乃西方重個人主義之文化。個人有人權，各得求富求貴之自由，能不違法律，和平相爭，即屬人生之大道。為人父母，亦何有其特殊可尊可親之地位。為一政治領袖者，除在法律上所賦與之一分權力外，亦無其他特殊可親可尊之意義。君父尚然，師又何論。

然則在當前之社會，何以尚有人願留學校作一師？除其人自承無能外，則尚有孔子「從吾所好」一語或可為之解嘲。余畢生執教鞭歷六十九年，只在講臺上覓得一噉飯地，覺日常與青年學生為伍，亦有可樂。孔子自言「學不厭，教不倦」，周濂溪教二程「尋孔顏樂處」，顏子有孔子為師，所樂惟在學。孔子則終身兼樂學與教。余亦願從學與教上來尋孔顏樂處。身為中國人，只讀中國書，遇到無可奈何處，則仍只有借孔子語自安慰、自鞭策。所以孔子在中國人羣中，終必仍有其地位。余所學淺薄，不知文化先進國如歐美亦多有教師，對余上述問題作何解答？竊意亦必有人用孔子「從吾所好」之相近語意來作解答者。故知孔子在世界中，亦必自有一地位。而中國人在世界中，亦必隨而獲得一地位。此則余所深信而不惑者。

余亦曾薄遊歐美，淺見薄識，可稱無知。但竊見彼中學校教師，其自信自重有勝過當前吾國人之為學校教師者。又其國人之重視其學校教師，亦有勝過當前吾國人處。不知余此言是否有當。然竊願舉此以為國人告。處當前之情勢下，既不獲盡人皆留學國外，又不能強凡留學國外者盡皆回國任教，則凡在國內學校當教師者，皆不得不增其一分自信自重之心情。而凡吾國人，亦不得不對當前學校教師益增其一分尊之親之之心情。此非余身為教師，乃出此私言。則惟我國人其諒之。

今日為孔子誕辰，國定為「教師節」。中央日報來書，囑余為文。謹以余六十九年為教師之身分，拉雜書其所感。恐所言多不合時宜，多違犯當前之風氣潮流，則希讀者諒之，勿罪為幸。

（一九八〇年九月二十八日應中央日報教師節約稿作，時年八十六。）

# 一五　中國傳統文化中之師道

中華文化之傳統精神，「天地君親師」五字，可謂已包括淨盡。天地在自然方面，君親師在人文方面。自然與人文，兩端兼顧，一體一用。司馬遷所謂「通天人之際，明古今之變」，文化傳統大道，則無踰於此矣。

先言天地自然方面。「一陰一陽之謂道」，天屬抽象，憑空凌虛，乃其陽面；地則具體，實際俱有，乃其陰面。此乃一切萬有大本大源之所在。有生無生，俱無以逃其外。戰國時代，陰陽家分為金、木、水、火、土五行，此即「五道」。道必動，具時間性，故曰「常」。其相對辭則曰「變」。曰常曰變，陰陽五行足以盡之。西方科學所研究，其大體範圍，亦無逃於此矣。

君親師則屬人文方面。人類乃天地間有生物之一，但不能脫離其他有生無生以為生。人必與萬物俱生，又必羣居為生。「君者羣也」，人類之羣居為生則必有君。羣有大小，斯為之君者亦必有大小。中國自古即為一封建政體，於諸侯分疆列土之上，其最高位為天子，統治諸侯，共成一體。自三皇五帝，下迄夏、商、周三代，已歷兩千五百年之久。

秦始皇帝統一中國，改封建政體為郡縣，中國乃始成為一大一統國家。在上惟一天子，其下更無列國諸侯之分封，故其自稱曰「始皇帝」。近人以秦始皇帝為中國專制政治之開始。其實在上惟一天子，其下更無諸侯，自可謂之「專制」。但非今人根據西方人意見所意想中之專制。如李斯為秦相，此下文官盡歸其統治，但李斯乃楚國人。蒙恬為秦將，全國武官及軍隊盡歸其統轄，但蒙恬乃齊國人。是則秦始皇帝乃以天下治天下，非恃秦國一國治天下。政治歸於一統，秦始皇帝乃為其領袖，豈如今人之所意想。抑且其長子扶蘇，乃出在大將蒙恬部下，同服兵役，此亦與百姓家庭相同。而中國後世人，則莫不以秦始皇帝為列代為君者之炯戒。秦始皇帝雖開此下郡縣政體之新局面，而終不獲後世之好評，其所以然，詳治中國史者，自能言之，茲不復論。

要之，自秦以下，中國乃為一郡縣大一統之國家，不再行古代之封建，此不得不謂是中國文化傳統一進步。

「執其兩端，用其中於民」。執兩用中，亦為中國傳統文化一大特點。公與私，亦人生之兩極端。極其公，則率天之下莫非王土，盡歸一天子之統治。中國廣土眾民，其土地之廣，堪比全歐洲。其民眾之多，達於全世界四分之一。而舉國共戴一天子，已達兩千五百年之久。論其私，則全國民眾各自分有家庭，各孝其父母，遞傳已達兩三千年以上。中國成為一民族國家，而國之下有家，有百家姓，一家相傳亦各達兩三千年以上。各有家譜，亦儼如國史。此亦舉世莫能比。但「人各親其親，長其長，而天下平」，故孝道乃為中國人生惟一共同之大道。論語言：「孝悌為仁之本。」而仁道則為中國大羣人生主要一綱領。故中國人言忠孝，乃據人生公私兩端，而各有其達道。家、國、天下，乃人生公私兩端之極要組織。即此一義，亦為舉世其他民族所不能比。

中國人生於君父之外之上，尚有師。韓愈師說謂：「師者，所以傳道授業解惑。」「道」其公，「業」則其私。今舉世惟有授業師，無傳道師。儻有之，則為宗教。但世界各大宗教，如耶教、回教，儻謂其有道，乃為天道。以一教主傳上帝道，而愷撒事愷撒管，仍自與天道有別。印度佛教不傳天道，其對人道，則主要抱厭棄輕蔑感。故以出家為起步，以涅槃為終極。獨中國人則不自創宗教，佛教來中國，終亦中國化。如唐代之天台、華嚴、禪三宗，天台主「空、假、中一心三觀」，華嚴主「理法界、事法界、理事無礙法界、事事無礙法界」四法界，禪宗五祖以金剛經「應無所住而生其心」告六祖，可謂禪宗一大訓示。故佛教來中國，實已全成中國化，非復印度原始創教之本義。自唐以下，乃亦為中國傳統文化中特有之一支，斷非印度原始所本有。於是佛與道與儒，遂為中國文化傳統之三大宗。

師道一本於儒。中國古人，易子而教，不僅師道在父道之上，列代皇帝均亦有師，師道更當在君道之上。故師道乃為中國文化一大宗，而孔子為「至聖先師」，不啻為中國文化一大教主。中國無宗教，而師道實已越出在宗教之上，可以無教會之組織，而自有其一脈之流傳。

今再以師之傳道言，不貴在師之傳道於弟子，而更貴在弟子之能傳其道。孔門弟子，顏回、子路皆先孔子死，而孔子皆有「天喪予」之慟。但孔子死，弟子居其墓守喪三年，而子貢獨守喪六年。此下如曾子子夏等，皆一遵孔子之道，而傳遞不輟。使無子貢、曾子、子夏之徒，則孔道何由傳於後。孟子乃學於子思之門人，而曰：「乃吾所願，則學孔子。」孔子曰：「後生可畏，焉知來者之不如今。」如孟子，亦卽所謂儒門中可畏一後生矣。韓愈亦謂：「弟子不必不如師，師不必賢於弟子。聞道有先後，術業有專攻，如是而已。」

中國文化極重師，尊師亦等於尊其父母尊其君。宋代王安石、程頤為天子師，爭當坐講，天子當立而聽。當時天子依之，後世亦絕無非之者。至於今日之中國學校，則全從西化。幼童小學卽稱國民學校，學校教師皆卽一謀生之職業，均定退休年齡。而同一學校，可有百數十教師之多，皆與中國傳統師道有不同。可謂中國之師道已中斷，而文化傳統亦遂而中斷，此可謂乃中國當前一大憂。

然則將何由而得復興中國之師道？此恐非復興中國文化不可。但又何由而得復興中國之文化？恐又非復興中國之師道不可。此兩者，乃不啻一體之兩端，究將何由得復興？曰：尊師崇道，由己心之知尊師始。茲再概括言之，中國傳統之學，主要在「學做人」。中國之所謂道，亦指「為人」之道言。生在大羣中，有志學為一較好的理想人，何缺師之足憂。

孔子為中國之至聖先師，但孔子無常師。論語言：「三人行，必有吾師焉。」此三人中，一人卽其己，其他兩人則易見其比較分別。或彼善於此，或此善於彼，有分別自有比較。從其善，改其不善，則雙方皆吾師矣。故孔子「十有五而志於學，三十而立，四十而不惑，五十而知天命」。「三十而立」，是三十以前尚不得自立為人。「四十而不惑」，則可以獨立為人而不復有惑矣。「五十而知天命」，則可以自為人師矣。故曰：「四十五十而無聞焉，斯亦不足畏也已。」是四十以前皆當從師之年，能知從師，斯亦不患其無師。孟子亦曰：「舜之居深山之中，與木石居，與鹿豕遊。及其聞一善言，見一善行，若決江河沛然莫之能禦。」舜雖居深山，不能無與人遇。但人性善，不能無善可見。而舜則聞一善言，見一善行，沛然若決江河，斯則可謂舜之善自得師。師於人，實卽師於天，亦不啻卽師於己。故中庸言：「天命之謂性，率性之謂道，修道之謂教。」人道卽本於天道，自可教之人，使人同知道。此見為人之道貴在「自學」，不在師教。故論語言「學而時習之」；孟子言：「人之患在好為人師」，又曰：「歸而求之有餘師」。孔子已距孟子百年以上，而孟子則自願學孔子。故人不當自諉無師而不學。有志為學，斯可善自得師矣。此乃中國有志為學大道之所在。

西方人則不然，亞里斯多德有言：「我愛吾師，我尤愛眞理。」柏拉圖乃亞里斯多德之師，柏拉圖乃當時希臘一大哲學家，亞里斯多德得以為師，何幸如之，但猶言更愛眞理。若從中國人言，則人之求得眞理，必先在從師。眞理雖由我求得，但亦自師啓之。人之得為一人，乃由父母生之。非有父母，我何由得生。但豈得言，我愛父母，我尤愛我生。中國人之尊師，猶如其孝父母。西方人貴人人獨立，既不主孝父母，更何論於尊師。此乃中西方文化一大相異處。

孔子為中國之至聖先師，其後一千七百年出有朱子，亦中國一大儒。方其二十餘歲時，從師李侗。及其成學，已為一代大師，但於其往年之師李侗，衷心不忘，一辭一語，記錄不遺。弟子不必不如師，但聞道有先後，如朱子可謂能敬師矣。後人決不謂朱子之學盡受李侗之傳，但朱子則必尊李侗為吾師。故曰「尊師重道」，知重道，自知尊師。在朱子，則決不曰：我愛吾師，我尤愛眞理矣。

近代國人，接觸西方文化，驚其富，驚其強，自媿遠不如，盡捨吾舊而學之。此亦中國傳統文化虛己自謙、尊師崇道之遺風，有以致之。然而盡捨吾舊，並欲打倒孔家店，又謂欲知朱子，須先究康德。要之，偏心一意，盡在西方。不知自中國傳統文化言，則天生我為一中國人，我當善盡吾責，好好為一中國人。不當捨中國人而不為，惟求一意為一西方人。此照中國傳統言，可謂已違天命，究已失之。更何論西洋人各相異趨，及今有美國、有蘇俄，究當何所依從？於是中國乃一分為二，一崇蘇，一崇美，究當何所師法，乃成當前中國人一大問題。此則待吾國人之善擇其師矣。

自今日之世言之，全世界一百五十餘國，共成一聯合國組織，並尚有在此組織之外者，但全世界人可謂並無一如中國古人之「天下觀」。列國之上，更無一組織。以此較之中國之封建時代，其上有一諸侯共尊之「天子」，尚為遠遜。但中國人言：「非我族類，其心必異。」大地之上，族類非一，其心相異，亦所宜然。卽如最近美、蘇對立，自中國傳統觀念言，美國行資本主義，蘇俄行共產主義，其不相媾通，亦所宜然。惟忠恕違道不遠，各行其宜，而相互以恕道相待，則美自美，蘇自蘇，何必恃原子彈以殺人武器互相抗衡。如能和平相處，待之以年；孰得孰失，孰利孰害，亦各可自知。各自相師，而大道自顯，大統始立，而天下自歸於一矣。此為中國人理想。最要者在人之心，故曰：「忠恕違道不遠。」各自努力於為己，此為忠。各自以恕道相待，則免爭。如中國在戰國時，百家爭鳴。下迄漢代，終臻一尊之局，何待於原子彈之相殺。今日世界，儻謀一統，則必戒相殺。孟子謂：「不嗜殺人者能一天下。」此為中國古人觀念，豈不迄今仍盼其為有效。則孟子此一言，亦可為百世師矣。故其道主要則在吾心之善自從師，而師道則貴在於己所內存之一「心」。

故使人人各能忠於己之一心，又能各自恕於他人之心，知其與吾心有相異處，則忠恕違道不遠，而天人合一，人羣相依於大道之上，自可指日望之矣。然則中國之所謂師道，乃歸本於各己之自修其一心。故孟子曰：「大人者，不失其赤子之心者也。」赤子之心，乃貴其不離於天降之自然心。太史公言：「通天人之際，明古今之變」，凡言舉世之複雜問題，亦惟此十字可以盡之。幸吾中華子孫其善自思之。則天與人，師與道，亦胥在於此矣，尚何復他求之有。

或言，子語可謂簡要有宗，本原畢顯矣。但今世態複雜，人生多端，能再提要作一兩語，使人易得記憶遵行否？曰：是亦有理。今姑扼要作兩語，以結束余文。其語曰：「請你憑自己良心，作為中國一好人。」即此兩語十四字，宜可盡其大致矣。或疑余言近陸王，是亦不然。陸王在宋明學術史上，反對程伊川、朱晦翁，教人作中國一聖人。余之此文，則僅要人作一中國人，此與陸王本意相異。故陸王可在中國學術史上起諍議，而余之此兩語，則只論做人，不論學術。乃為當前國人之崇洋蔑己者言，在本國學術史上初無諍議。但推余此十四字，亦可以治中國之全部學術史，無所牴牾，無所矛盾。幸讀者之自思之。

（一九八六年九月二十八日應聯合報孔子誕辰專欄約稿作，時年九十二。）

# 一六　中國之師道

中國傳統文化有所謂「天地君親師」。人生上戴天，下履地。其生必有羣，主其羣者為君，故曰：「天生民而立之君」。然君之與羣，皆在地，屬「空間」。人生必有父母家庭，世代相傳，乃屬天，屬「時間」。故天地之外，乃有君親。天地君親以上，最尊尤貴者則為「師」。故唐代乃奉孔子為「至聖先師」。師以傳道，即以傳此尊天親地尊君親父之道。為君為父，亦同在此大道中，故為君為父者，同時亦仍必尊師。師道乃人生大道中之最尊。中國民族大羣傳統文化之得以綿延久長而不絕，則胥師道是賴。

中國有師道，乃無宗教。亦可謂中國之宗教已師道化。其所尊之終極對象，乃在「道」。上天下地，乃及人生大羣，其成立存在皆賴道，無道則不獲成立與存在。亦可謂，中國人此道乃由孔子所提倡發明而完成，故孔子乃為中國人最尊一先師。中國文化大傳統之歷久常新而勿衰勿替者，乃在此。

最近世之中國教育，則一依西方為楷模。余幼年七歲始進私塾，首先即對孔子神位行膜拜禮。年九歲，入新式小學，即不再有此禮。同時在校為師者，即在七八人以上，又歷年有更替。小學以八年為期，前後為師者最少亦當在二、三十人以上。十三歲入中學，同時為師者即不下十許人。中學以五年為期，前後為師者至少更當達數十人之多。余家貧，未獲進大學。大學四年中，為師者，更當達百人上下。一學生自小學至大學畢業，為之師者至少當在百人以上。如此其多，偏尊為難。此乃古今中外文化上一大相異處，亦卽一大衝突處。

當今世，一中國人，自幼卽受西方教育，又如何承受其本民族之傳統文化，以確然成其仍為一尊師重道之中國人？卽此一端，已見其難。

又余幼年受學有修身課，講究中國傳統修身齊家之大道。其後不久卽改為公民課。小學乃稱國民學校，上學乃教其如何為一國家之公民，所尊在多數而非師。至於子女在家庭中，如何克盡其孝弟之道，則亦與為一國民無關。西方人盡言自由平等獨立，家庭倫理亦所摒棄，不加重視。則試問中國人五千年來此一家庭傳統，又如何得再維持？

西方父母、子女乃一段臨時短暫關係，無中國人之所謂倫理。中國人倫理卽是道。西方人則言法治，不言道，不言理，亦無所謂禮，因此乃無中國式之家庭。此又中西文化一大不同處。

又中國於國之上尚有一「天下」，而西方亦無之。迄今西方人亦僅知有國際關係。故在西方，僅知有個人，每一個人則必附隨於一國。下之無家，上之無天下。國之下，人人僅知有一各自之個人。其簡單有如此。

此外西方社會有宗教，乃屬地上人與天堂上帝之關係。而中國則天與地同屬自然，亦與人類大羣同在一大道中。人生之對天對地，各有其當行之禮。亦可謂尊天尊地，皆從師道教訓來。知尊師，乃亦同知尊天地。則中國師道之意義與價值，亦可推想而知。而中國之孔子，其地位，其意義與價值，乃尤當遠在西方宗教主耶穌之上。西方人信耶穌為上帝獨生子，而孔子則為中國一平民一常人，此又其大相異處。

孔子又被尊為中國之至聖先師，此亦中國人所奉行之人生一大道。孔子無常師，孟子則曰：「乃吾所願，則學孔子。」又曰：「人之患在好為人師。」韓愈言：「師不必賢於弟子，弟子不必不如師。」師道之當尊，其事乃在為弟子者之自心。今世學校一師長，僅是一職業，非中國文化傳統中之所謂師。以中國人進中國學校為弟子者，當必自尊中國文化，亦必存一尊師之心。於職業師中，自尊一傳道師。畢生中或尊一二人，或尊三四人，其權乃在弟子之內心，自有所擇取，而不限在學校之所延聘。則中國文化傳統之所謂師道，仍可於當前西方學校制度中存在。

猶憶余九歲入學，常有四五師，至今尚在記憶尊敬中不能忘。及進中學，亦得一二師，至今不能忘。抑且中國文化傳統，有當代師，更有前代之師。如孔子，豈不同為兩千五百年來中國人之師。余心然，他人亦然。知好學，自知尊師。外面情形萬變，又何害。

中國近代學人中，師道尚存，猶可微論者，可舉兩人為例。一為梁任公，幼年即從師康有為，因此得名滿海內外。但任公年事長大，學問日有進益。中年以後，其為學已遠超於其初年所得之師傳。尤其對於中西文化異同，時有創見，為其師所未及。但任公天性敦厚，終身尊其師不敢輕加忘棄，乃為任公畢生為國為民於討論學術及中西文化異同方面一大累。實則任公雖幼年從學於康氏，而世變方亟，他年自有建立，自宜善加申述，何必定限於早年之師傳。使任公中年後能明棄其幼年之師說，則其成就貢獻當更深更大。而任公心若不忍，於當前國家天下之一切，反以自限，不能暢其所欲達。此誠吾國家民族當時一大損失。余曾屢言之，任公此一番不忍背棄其師之敦厚真誠之心情，實為討論當年我國家民族文化問題者，一大值遺憾之事。

又當時大唱「疑古運動」之錢玄同，其留學日本時，曾親從師於章太炎。及其歸國任教於北京大學，新來同事崔適好康有為之學，曾有著作加以發揮。錢玄同讀其書而好之，乃下拜請受業為弟子，一時傳為嘉話。某年，章太炎來北平，錢玄同侍奉備至，敬禮有加。某日，太炎講演，玄同同登講臺，代為繙譯，並加闡釋。又有劉半農，亦同登臺，代書黑板。講演畢，三人同下臺離去。但以此較之梁任公之對康有為，則師弟子情感上之深淺厚薄，相差甚遠。而玄同又自棄其姓，改稱「疑古玄同」，其狂妄無理可謂已達於極點。但自另一方面言，玄同所為，亦承中國尊師傳統來。師以傳道授業解惑，苟其師無道，而徒增弟子之惑，則此等師又何可尊。即以「疑古玄同」為例，則師道亦非可恪遵墨守，仍貴為弟子者之慎自考慮，慎自斟酌。此亦無背中國師道之尊嚴。但玄同不堪當此重任，其背師疑古，則所失又遠矣。

處當今之世，果不宜儘法梁任公，更不當轉效疑古玄同。能自得師，乃在學者之善自審擇親信。其事重大，有未可輕率而得者。今兼論兩人，明白言之，則寧多一梁任公，不宜再增一錢玄同。

同時又有一王國維，得為清遜帝宣統師。宣統已遜位，乃民國一平民。中國歷史上多有為帝王師者，宋代如王荊公、程伊川，並主為師者應坐講，帝王立而聽。其事為後世所傳頌，王國維亦當熟知。但自為宣統師，卽感恩不忘。頭上留一辮，不再剃去。則王國維豈不以為一滿清遺民為己榮，為己身大義之所在乎？卽其為清華大學研究院一主講，梁任公為其同事，胡適之亦加重視。當其時中國學術界西化之風已盛，而北平為之首。王國維以一專門學者見重，腦後之長辮，與專門學又何關，而一時來清華研究所從學者，遂亦惟知尊王氏之專門學，於其腦後之長辮，則亦有視而無睹。則可知當時之尊師，所尊者已為一西方式的專門學者，而非中國傳統所謂尊師重道之師。此層則不可不詳辨。

更甚者，一時傳聞，馮玉祥當率師入北京城。王國維乃至投身北平城外昆明湖自殺。其時中華民國創建已十六年之久。果論王氏之為人，終其身不忘滿清之皇統，則其生平行業當尚不如袁世凱部下之一輩軍閥，較之同時在北平以滿清遺老自居者，亦當尚有遜色。乃直至於今，亦無有人論王氏之非。人生出處大節，豈非人生之大義所在？而近代國人一慕西化，惟以王國維之專家學業為重，而於其出處進退人生之大節所在，乃並不理會，不加重視。此亦近代學術界風氣一大值商討之事矣。

中國人自古相傳謂經師不如人師，以中國傳統論，王氏最多乃一經師，非人師。其留長辮而投湖自盡，在王氏或以為如此乃足為人師。但試問王氏心中，又當視孫中山先生為何等人物？此層豈不亦大值深論。孟子曰：「人之患在好為人師。」王氏一為宣統師，乃至忘其生平，另為一人。則孟子之言，豈不乃為二千年後之王氏言之？故西方人亦有師，而其師乃與中國之師有大不同。此層亦不當不深知。

西方人言民主，重多數。但中國「師」字本亦具眾多義，如三軍稱為師，又如稱樂師，亦以多人集聽。惟西方人主唯物論，同具此身，即同為一人，故必人人平等，皆得自由獨立。舉手投票，多數即是，少數即非。專家學者，惟在學校得稱師，其他人與人間則無師。中國人主唯心論，即性以為道，聖人先得吾心之同然。故人類中有先知先覺者，其對後知後覺，即可以傳道授業而為之解惑。故中國傳統之尊師，實亦猶西方之「尚眾」，僅唯心唯物不同而已。

近代中國人能知此義者，惟孫中山先生一人。其唱為國民黨，自為黨魁，謂乃一黨中之先知先覺，謂其黨人同志乃後知後覺，而黨外國人則為不知不覺。故其教義，自革命軍政之後，又有訓政，然後乃有憲政。此等說法，誠乃西方自古所未有，亦為西方人所絕不曉瞭，絕難同意者。但於中國文化中，則為一種傳統相承顛撲不破之論。余自讀其三民主義之講演集，即衷心誠服，認為近代中國之唯一大聖人，則惟中山先生足以當之。但余因此遂決意不加入國民黨，以示余之敬從孫先生，乃中國人之尊師意，與西方人之僅視之為一黨魁者大不同。

余六十年前曾為國學概論一書，其最後一章論及近代，即專舉孫先生一人。相識多加諮議，謂孫中山乃革命黨人，乃政治人物，何得舉以為「國學」之殿。余謂中國人謂經師不如人師。如孫先生，正乃一絕代之人師，實可謂當今之唯一大師而無愧。其書俱在，讀者可以細闡。

余又謂西方政教分，中國政教合。如中山先生雖其革命創為民國，一若亦惟西方是崇。其實孫先生乃亦中國一「聖之時」，其三民主義實乃道地的中國傳統。今人不讀中國書，不通中國文化傳統大義，而一意惟西方是從，則宜乎轉以美國人之民有、民治、民享，認為即中山先生之三民主義。此乃強中山先生亦惟西方之是從。則中山先生之在西方，亦僅為一少數，一後知後覺者。較之西方黨人，宜尚多不如。惜今之國民黨人，乃不能起中山先生於地下而教之，亦今日崇慕西化之國人一深感可憾之事矣。

又中山先生在廣州，北上議和，病死北平。蔣中正先生乃以黃埔軍校校長職統軍北伐。及到南京，而國民黨人即有寧漢分裂之勢。因當時如汪精衛之徒，皆自居為一文人，日常親從中山先生，認為一切政事皆當出於文人之手。而以蔣先生乃一軍人主政，非中國傳統，心有不服。不知即由中國語言文字之傳統言，「師」即「眾」義，聚徒講學之謂師，統軍抗戰亦為師，文武同有師。民初中國人極重諸葛亮、王陽明及清代曾國藩三人，謂以文人統率軍事，乃人才中之傑出者。不知此在中國，乃自古已然。漢高祖用韓信為將，自稱能聚市人而戰。此即如孔子之施教，「自行束脩以上，未嘗無誨」。文武之道，同歸一致。

戰國時代中國有孫子兵法一書，至今西方最高軍事學校如德國如美國，莫不引為教本。中國人對此書，兩千年以來素知重視。自三國時代曹操即為孫子兵法作註，此下作註者又代有其人，是治軍必有教，亦即教人為學中一主要項目。顏淵卒，孔子哭之慟，曰：「天喪予，天喪予。」子路卒，孔子亦哭之慟，而亦曰：「天喪予，天喪予。」中國人之文武同重，死生一視，此亦中國傳統文化一要端。

奈何今日國人西化，惟尚專門，則必強分「文」「武」而為二。

最近浙江有蔣百里先生，為清代一高級軍事學校校長，曾自殺，後著治軍訓練書。余幼年讀而心敬之。其實蔣氏之書，亦即中國自古治軍教育之遺意。惟在西化盛行時，文武分途，乃被視為創作。今惜其書國人皆已置不復讀。人人好言西化，則何不一讀孫子兵法，稍知中國自古之軍人教育為何如。豈不猶為當今德、美諸邦之所誦習乎？

然則當今日而言「師道」，果先讀此一部孫子兵法，亦庶可通文武，會中西，而一以觀之矣。余此篇論中國之師道，而以孫氏兵法為言，亦使中國人稍知中國古道，乃猶有今日流行於西方者，並乃在武而不在文。亦庶使吾國人稍知有從入之門，亦稍易啓其信念，勿徒以崇慕西化為事。至於其中深義，則有待國人肯盡畢生之心力而加以探索，非此區區短文之所能盡。吾言幸止於此，期國人其諒之。

（一九八七年九月二十八日應聯合報教師節特刊約稿作，時年九十三。）

# 一七　當前的香港教育問題

凡能深思遠矚的人，都該承認，人類當前，正面對著一個文化創新的大課題。若非文化創新，人類前途，將無安定與幸福可言。而此一課題，必連帶著教育問題來完成。因此，在今天，世界各地，對於教育，都該有一番從根的檢討。而尤其是在香港，對此問題，更有從根檢討之必要。

香港的政治地位，它是英國的一個殖民地。但香港社會，又是百分之百的一個中國社會。此一情形，誰也不能否認。在已往百年來，香港僅是一商埠，一轉口港。香港的教育，配合其實際需要，習練一些英語，瞭解一些英國統治香港的法律，從事商業謀生，這就夠了。少數有志深造者，或去中國大陸，或去英京倫敦，其為數實是少而尤少。直率言之，已往的香港教育，只是一種殖民地教育而已，此外則無足言者。

但今天的香港，已在激劇變動中。中國大陸，陷入了共產極權的掌握。他們對中國傳統文化，正在加緊破壞。大批愛好自由，愛好祖國文化的人們，大量湧進香港，如狂濤怒浪般，不可阻遏。這幾年來，香港人口激增，已由五六十萬增加到近三百萬。香港不再僅是一個商業港，而轉變成為一個文化思想的衝擊點。

香港社會的內容實質，與其外圍形勢，正在激劇地變，而香港的教育措施，則似乎並未能針對追隨此激變而俱變。此七八年來，香港教育界，確乎已在變，而所變程度，則猶嫌其不夠。最先，自然要說到香港政府所主辦的那些官立學校，從其最高學府香港大學，乃及羅富國、葛量洪師範學院，以及一切的官立學校，其主要措施，似乎仍然著眼在英國政府所統治下之香港居民這一目標上。這一目標，就香港政府立場言，我們不能批評他不對，而總嫌其不夠。

其次，要說到香港社會的許多私立學校。在英國政府統治香港的大體上說，除卻有其一套應有之法令，為香港居民所必需遵守外，其所給與香港居民之自由，平情而論，總還算得是寬大。照理，香港社會的私立學校，在教育上，應該可有其積極的貢獻，來補救香港政府官立學校之不足，而此一方面，我們也同嫌其不夠。

私立學校中，經濟較寬裕，規模較像樣者，大多屬於教會學校。而此等學校之教育精神，又似乎多偏重在宗教上。有些則似乎不免於以如何培殖上帝信徒，為其教育主要之目標。此一目標，我們也不反對。我們並不說，教會教育要不得，我們只是說，此一教育目標，依然是不夠。

其餘的私立學校，大多數，因於經濟不充裕，設備不完全，其自身求存在已不易，因此其對於教育上之應有宗旨，應有精神，不免轉多忽略，而專偏重在經濟上打算。甚至於有「學店」的怪名稱，竟然在香港社會上公然存在，公然流行。

這其間，一枝獨秀的，要算是各種私立的英文學校了。此等學校，驟然看來，好像是在適應了香港社會之所需。其實，目前乃至將來，香港社會所需，決不是只需要能懂英文、能説英語。若是我們的教育精神，只在教一輩青年識英文、講英語，這一努力，對於香港社會之貢獻，究竟是利多於弊，抑還是弊勝於利，此一層，實大大值得我們之研討。

此七八年來，因於大量的中國大陸流亡者湧進香港，青年有志享受大學教育的數量激增，於是有許多新興的私立學院出現。在此等私立學院中任教者，多半是以前國內有名望、有資歷的大學教授。照理言，此等學院，應該也算是配合著香港社會之新需要產生。然而，此等學院之經濟情況，也和一般私立學校同其艱窘，而且更有甚焉。一則此等學院，草創設立，並無基礎。二則，此等學院招收學額有限，不能與中小學相比。於是，此等學院，遂致陷於有縱想變成一學店而勢有不能之苦。因此對於教育宗旨教育精神種種大題目，終是心有餘而力不足，大有無從説起之概。他們只求能艱苦支撐，不使學校中途停歇，那已是一種莫大的精神，莫大的努力了。

我們就於上所分析，實在不能不對香港目前之教育情況，表示一些杞憂與悲觀。然而，若使教育無希望，則整個香港社會之前途，也將牽連受累。此一層，實在香港公私雙方，都該深切注意，鄭重研究的。

最困難的癥結所在，似乎在香港只能有居民教育，而並無國民教育。此一病象之曝着，遂使在香港只有職業教育，而無人才教育。甚至是只有語言教育，而無文化教育。循此以往，在香港居留的中國人，將盡變成些能講英語而只知自求生存的人。最多，他們能知道守英國在香港的當地法律，與信仰有一個上帝而止。然而，法律與上帝，其背後都有一番深厚的文化背景在作基礎。若使脫離了，或隔絕了此種深厚的文化背景，而僅知守法與信教，則成為一種淺薄無根的守法與信教，此其為效亦有限，而且不可靠。

即就語言教育與職業教育言，其背後也該有一番深厚的文化背景作基礎，然後此等教育，纔始有意義，有功效。否則，全忽略了文化意義，而只在語言職業上施教，其為利為害，亦將不問可知。

香港社會，究竟是一個中國社會。我們且暫時擱置其他要義於不論。單就一端言，若我們求能長久維持此一社會於不崩潰，不腐壞，而尚能期望其欣欣向榮，有香港社會之前途，當知其背後力量，決不能僅靠那一套香港的現行法律，以及天主耶穌教會的那幾條教條信條而止。香港社會之得以維持不壞，與期求其繁榮，其最大力量，還得要靠在中國人身上。若要期望有像樣的中國人，還得有中國文化作背景。而今天的中國文化，遭受大陸赤禍，正在蒙難期中，經歷殘酷無情的摧殘。而此一摧殘，顯然已影響到香港社會，而有其逐步趨向嚴重之預兆。故今天的香港問題，不僅是政治的，經濟的，而更要乃是文化的。若忽略了文化問題不談，而專注意在政治上、經濟上，此一社會，終必有其腐蝕而致傾危之可能。到那時，一切政治經濟措施，將全成為浪費。此決非危言聳聽，而實是事態昭著的必然趨勢。

然而，正因為此等複雜與嚴重的形勢所壓迫，纔能使我們在教育上，有提出一種更高遠的目標與方針，來應付、來奮鬥之需要與警覺。上面已説過，目前人類，正面對著一個文化創新的大課題，而教育工作者，無疑必然得與此課題相呼應。而當前的香港教育，則更見有此項呼應之必要。我們決不認為除卻語言教育與職業教育之外，人類更無更重要的教育功能之存在。同時我們也不認為超乎國家與民族之界線之上，人類更無一種更高遠的「人文主義」的教育，可以打通此諸壁壘，而為人類謀共通之福利。我們提出此呼號，在我們並不否認語文教育與職業教育之亦復各有其使命。然而，我們認為人類教育，必須有超越乎語文傳習、職業傳習以上之更高之一境。但我們雖高提理想，有意指出一種與當前人類文化創新需要相呼應之人文主義的新教育，而我們則仍認為此一種教育，勢必植根奠基於現有世界人類各民族所自有之文化傳統，而更加以擴大與融通。若使先抹殺了其民族自有之文化傳統，則將感無所措手，而更高一層的教育理想，終必無從實現。因此我們在中國社會談教育，實有強調中國文化傳統之必要。但我們並不想在狹義的民族觀念與狹義的國家觀念之下來談文化傳統，而有其更高一層來為世界人類文化創新，奠基石，闢新路。因此，此一理想，與此一工作，乃倍見其艱巨。然而，我們又認為，香港則正是努力從事此一種新理想主義教育工作的適宜的好園地。因此，我們將不因此項工作之艱巨而頹喪。

香港不僅是東西商品一個轉口港，香港實是東西文化接觸交流一好地點。中英兩民族傳統文化之接觸與交流，正為謀求融和東西文化為當前世界人類文化創新一好基礎。但我們縱有此理想，而落到香港社會目前的現實上來，則究不免有一種十分懸隔的苦惱感。我們將如何在此艱困的現實狀況之下，來達成我們此一項高遠之理想，其所必需經歷之途徑，似乎是十分曲折，十分渺茫。然而就事實所昭示，理性所指導，我們也只有走上這一條曲折而渺茫的路，才可有我們的前程。這一層，則正有待於當前香港社會公私雙方來作共同的努力。

所幸是，這幾年來，在香港政府主持教育的幾位高級官吏方面，就其屢次所公開表示的言論，和其實際的措施，似乎確已有朝此方向而努力之意嚮。而就香港社會實際從事教育工作者言，具此理想與抱負者，亦非無人。而此幾年來，具此理想與抱負者，並亦有逐年加強之勢。則香港教育界之朝此方向而開新，不僅具有機緣，並已見其朕兆。則在此問題上，究竟並不是全不許人以樂觀與興奮。

此一問題，所首感棘手者，厥為經濟。香港政府對於教育措施，已不為不盡力。然論政府官立英文學校對於香港社會所可有之貢獻與使命，讓我們平心實說，其實也未必遠勝過了一般私立的中文學校。就其學校中之教師言，在私立學校任教者，也未必全都遠遜於官立學校之教師。然而論其經濟待遇，便不免相差得太懸殊。甚至目前在私立高等學院任教的一批教授們，論其資歷學歷，確有地位名望者甚不少，而論其待遇，則較之官立低級英文班的教師們，亦復遠形不如，甚至不及其待遇之半數，乃至僅有其三分之一，甚至在四分之一以下者亦不少。同在一社會，同是獻身於社會教育事業，同樣有其各自之貢獻，而經濟待遇，生活情況，如此其懸隔。官立私立，劃成兩截。就香港整個社會之前途言，此決非一好現象。我們固不能盼望香港政府來單獨肩負此重擔，但香港政府之教育法令，及其實際措施，在此點上，似乎也有針對實情，來逐步注意，逐步調整之必要。而就社會言，似乎對此問題，也不該置身事外。既是同處在一社會，無論政府與私人，到底休戚相共，而且教育事業關涉到整個社會全部福利之前途，則社會私人方面，對此自該同有所盡力。

至於藉教育事業而牟利，此一汚風，首必設法矯正。官立學校，既有限量，私立學校，流弊日深，竊謂在目前之香港社會，實有盡力提倡公立學校之必需。公立學校，必由社會公衆集貲，必設立董事會，嚴格監督學校收支，必就學校經濟可能範圍，盡量提高教師待遇，盡量充實學校教育設備。在政府方面，亦必對此等學校，盡量在精神上經濟上予以鼓勵與補助。只有社會公立學校漸盛，使私立學校無利可牟，則學店汚風，自然絕跡。此事只求社會風氣轉變，將決不致有社會經濟陷於無法負擔之苦境。

至於高等教育，其情形又與中小學不同。此等事業，既絕對無利可圖，而高等教育機構，又必賦予以內部更多之自由，然後可盡其高等教育應盡之責任。此等學校，既不為牟利而創立，而非有相當數字之經濟營養，又斷難維持，更不論於繼續之發展，此則更貴乎社會各方之盡力援助，共支艱巨。當知欲求社會自由，端在先求思想之自由。欲求思想自由，端在重視教育之自由。而教育自由精神，則必賴高等教育機構為發抒。目前香港社會，既為一樂享自由之社會，實斷不當忽視此一種自由精神所從表現與發皇之高等教育機構，此尤事理之至明且顯，而可無待於深論者。

至於教育理想與教育宗旨之究應如何明確規定，乃及如何切實推行，此事煩重，尤遠在經濟問題之上，此則更貴乎公私雙方，密切合作，多方參加意見，時時勤加討論，然後乃可漸有端倪，此事未可一蹴而就。本文則僅本私人意見，略抒積蘊，以備關心香港教育問題者作研討。

（一九五六年八月一日香港星島日報，十一月教育與文化十四卷一期轉載。）

# 一八　香港專上教育瞻望

香港時報記者要我寫一篇關於「一九六四年香港專上教育瞻望」的文章。說到此題，首先該提起新近成立的中文大學。教育百年大計，中文大學成立到今不足兩個半月，自然無何具體內容可說。但社會一般人對此無不抱有莫大希望，此亦是事實。中文大學規定以中國語文為教學主要工具，本來，在中國社會培植中國青年，應該以中國語文為教學主要工具這一事，是題中應有之義，無可懷疑，也無可諍議的。現在香港居然能有這樣一個大學有這樣一個規定，那其意義之重大，與其影響之深遠，也可不用多說。

因於中文大學規定以中國語文為教學主要工具，其延聘教授，自必以中國學者為絕大多數。流亡來海外的大羣中國學人從此獲得一從事教育與研究學術安心著作的一塊新園地，人文薈萃，對於發揚中國文化促起民族復興新機具有莫大之使命，此層亦不煩深論，自可想見。

因於有此一中文大學，對於香港社會許多中文中學之畢業生，獲得一新出路。此後中文中學之一般水準，因於有中文大學之督勵與領導，亦可不斷上進，到達一理想的境界。

當然，中文大學所能收容之學額有限，將來中文中學之畢業生，有志升學深造者，未必盡能進入中文大學，必有大多數分散到其他各所專上學院去，如此則其他各所專上學院，水漲船高，其一般水準，也必相隨而提升，這也是可以預料的。

據我個人的私見，明年度的中文大學，雖限於經濟及其他各種條件，未必能有急速的大進展。但有幾項計劃，可以立刻考慮，而且亦可以即付之實行的。

第一，中文大學應於現有三所基本學院外，儘先設計成立一教育學院。凡屬中文大學之畢業生，有志從事教育工作者，可進此學院，授以一年乃至兩年之教育課程，更重要者，乃在從事教育為人師表所應有之理想與抱負及其心德修養所有關的一種精神的啓示與薰陶。將來此批人才，散入各中學，當求其能成為振起香港教育的新血球與新細胞。

第二，將來中文大學之畢業生，其有志進入研究院，更求在學業方面深造者，目前的中文大學，人力物力種種限制，固未必能在短期內完成各科程之研究院，但尚有海外留學一門路。而且學術無國界，能分向歐美各著名大學之研究院深造，較之長留香港進修，其事更為理想。惟有關於中國文、史、哲各科，其指導研究之責任，應由中國學人自己負擔，此乃義不容辭責無旁貸之一事。據個人私見，下年度的中文大學，應儘早先制定畢業生有關研讀中國文、史、哲部門之碩士學位與博士學位之頒給章程。新亞研究所創辦有年，成績表現，頗受世界各地漢學界重視，先後畢業而去者，此刻有在美、在星馬、在臺、在港各大學任教的，自問新亞研究所應能擔負起此一責任。只要大學方面早定法規，新亞研究所決然願於此方面盡力作貢獻。

目前中國學術界有一至大危機，即其他學科，因有國外留學一條路，新人才可以不斷繼起。只有中國自己文化學術傳統最重要的一方面，老成者不斷凋謝，後起者社會不加意培植，青黃不接，不久，老的一批全完了，新的一批未成熟。在中國學術界中，將會沒有中國自己的一套在內，那是實在值得我們警惕注意，急起直追的。

因此我聯想到香港目前其他各所專上學院，除極少數外，因於經濟限制，圖書儀器設備不充分，有的連校舍也極艱難，但師資方面，不能說沒有資深望重盡瘁其中的。就新亞研究所歷年招生的經驗，固然其他各所專上學院之畢業生能獲錄取的比數並不大，但只要錄取來所攻讀兩年，其成績亦並不壞。我們斷不能忽略了這一批可造就的青年。雖然中文大學除目前三所基本學院之外，其他各所專上學院將來也有被認為中文大學成員之一可能，但這究竟是將來事。就目前言，我個人私見，將來中文大學碩士博士學位之攻讀，應不嚴格規定限於中文大學之畢業生，其他不為中文大學成員之各所專上學院之畢業生，也應為他們在此方面開一門路，使有些優秀傑出的青年不致埋沒，而因此亦可刺激其他各所專上學院與中文大學之三成員更有一番聯繫並進之努力。

第三，中文大學雖規定以中國語文為教育主要工具，但說到大學教本方面，則異常缺乏，甚至依然要借用二三十年前人所編著，而且此項書籍亦不易得。我個人私見，中文大學應該負此責任，就教授中，或鼓勵其以課外餘力從事撰述與翻譯，或特別減輕其擔任課程之一部分，俾能以更多力量從事於此。以前孟氏基金會曾有大學用書編纂委員會之設立，惜乎成績未臻理想而中途停止了。新亞同人在課外從事寫作，歷年出版數量也還可觀。只要此下在中文大學之全體合作之下，也可於以中文大學為主而聯合其他專上學院之共同努力之下，定下較詳密的辦法，經歷年月，必會於此後大學教育方面有大影響。而且只有具體從事，乃於所謂宣揚中國文化溝通中西文化等大口號，不致僅成一口號。

以上只略述個人私見，並認為即就目前中文大學之人力物力便可從事設計及具體進行。草率為文，以應時報記者之敦促，並盼引起關心「一九六四香港專上教育之瞻望」此一題目者之共同注意與討論。惟本文只限於略述幾點意見而止，並非對全部香港專上教育有全盤之討論，凡文中所未及處，幸希讀者見諒。

（一九六四年一月一日香港時報元旦專文）

# 一九　香港金文泰中學一九五六年畢業典禮講辭

今天承蒙貴校梁校長邀我來參加這一盛大的典禮，並許我在此典禮中說幾句話，在我深感榮幸，而且覺得十分地愉快的。因為貴校在香港，不僅有了三十年來的悠長歷史，而且貴校之創辦，是具有一種特殊的意義與特殊的使命的。

貴校創辦，正在金文泰爵士擔任香港總督的時候，我常聽人說，除卻現任總督葛量洪爵士之外，金文泰爵士要算是深得香港居民愛戴的一位。他極端愛好中國文化，同時又深通中國文學。更難得的，是他在教育方面能抱有一種深到的眼光，和遠大的理想。

我從貴校歷年校刋上，知道一些貴校創辦之經過。在三十年前，有好幾位香港的社會士紳們，和香港的教育當局，同意設立一所官立的中文中學，一面計劃從事提高香港青年的中文水準，一面計劃在香港大學增設中文學院，使此中文中學的畢業生，得考入該院，作更深之研究。此項意見，獲得金文泰爵士之深切同情，與大力支持。而金文泰爵士並曾公開闡述，中文中學當與港大中文學院及中國文化，有其極緊密之聯繫。貴校即從此一理想中開始創立，所以後來貴校校名，也經定為「金文泰中學」了。

此刻，我想對此三十年前貴校創始之一段經過，就其內在意義上，再加闡釋幾句。或許不算詞費。

我想，若我們眞要期望教育完成一個理想的青年，首先該使這青年，對其本國文化傳統有一番認識與修養的基礎。第二、我們為求全世界人類之和平與幸福起見，我們該對現世界各民族之現有文化體系，求得互相瞭解，互相流通，並求其互相調和而更得前進的機會。這兩項教育理想，在今天，已然獲得全世界關心教育人士之共同注意與共同許可。而遠在三十年以前，金文泰爵士早已深見及此。因此貴校遂得為香港官立中學中唯一的一所中文中學。貴校之創建宗旨，自然是要提醒我們香港的青年，若要眞能完成為一個理想的青年，將來對社會，對世界人類，眞能有貢獻，首先該對其自己本國已往的文化傳統，有一番認識與修養的基礎。

並且，大家知道，中、英兩邦，各具有極深厚極悠遠的文化傳統，正可代表着目今世界東西文化之兩大主榦。而香港，以其獨特之地位，與其獨特之關係，正好在作此東西文化互相瞭解，互相流通，乃及人類相異文化間之調和前進這一項重大使命上，盡其最適宜之努力與貢獻。

我想，金文泰爵士，是一位對中國文化有深切瞭解與愛好的學者，他在三十年前，主張貴校成為香港官立中學中首先第一個中文中學，實具有如上所述之兩大理想。在三十年後之今天，實在值得我們無上的讚許，與極深的回念的。

所惜者，香港官立中學之偏重於中文教育者，除卻貴校之外，至今尚少添辦。而現有之香港大學之中國文學系因戰事間斷，對於那番遠大理想，也還有些距離。

現在專就貴校來説，固然在此悠長歷史中，已經有了很可重視的成績，但為貴校學生畢業後升進香港大學繼續深造之實際需要起見，不得不在原有中、英文課程之外，更對英文一科，從事加倍之補修。這驟看來，似乎為貴校同學，加添了雙重的負擔。其實在今天的一個香港青年，若要他眞能追上時代，眞能成為一個合理想，有貢獻的青年，而要求其兼通中、英兩種文字，希望他對此兩種文字有同樣之深造，這一要求，也不能全算是過份的苛求。作為一個今天的香港青年，正該有其比較別人加倍的努力呀！

但我們仍希望香港大學，能更注意為目前香港一輩中文中學的畢業生，與夫有志對中國文化、中國經學、史學、文學、哲學、美學等各項學術求深造的，更多增設課程，與更多與以入學之方便。並希望香港教育當局，在貴校之外，再能繼續添設第二第三有規模、合標準的官立中文中學，以為提倡。我們又希望香港社會各界，更多人能對三十年前金文泰爵士當時所抱負的那番教育理想，即不忽視提高中文水準，不偏輕對於中國文化作高深研究的那項教育理想，多所認識與瞭解，使在香港的青年，在其受教育的一段過程中，更能對其本國以往文化傳統，多有進修與瞭解。正因為，縱使我們專要認識接受一種外來文化，也該對其自己本國文化，先有一番認識與修養的基礎。否則，如對其本國文化傳統，無認識，無修養，終恐其對於外來文化，亦同樣不能深切地認識與接受。食而不化，徒襲皮毛，而且甚至於似是實非，這決不是我們設施教育所應有的理想。

本於以上觀點，貴校在香港，確是具有特殊的歷史意義和時代使命的一所學校。我今天，有機會在貴校此一盛大典禮中來講話，實感無上興奮。我希望貴校校務，能蒸蒸日上，能不斷地繼長增高，來善養貴校之使命。此一使命所能有之貢獻，論其意義，決不限在香港一地，並決不限在中、英兩邦，此一種教育理想之影響所及，實可有其更遠更大之意義與可能的。

（一九五六年）

# 二〇　香港某英文中學畢業典禮講辭

今天本人甚覺榮幸，在諸位隆重的畢業典禮中，能參加來講話。

在香港，有一個很特殊的情形，便是一切學校，有一個英文學校和中文學校之區別。貴校是一個英文學校，我想諸位的家長和諸位自身，在進入此學校之前，必曾有過一番鄭重之考慮，即是諸位何以定要進入一間英文學校而不進入中文學校呢？另一問題，即是在一間英文學校畢業，究竟和在一間中文學校畢業，這其間有何不同呢？

由我想來，此一問題，似乎並不重大。因為語言文字，只是教育之工具，而非教育之目的。而且進入中文學校的，一樣能說英語，一樣能看英文書。諸位是中國人，縱然進入英文學校，自然一樣能講中國話，一樣能看中國書，因此，此一區別，即英文學校和中文學校之區別，在我想來，這是無關十分緊要的。

我們進入學校之最要宗旨，在使自己成為一個受過教育的人，成為一個因受過好的教育而獲得一種高尚品格的人。至於獲得知識，尚屬次要之事，而訓練講話識字和讀書作文，則更屬次要了。

諸位當知，一個受過好教育的人，一個有高尚品格的人，他的講話讀書和作文，一切會和一個未受過好教育的，或品格不高的人，處處不同。你只要一聽他開口講話，你只要知道他看的是些什麼書，你只要一看他所寫的任何文字，你便可知道其人所受教育之好壞和其人品格之高下了。否則，你若僅知努力學習說英語，和努力學習讀英文，你當知，縱使你變成了一個英國人，豈不是在英國人中間，同樣的有人品高下嗎？

我知道貴校是一所好學校，諸位在此畢業，語言文字之訓練，和知識之獲得，那是必會到達一種相當的水準的。但諸位各自的品格陶冶，那是一件更主要的事。諸位當知，人的高下，並不在他的職業上分，卻在他的品格上分。諸位將來，縱使有很高的職業，但若人品卑下，依然是一個可卑鄙的人。縱使職業較低，只要人品高尚，依然是一個可尊貴的人。而且人品高低，要諸位時時留心，時時努力，不論在任何地位，不論服務任何職業，人總可以在品格上力求上進。總可不受任何條件之束縛。只看其人之有志和無志。

今天我這一番話，雖是由我口中說出，卻是古今中外任何一個教育家教人的一番最高道理，我十分誠懇地來貢獻給諸位，敬祝諸位前途無量。

（約在一九五六年前後）

# 二一　五華學院人文研究班文史學科三年修業綱領

本班修業，凡分三大綱：一、閱讀。二、講討。三、撰述。

## 一　閱讀之部

閱讀分兩種：

一　導讀。

二　自讀。

導讀由教師輔導研讀，自讀由學者自由讀之。

所讀書分三類：

一　精讀書。

二　參考書。

三　泛覽書。

泛覽書以自讀為主，參考書介於二者之間。

資高者，導讀居十分三，自讀居十之七。資魯者，導讀居十分七，自讀居十之三。中材隨其資性而進退上下之。

精讀書目舉要：（並附參考書、泛覽書）

**周易**

參考書：王弼注（十三經注疏本）／程氏易傳／朱子本義。

**尚書**

參考書：注疏本／蔡傳／孫星衍尚書今古文注疏。

泛覽書：閻若璩古文尚書疏證／惠棟古文尚書考／丁晏尚書餘論／胡渭禹貢錐指。

**詩經**

參考書：毛傳鄭箋（注疏本）／朱子集傳／陳奐毛詩傳疏。

泛覽書：崔述讀風偶識／魏源詩古微／方玉潤詩經原始／又韓詩外傳。

**左傳**

參考書：杜預集解（注疏本）／顧棟高春秋大事表／洪亮吉春秋左傳詁。

泛覽書：梁履繩左通補釋／竹添光鴻左氏傳箋。

高才生讀左傳者，可兼治公羊傳、穀梁傳、國語、董仲舒春秋繁露諸書。

## 小戴禮

參考書：鄭注並疏／朱子大學章句，中庸章句／朱彬禮記訓纂。

高才生可兼窺儀禮、周官、大戴禮、白虎通諸書。

## 論語

參考書：何晏集解（注疏本）／朱子集注／劉寶楠正義。

泛覽書：皇侃義疏／朱子語類論語之部／崔述洙泗考信錄／焦循論語通釋／戴望論語注／狄子奇孔子編年／錢穆先秦諸子繫年／錢穆孔子集語。①

## 孟子

參考書：趙岐注並疏／朱子集注／焦循孟子正義。

泛覽書：朱子語類孟子之部／黃宗羲孟子師説／戴震孟子字義疏證／崔述孟子考信錄／狄子奇孟子編年／錢穆孟子要略②／錢穆先秦諸子繫年。

## 墨子

---

① 編者按：此書為先生自編教學講義，一九七五年更名論語新編，交由廣學社印書館出版。今全集中已將論語新編講義附錄在孔子傳一書之後。

② 編者按：孟子要略即今四書釋義一書之第二部分。

參考書：孫詒讓墨子閒詁。

泛覽書：錢穆先秦諸子繫年／錢穆墨子。

**莊子**

參考書：郭象註／郭慶藩莊子集釋／王先謙莊子集解／馬其昶莊子故。

**老子**

參考書：王弼注。

泛覽書：錢穆先秦諸子繫年／錢穆老子辨③。

**荀子**

參考書：王先謙荀子集解。

泛覽書：錢穆先秦諸子繫年。

高才生治諸子，可兼涉列子、公孫龍、韓非、呂氏春秋、淮南子諸書。

**史記**

參考書：三家注／梁玉繩史記志疑。

③ 編者按：老子辨一書，曾由上海大華書店印行，內收四文，關於老子成書年代之一種考察等二文後收入莊老通辨一書中，老子雜辨等二文後收入先秦諸子繫年一書中。

**漢書**

參考書：王先謙漢書補注。

**通鑑**

參考書：胡三省注。

泛覽書：王應麟通鑑地理通釋／王夫之讀通鑑論。

**通典**

高才生治史記，可兼治國策。治漢書可兼窺東漢、三國。治通鑑可旁及續通鑑及歷代紀事本末。治通典可旁窺鄭樵通志，馬端臨文獻通考。

**楚辭**

參考書：王逸注／洪興祖補注／朱子集注、辨證、後語。

**文選**

參考書：李善注。

**陶淵明集**

自選。

**杜工部集**

參考書：仇兆鰲注／楊倫杜詩鏡詮。

**韓昌黎集**

參考書：東雅堂本朱子韓文考異／方世舉考訂編年昌黎詩。

**蘇東坡集**

參考書：馮應榴合注／王文誥編注集成。

**古文辭類纂**

參考書：曾國藩經史百家雜鈔／王先謙、黎庶昌兩家續古文辭類纂。

高才生治歷代詩文可各就性之所近，旁窺博涉。

**許氏說文**

參考書：段玉裁注。

高才生治許氏說文，可兼治爾雅、廣韻諸書。

**近思錄**

參考書：江永注。

高才生治近思錄，可兼窺宋元學案、明儒學案諸書。

右精讀書二十四種。分三年，資高者，一年讀八種，以全讀為度。質魯者，一年讀四種，三年讀十二種，以半讀為度。中才者，視其資性而進退上下之。

書名上加一圈者，以第一年修習為宜。加兩圈者，第二年修習之。三圈者，第三年修習之。惟亦得隨宜變通。④

一書最少以五人為一組。一書或一導師，或兩導師。輔導研讀，其精略遲速，一依導師之指導。

## 二　講討之部

講論由導師主講，學者質疑問難。

講論分「通論大義」及「小學入門」兩類。

**經學通論　羣經大義　經學史**

欲治經學，必自清儒漢學家入。須先讀江藩漢學師承記，可知清代漢學家大概。再讀錢穆近三百年學術史，可知漢宋門戶之是非得失。

**國史大綱　史學方法**

錢穆國史大綱。

欲知史學方法，可先讀劉知幾史通，章學誠文史通義。

④　編者按：此稿原刊於中央日報，已取消先生所作一圈、兩圈、三圈之圖記；今亦仍其舊，不妄加增補。

**文學史綱要　文學概論　文學批評**

文學批評　必讀劉勰文心雕龍、鍾嶸詩品，再旁及其他。

**思想史大綱**

錢穆中國思想史三十二講。⑤

此題或先講諸子學通論、理學綱要、佛學大旨，再進而治思想史之全部。

右四種為通論學術大義者。

**目錄校讎學大要**

**文字、音韻、訓詁、校勘、考據學大要**

**性理學大要**

右三種為指導入門路徑及方法者。

每一講題，至多不得超過半年。每一週至多不得超過四小時。三年內擇要講授，每講一題，學者須一律聽受，全體上堂，不分班次。

每一講題，由主講者開列必讀書，參考泛覽書，由學者自由研閱。如目錄校讎學大要，須看張之

---

⑤編者按：此三十二講應係先生在雲南五華書院講中國思想史所定講章，未成專書，亦未見詳目。其中前數講曾陸續在五華月刊發表，業已檢得，另收全集講堂遺錄中。

洞書目答問、范希曾增補，以窺各門學術之門徑。進而治四庫書目提要或簡明目錄，藉知學術分類。再退而讀章學誠校讎、文史兩通義，上探漢書藝文志，藉知平章學術，別源流，而明古今各家學術分合衍變之所以然。

其他各門不備舉。

## 三　撰述之部

學者當由閱讀講論，進而練習撰述。

撰述分下列各項：

**日記**

按日記載讀書及思想。

日記體例，可先看曾國藩求闕齋日記之類。

**聽講筆記**

導師導讀某書，或主講某題之講演筆記。學者習為聽講筆記，可先看宋明儒語錄。如朱子語類、陽明傳習錄之類。

**讀書日鈔**

凡讀書遇會心處，或全鈔，或節鈔。

**思辨錄**

讀書有疑義，有體會，有師友質辨，均錄入。

**劄記**

上四種運用純熟，試作劄記，須有組織、有心得。

**論文**

專題論文，乃由劄記積集剪裁而成。

**詩文習作**

由導師指導習作，漸進而自出機杼。學者習為日錄筆記須泛覽黃震日鈔、王應麟困學紀聞、顧炎武日知錄、陸世儀思辨錄、錢大昕十駕齋養新錄、陳澧東塾讀書記之類。其專治史學者，應看錢大昕二十二史考異、王鳴盛十七史商榷、趙翼二十二史劄記之類。其專主訓詁校勘者，應看王念孫讀書雜誌、王引之經義述聞、俞樾羣經平議、諸子平議諸書。此皆由筆記隨筆進而為專門著述之模楷，學者必能自造論文，及詩文清通順暢者始得為學成而畢業。

（民國三十六年十月十二日中央日報圖書周刊）

# 二二　中國儒學研究計劃大綱

一　研究範圍及其項目

甲　中國儒家思想與世界各大宗教之比較研究

一　佛教

二　耶教

三　回教

四　其他

乙　中國儒家思想與西方哲學

一　中國儒家思想與西方古代哲學

二　中國儒家思想與西方中古時期之哲學

三　中國儒家思想與西方近代哲學
四　中國儒家思想與世界現代思潮

丙　中國儒家思想與中國社會

一　中國儒家思想與中國婚姻制度
二　中國儒家思想與中國家庭制度
三　中國儒家思想與中國宗族制度
四　中國儒家思想與中國之農村
五　中國儒家思想與工商業及社會經濟
六　中國儒家所提倡之德目禮儀與倫理

丁　中國儒家思想與中國歷史

一　歷史上各時期中之儒家典型人物
二　歷史上各項政治制度與儒家思想之關係
三　各時代之刑法與儒家思想之關係
四　各時代之對外關係與儒家思想

戊　中國儒家思想與中國教育傳統

一　中國傳統教育制度與儒家思想

二　儒家思想系統下之教育思想
三　嬰孩教育與青年教育
四　婦女教育
五　成人教育
六　儒家思想中有關人類心理學之研究與發現
七　儒家思想中之有關精神修養方面之主張及方法
己　儒家思想在中國學術上之關係與影響
一　儒家思想與中國史學
二　儒家思想與中國文學
三　儒家思想與中國藝術、音樂、書法、繪畫、其他
四　中國歷代反儒家思想之綜合研究
庚　新儒學之整理工作
一　儒家各種重要經典之新注釋
二　歷代各大儒之新學案
辛　中國儒家思想在中國以外所發生之影響
一　日本及東南亞

二　歐洲與美國

三　其他

壬　中國儒家思想與現世界各項問題之新探究

癸　儒學之實踐與現代人生

## 二　工作要點

甲　集會

一　研究與討論

二　講演與報告

上列兩會議各以每月一次為度

乙　著作與出版

一　月刊或季刊

二　叢書

上舉研究範圍中，每一項目可撰寫通俗小册一種以上。每種字數以兩萬字至五萬字為限，合併為中國儒學小叢書。

三　專著

本會研究論文篇幅超五萬字以上，列為專著。並得分約會外人撰寫。

四　繙譯

叢書與專著得選擇繙譯為外國文字，以廣宣傳與引起討論與研究。

三　組織　大綱另訂

導師　研究員　研究生　職員　會員

導師分有給職與名譽職

研究員與研究生皆有給職

職員為有給職

會員得廣徵社會及國際人士參加

## 四　經費

分常年補助及臨時捐募兩項（一九五四年前後，美國某機構擬協助新亞書院成立研究所，作者乃擬此計劃，因故未曾提出。）

# 跋

我在民國二十六年起，一段對日抗戰時期內，不斷在後方昆明成都兩地，絡續寫了好幾篇討論時事的文章，刊登在兩地報紙及幾種雜誌上。民國三十一年，故友劉君百閔在重慶創辦國民圖書出版社，來函索稿，彙集得二十篇，分上下兩卷，取名「文化與教育」，交其付印。於三十二年七月出版。乃當時之所謂國難版，紙張印刷皆劣，字迹模糊，難於閱讀，亦復難於保存。不久，抗戰勝利，我從四川還江蘇，行笈中尚有此書。及一九四九年避赤氛到香港，此書遂未携帶。及一九六七年來臺定居，吾友蕭君政之，已不憶在何年何月，忽携此書來我寓舍，云此書常隨身懷挾，輾轉流徙，迄仍保留。知我或無此書，故以相贈。又云：「恐此書在臺，僅此一本」，促我再以付印。我適因他書擱置。越有年，政之又告我，此書已經某書肆重印，並隨携一册來，云：「不意除我外尚有人携此書來臺。然國難本字迹模糊，恐重印或多有誤，君當細閱一過。」時我正彙集到香港後舊稿，擬加編印，遂將此書通體重讀，於文字上稍有改定，但內容則一仍其舊，以交劉君振強，由三民書局再印，距此書初印時則已三十有三年矣。

我之重讀此稿，竊有兩事，存我心中，有不容已於言者。初在昆明時，西南聯大諸教授，創辦一雜誌，討論戰後世界局勢，大意謂不歸美，卽歸蘇，天下將漸趨一統，略如我戰國時代之有齊秦兩帝。因名其雜誌曰戰國策。我深不以為然，在成都時，遂草一文曰戰後新世界卽為針對戰國策雜誌而發。距今踰三十年，每幸我之臆測，指示世界未來局勢，實未有誤。惟當時亦限於自己內心積習，未敢放言高論。臆測所及，僅止於亞洲一隅。其他如非、澳、美諸洲，一時見識有限，聰明不夠，未有論及。迄今聯合國中諸邦，以及尚未進入聯合國諸邦，何止在一百五十以上。此戰後新世界，顯屬「由合而分」，並不是「由分而合」。較之我此文之所想像，實已超出甚遠，堪供我引以自慚者。然今日世界之紛紜，日滋益甚。實因世界人心，仍多認為此下世界，將分美蘇兩集團，非彼卽此，非此卽彼。在美蘇兩邦，既未知如何來適應此後世界之新局勢，而戰後新興諸邦，亦未知如何以為自存自立之道。客觀形勢與人心揣摩，實有背道而馳之概。竊謂我之此文，實有仍足供此後人精細閱讀，詳密討論之價值，此為我重讀三十多年前舊文，而益增我自信之一端。

另有一文，為改革大學制度議。常憶我在成都北郊賴家園齊魯大學國學研究所，忽一日，有某生來，請求收納。自言為武漢大學外文系二年級生，因在報紙上獲讀此文，心厭當前大學教育之無當，特退學前來。我聞之，大為驚詫，謂：「汝何以驟看報章上一文，卽下此決心。」某生言：「不然，先生此文已熟讀能背誦，可當面試背，證我非輕率下此決心者。」我言：「我此文立論，乃求謀此後之改革。君今毅然退學前來，實為不智。我與貴校王校長極熟，當作書由君携回，必可准許復學。」某生堅不允，謂携行李來，務懇收留。不得已，許其留所隨讀。一年餘，某生投考重慶某機關，辭去。既不告某機關名稱，去後亦不來信，遂斷消息。我為此文貽誤一青年，含疚不忘，常常往來心中。我今重讀此文，實感仍有討論之價值。然率爾為文，往往利未見而害已形。此書序文，引及李恕谷郭筠仙，心中雖有此感，然自抗戰以來，赤禍踵起，國步方艱，書生之言，終不能自戒絕。我重讀此稿，而益增我內疚之又一端也。

今此册又重付梨棗，爰草此跋，以識其緣起，並略表我心之所感焉。

一九七五年十二月歲盡前一日錢穆識

# 《錢穆先生全集》總書目

## 甲編

國學概論
四書釋義
論語文解
論語新解
孔子與論語
孔子傳
先秦諸子繫年
墨子　惠施公孫龍
莊子纂箋
莊老通辨
兩漢經學今古文平議
宋明理學概述
宋代理學三書隨劄
陽明學述要
朱子新學案（全五册）
中國近三百年學術史（一、二）
中國學術思想史論叢（全十册）
中國思想史
中國思想通俗講話
學籥
中國學術通義
現代中國學術論衡

## 乙編

周公
秦漢史
國史大綱（上、下）
中國文化史導論

中國歷史精神
國史新論
中國歷代政治得失
中國歷史研究法
中國史學發微
讀史隨劄
中國史學名著
史記地名考（上、下）
古史地理論叢

## 丙編

文化學大義
民族與文化
中華文化十二講
中國文化精神
湖上閒思錄
人生十論
政學私言
從中國歷史來看中國民族性及中國文化
文化與教育
歷史與文化論叢
世界局勢與中國文化
中國文化叢談
中國文學論叢
理學六家詩鈔
靈魂與心
雙溪獨語
晚學盲言（上、下）
新亞遺鐸
八十憶雙親師友雜憶合刊
講堂遺錄（一、二）
素書樓餘瀋
總目